廖文章◎著

國際海洋法論
海域劃界與公海漁業

The International Law of the Sea
Maritime Delimitation and Fisheries of the High Sea

自 序

　　憶及個人在法國巴黎大學的求學歷程，在博士論文研究領域及書寫題目的選擇上，即曾徘徊於戰爭法或海洋法，武力報仇或海域劃界的抉擇，久久難下決定。最終雖以武力報仇作為博士論文的研究主題，卻總存有著對海洋法難以割捨的情感。今有幸將近年來跨足國際海洋法領域的研究心得彙集成書，書名「國際海洋法論：海域劃界與公海漁業」，以聊慰心中多年來的缺憾。

　　值此石油價格飛漲的年代，在陸地油氣資源逐漸被開發殆盡時，更顯得海洋底土資源的重要性。在各國盡力將其管轄範圍向大洋擴張之際，如何劃定海域邊界成為當代國際政治上能否和平安全及經濟上能否順利享用資源的重要課題。在海域劃界上，島嶼的存在對劃界有著重大的影響，本書第壹章「島嶼在海洋劃界中效力的研究」除了介紹相關國際組織及會議對島嶼在海洋劃界效力的看法外，並研究相關國家的實踐和國際司法判例。對海岸相向、相鄰的國家來說，島嶼在劃界中的效力可能獲得全效力、部分效力或無效力。這也是中日雙方在東海劃界上的爭點之一所在，即釣魚台列嶼的劃界效力到底應如何對待。整體而言，島嶼因其所處的位置和面積的大小以及不同的性質而有著不同的劃界效力。

　　1982年《海洋法公約》於1994年11月16日正式生效。《海洋法公約》確定了二百浬專屬經濟區和大陸架法律制度，把沿海國的海洋資源及管轄權擴大到至少二百浬，許多有潛在資源的大陸架或專屬經濟區的海床底土成為海岸相鄰或相向沿海國同時提出權利

主張的重疊區域。對此，國際上務實地，暫時擱置複雜難解的「主權」歸屬政治問題，而以經濟的「共同開發」模式允許相關國家儘早共享資源的目的。本書第貳章「海洋法上共同開發法律制度的形成和國家實踐」探討其所涉及的一系列法律問題，並介紹一些國家的實踐，期能為共同開發制度提供理論上的支持和實際的借鑒。

另東海海域劃界問題，除牽涉中日韓台四方利益，更牽動著東亞甚至全世界的和平安全，處理得好資源可供人類享用，處理得不好可能引爆戰爭。1969年《艾默利報告》確認在東海大陸架上可能藏有豐富的石油資源，1974年日韓訂定了東海間的大陸架劃界協定。本書第參章「東海北部大陸架劃界問題研究」介紹國內外海洋法學者對(東海)大陸架在地質、地理學及劃界上的理論研究，並參考相關國際判例和實踐，對關係到中、日、韓三國的東海北部大陸架劃界問題，從各自的大陸架政策論述及日韓大陸架協定的現狀等方面分析，引出在東海劃界問題上中方應採取的對策，期望能從國際間政治、經濟、自然資源的開發利用等多個角度提出一些建設性的意見，為日後解決這一複雜問題提供參考。

此外，2005年台灣遠洋漁業遭受ICCAT的制裁，由於海洋魚群總量日益萎縮，過度捕獲不利於海洋資源的「持續利用」(sustainable use)，本書第肆章「台灣遭ICCAT制裁：論公海漁業法律制度演變」介紹主要的國際漁業公約、文件和漁業管理措施，如投入控制(input controls)與產出控制(output controls)，這標誌著公海捕魚自由時代的結束，當今世界漁業已走向「養護與管理」(conservation and management)的時代，受到越來越嚴格的限制和監控。台灣更應審時度勢，除加強公海漁業法律制度的研究，確切遵守相關規定外，並應主動地參與國際漁業管理規則的制訂。在保護自己權益對國際漁業資源進行利用的同時，也實現其可以持續

利用的發展。

　　本書四章文稿之初稿筆者曾相繼發表於學術期刊，前後連貫，今謹將持續研究心得將之深化、擴充、修訂，彙整成「國際海洋法論：海域劃界與公海漁業」乙書。俾供對海洋法學研究有興趣的研究者、學生及政府相關部門參酌。謹以本書獻給摯愛的雙親**廖增國**、**李榮珠**，及我的內人吳佩芬，愛子偲任、愛女偲容、偲安、偲嘉。更感謝在個人研究途上不時給我支持、鼓勵、協助的單位、朋友們。中華發展基金會、日本交流協會、美國國務院AIT、山東大學、廈門大學等的獎助或邀訪研究講學，都對個人的研究助益良多。好友董大法官翔飛、台灣大學教授李炳南、日本拓殖大學教授王曙光、美國外交官楊舜慧及裴德禮、山東大學教授肖金明、王學玉、王健民、董學立、山大碩士羅亮、大葉大學陳怡潔同學等的協助、指導、接待，吾妹廖紋禎外文方面的潤飾，個人謹在此表達內心無比的謝意。惟筆者個人才疏學淺，書中誤漏與瑕疵之處在所難免，尚祈先進不吝指教。

廖文章

2008年5月
於大葉大學

目　錄

第 壹 章

島嶼在海洋劃界中效力的研究

第一節 引 言

當 15 世紀末「領海」概念剛剛在歐洲海權國家開始萌芽的時候，這些國家的島嶼領土基本上與大陸領土享有相同的地位。也就是說，無論島嶼還是大陸都具有領海。因為這些國家的本土或殖民地都有島嶼存在，所以它們的島嶼和大陸享有相同地位這符合每個國家的利益，因此沒有區別大陸和島嶼的必要。事實上，領海制度的目的本來就在於保障海岸的安全，而且因為領海的寬度有限，所以即使小島也享有領海也不會威脅到公海的範圍。但是，隨著海洋科學技術的發展，人們利用海洋的能力越來越強，尤其是大陸礁層和專屬經濟區制度的確立，使國家的海域管轄範圍進一步擴大到很遠的地方，如果任何島嶼都和大陸一樣也享有不加限制的大陸礁層和專屬經濟區，那麼必然會造成海域劃界上不公平的結果。在探討相關國際組織、會議對島嶼在海洋劃界效力的看法及印證相關實踐前，檢視島嶼的制度及定義的演變，將有助於對劃界效力問題的深入了解。

第二節 島嶼的制度及定義的演變

島嶼面積與大陸面積並沒有明確的界限，因此如84萬平方公里大的格陵蘭島(Greenland)也是一個島嶼，其面積相當於歐洲十一個國家的大小。然而，並不是「四周環水的陸塊」都被視為島嶼，例如：四周環海的澳洲陸塊面積廣達780萬平方公里，已被歸類為大陸。而就生態研究上的「島嶼性」（insularity）而言，大型的島嶼，尤其是擁有超

過1000公尺高山的島嶼，因島內已可產生不同的氣候帶及包括多樣的生態系，其生態複雜程度已近於大陸性質，較無典型的「島嶼性」。因此，聯合國教科文組織（UNESCO）下所設之「島嶼發展國際科學委員會」（International Scientific Council for Island Development）所研究的「島嶼」範疇，主要指的是「小型島嶼」(small islands)；而「小型島嶼」通常是指面積小於10,000平方公里，人口少於500,000人之島嶼。

　　據統計，世界海洋島嶼的總面積超過382萬平方公里，約相當於地球陸地面積的7%。對於島嶼(Island)、小島(Islet)、礁(Reef)、淺灘地位的區別，早有案例可尋，18世紀1799年，英國軍艦在東弗裏斯蘭島(East Friesland)和博爾庫姆島(Island of Borkum)之間捕獲「吉布羅多號」船。該區位於荷蘭主張的領海區域，距低潮未覆蓋的沙灘三浬範圍內，因而引起英國軍艦是否有權捕獲該船的問題。但英國法院拒絕那些獨立於大陸之外的沙灘擁有領海的主張[1]。然而，十九世紀沿海國家的實踐卻表明，在沿海國劃定領海範圍時，甚至是小島和無人居住的島嶼與大陸的情況是相類似的。但有一個相反的實例是巴哈馬灘的處理，1863年5月1日，法律專家的一項報告中指出：「作為一項一般的規則，英國的管轄權不能擴展到無人居住的島嶼或岩礁三浬範圍以外。」這意味著那些無人居住的島嶼不能享有三浬領海。凡此皆對往後島嶼是否擁有海域及劃界效力的問題發生間接的影響。

　　1930年國際法編纂會議對島嶼提出的草案為：「島嶼是一個陸地區域、由海水所圍繞、永久位於高潮水位之上。」而討論中，英國提出修正建議：「一塊由海水所環繞的陸地，在正常情況下，永久位於海平面之上。它不包括一塊不能有效佔領和利用的領土。」也就是不承認不能有效佔領和利用的島嶼與陸地和其他領土享有領海。國際法

1　陳德恭(1987)，〈海洋法中的島嶼制度〉，載於《當代海洋法的理論與實踐》，趙理海主編，法律出版社，頁236。

委員會從1951年起，嘗試制定一項有關島嶼的法律制度。1956年國際法委員會提出的定義爲：「一個陸地區域，由海水所環繞，正常情況下永久位於高潮水位之上。」增加了「正常情況之下」。1958年在第一次海洋法會議上，美國修正建議草案爲：「一個島嶼是一自然形成的陸地區域，爲水域所環繞，位於高潮水位之上。」增加了「自然形成的」。美國認爲：依國際法委員會的定義，是包括人工島嶼的，因此增加了「自然形成的」。最後通過的定義爲：「四面環水並在高潮時高出水面的自然形成的陸地。」載於1958年《領海及鄰接區公約》第10條第1款中。其後也成爲1982年公約島嶼的定義，所以自然形成排除了人工島；高潮時高於水面排除了低潮高地、淺灘。

第三次海洋法會議，非洲十四國擬根據島嶼的大小及其位於所屬國家海岸的遠近予以區分不同的法律地位。分有島嶼、小島、岩石或低潮高地。島嶼指四面環水、露出高潮水面，自然形成的一片廣大陸地；小島是指四面環水、露出高潮水面，自然形成的一片較小的陸地；岩石是指四面環水、露出高潮水面，自然形成的一片石質高地；低潮高地是指指四面環水、露出水面而於高潮時淹沒的自然形成的一片陸地[2]。另也有羅馬尼亞提出的建議案，對島嶼的大小規定了1平方公里的標準，並強調經濟生活維持及有無人居住條件的重要。最終，《非正式單一協商案文》將之折衷，這些意見都列入了1982年公約的條款中，在擁有海域的範圍上及劃界效力問題上產生一定的影響。

對於島嶼是否擁有海域這一個問題，1958年海洋法會議上緬甸提出了限制規定，「屬於一國的島嶼位於另一國的領海內，該島嶼不應有自身的領海。」非洲十四國提出規定對於小島、岩石、低潮高地，

2　陳德恭(1987)，〈海洋法中的島嶼制度〉，載於《當代海洋法的理論與實踐》，趙理海主編，法律出版社，頁244。

沿海國不應因對其行使主權或控制而對海洋區域主張管轄權，但可設立合理寬度的「安全區」。土耳其提案沒有經濟生活並位於另一國領海以內的島嶼不得有任何海洋區域，包括領海在內。羅馬尼亞提案規定：只有那些面積大於1平方公里，有人居住並能維持經濟生活的島嶼方才可以劃定完全的領海範圍。雖然1982年公約並未完全接受這些意見，但還是將島嶼與「不能維持人類居住或其本身經濟生活」的岩礁作了區分，其不可擁有專屬經濟區及大陸礁層，但隱意仍擁有領海及鄰接區的權利，顯然島嶼與岩礁兩者之間還是有所區隔的。

　　至於19世紀國際上，通過在地圖或海圖上劃一條直線來確定島嶼的歸屬，而不是列出所有相關島嶼的名稱，這在當時是劃分島嶼主權歸屬時的一種流行的地理速記手段。但並不能允許即以之作為海域的劃界線。例如，1879年英國在拖雷斯海峽(Torres Strait)北部用一條直線劃分歸屬於昆士蘭（Queensland）的島嶼、1898年西班牙/美國用經線和緯線來確定西班牙割讓給美國的菲律賓群島的界限、1899年英國/德國劃分所羅門島、1930年英國/美國用一條線劃分屬於菲律賓和屬於受英國保護的北婆羅的島嶼，以及1967年美國/俄羅斯使用一系列直線段劃分他們在白令海峽和白令海的領土界限。

　　1886年5月12日，法國和葡萄牙在巴黎簽署的《關於劃分兩國在西非各自屬地的條約》其第1條第4款規定：「位於羅舒角經線、海岸和一條沿卡吉特河主航道延伸，然後沿西南方向穿過派勒茲通道到達北緯10°40'緯線，接著一直沿這條緯線延伸到羅舒角經線的線所構成的南部界限之間的全部島嶼，應歸屬於葡萄牙。」這兩塊殖民地後來分別獲得獨立，就是現在的幾內亞(Guinea)和幾內亞比索(Guinea Bissau)。1985年兩國將彼此間的海洋劃界爭端提交仲裁。幾內亞主張，法國和葡萄牙1886年的條約確實確定了兩國在西非各自屬地之間的海洋邊界，而幾內亞比索則認為，該線除了指明歸屬於葡萄牙的島嶼之外，

沒有其他目的。仲裁法庭經過審查，最終做出了否定的回答。同樣的，1939年法國的印度支那總督在泰國灣從陸地邊界終點劃了一條正北偏西126°的線，以解決越南和柬埔寨關於某些島嶼歸屬的爭端。由於該線位於等距離線以南，越南在和柬埔寨的交涉過程中始終堅持該線只用於劃分島嶼的主權，而不能用來劃分兩國的海底區域【3】。

　　對於1887年中法《續議界務專約》的解釋問題，越南提出，其已把東經108°03'13"作爲中越兩國在北部灣的「海上邊界線」。 越南於1982年在其關於基線的聲明中重申了這一主張。該線距離中國海南島最近的點只有30多浬，而距離越南海岸則有130多浬之遠。如果以該線劃界，則越南將獲得三分之二的北部灣海域。中國對此表示反對，主張應在等距離的基礎上劃分北部灣邊界。越南對於1887年中法《續議界務專約》的刻意曲解立場是缺乏法律依據的，該約的意圖不在於劃分北部灣的水域，而在於劃分兩國的陸地邊界和確定沿海島嶼的歸屬【4】。以下將相繼探討島嶼在海洋劃界的理論面和實踐面。

第三節　相關國際組織、會議對島嶼在海洋劃界效力的看法

一、國際法委員會對島嶼在海洋劃界中效力的意見（1949-1956）

　　島嶼「向海劃界」的問題，首先是由聯合國「國際法委員會」

3　高健軍(2004)，《中國與國際海洋法》，海洋出版社，頁128-129。

4　高健軍(2004)，《中國與國際海洋法》，海洋出版社，頁127-128。

（International Law Commission-ILC）於1949年開始討論的【5】。1950年
ILC在致聯合國大會的報告中提出：「當兩個或更多的相鄰國家有利
益於同一大陸礁層的海底區域時，邊界應予劃定」【6】。1951年該委員
會又擬訂了一項《大陸礁層及相關問題公約草案》，這個草案明確表
示「大陸礁層」（continental shelf，聯合國中文正式譯文為大陸架，台
灣一般稱大陸礁層，大陸使用大陸架用語）一語可以適用於「島嶼和
與其海底區域相鄰接者」【7】。可見，至少就向海劃界而言，島嶼並
沒有被排斥可以擁有效力。但是，在該草案第7條和附隨意見的說明
中，都沒有提及島嶼在鄰國間海域劃界中的效力。到1953年，當國際
法委員會提出第二次草案時，關於大陸礁層制度可以適用於島嶼的這
一個觀點並沒有變化【8】；同時委員會還討論了島嶼在海岸「相向」
(opposite)和「相鄰」（adjacent）國家間劃界時的效力。在這個草案第
7條的說明中提到，「島嶼的存在」可以視為「特殊情況」（special
circumstances）之一，可以因此而偏離劃分相鄰兩國大陸海岸的中間
線。也就是說，兩國間大陸礁層界線劃定時，以等距離原則測定的中
間線為起點，以島嶼的存在視為特殊情形而可以允許調整中間線。
1956年ILC在其提出的第三次草案中，即《海洋法公約草案》第67條
至第73條中，也採納了同樣的規定。這個草案於兩年後1958年成為聯
合國在日內瓦召開的第一次海洋法會議討論大陸礁層問題的基礎。

5　*Yearbook of the International Law Commission* （I.L.C.）（1949），pp. 235, 237.

6　《國際法委員會年鑑》（1950），第二卷，頁384。

7　I.L.C. Report to the General Assembly, 該報告轉載於*YBILC*, Vol.2(1951), p.141.

8　I.L.C. Report to the General Assembly, 該報告轉載於*YBILC*, Vol.2(1953), pp. 200, 212-214.

二、第一次海洋法會議對島嶼制度的討論和1958年《大陸礁層公約》的規定

在第一次海洋法會議中，菲律賓代表提議在國際法委員會提出的《海洋法公約草案》第 67 條（該條沒有對島嶼作出規定）中增列第二項，以便使島嶼可以享有和大陸一樣的權利[9]。這個提案被大會接受，同時該次會議的第四委員會（主管大陸礁層問題）曾經就草案的第 72 條（島嶼在鄰國間劃界中的效力）展開激烈的辯論。當時義大利和伊朗曾分別提案，要求在劃界時不得將座落在與大陸領土相鄰接的陸架上的島嶼作為基點，但是這個提案遭到大會的否決。該草案的第 67 條和第 72 條後來成為《大陸礁層公約》的第 1 條和第 6條，這兩條規定的內容如下[10]：

第1條　為了本公約各條款的目的，「大陸礁層」一詞是用以指：

(1)鄰接海岸但在領海範圍以外，其上海水深度達 200 米或雖超過此限度而其上覆水域的深度仍允許其自然資源之開採有可能性的海底區域的海床和底土。

(2)鄰近島嶼海岸的類似的海底區域的海床和底土。

第6條　如果同一大陸礁層鄰接兩個或兩個以上海岸相向國家的領土，屬於這些國家的大陸礁層的疆界應由它們間的協定予以確定。在無協定的情形下，除根據特殊情況另定疆界線外，其疆界是一條其每一點與測算各國領海寬度的基線的最近點距離相等的中間線；如果同一大陸礁層鄰接兩個相鄰國家的領土，大陸礁層的疆界應由兩國間的協定予以決定。在無協定的情形下，除根據特殊情況另定疆界線外，

9　I.L.C. Report to the General Assembly, 該報告轉載於*YBILC*, Vol.2(1951), p.141.

10　*UNCLOS I, Official Records*, Vol.6(1958), p.47.

疆界應適用與測算各國領海寬度的基線的最近點距離相等的原則予以確定；在劃定大陸礁層疆界時，按照本條第 1 款和第 2 款兩款所載的原則，劃定的任何界線均應參照一定日期所存在的海圖和地形予以確定，同時應參照陸地上永久固定的標明點。

　　特殊情況之所以被包括在劃界規定中，是考慮到在一些情況下適用等距離方法可能會產生不公平的結果。而關於特殊情況的定義和範圍，卻是一個常常引起爭論的問題，它經常被批評為概念模糊。國際法委員會在 1953 年將「特殊情況」納入海洋劃界條款草案時，也並未對此作特別說明，只是在附錄的評論中提到了三種特殊情況：海岸的特殊外形、島嶼的存在和可航行水道的存在。在聯合國第一次海洋法會議上，由於與會者對特殊情況的內容和性質沒有明確的概念，也由於此規則在實踐中從來沒有得到檢驗，因此，對於這一問題的看法眾說紛紜。最終，《大陸礁層公約》對於什麼是「特殊情況」，也沒有做出明確的規定。

　　《大陸礁層公約》在 1964 年獲得二十二國批准或加入而生效。到 1969 年北海大陸礁層案時，已有三十九個國家成為其締約國。當時國際法院曾在附隨意見書中宣稱，公約第 1 條至第 3 條「當時被認為反映或歸納已被接受的或至少正在形成中的、有關大陸礁層的國際習慣法」[11]。然而，國際法院在該案中並沒有討論島嶼問題，因為該案並不涉及島嶼。並且，法院也沒有對島嶼的存在是否構成公約第 6 條規定的「特殊情況」作出任何評論。但是，從前述第 6 條的立法歷史來看，不論是海岸相鄰或相向的國家，如果沒有協議，則大陸礁層界線的劃定首先應該採用等距離中線原則。在某些情況下，島嶼可視為「特殊情況」而構成界線偏離中線的理由。所以，雖然《大陸礁層公

11　*International Court of Justice (I.C.J.) Reports* (1969), p.39.

約》第 1 條第 2 款規定島嶼可以享有大陸架，但島嶼的存在原則上在海域劃界時應不予計及，只有在某些情況下才能依據島嶼的這種「特殊情況」改變根據等距離中線原則所劃定的界線。也就是說，《大陸礁層公約》第 1 條第 2 款所賦予島嶼的權利被第 6 條收回了一部分。雖然國際法院沒有認定《大陸礁層公約》第 6 條取得了和第 1 條一樣的國際習慣法地位，但是國際法院在該案的附隨意見中表示，島嶼的存在和其他特殊的地理景觀一樣，可以在公平原則的指導之下被劃界各國視爲「相關情形」之一而予以考慮。《大陸礁層公約》對島嶼制度的這種態度值得特別注意。總而言之，第一次海洋法會議討論的結果不主張島嶼不加限制的享有大陸礁層。

三、第三次海洋法會議對島嶼制度的討論和1982年《海洋法公約》的規定

二十世紀中期，由於科學技術的發展，人類利用海洋的能力越來越強，並且，以島嶼爲領土的國家紛紛宣佈獨立，因此島嶼究竟該享有什麼樣的權利成爲國際社會不得不關注的重要課題。二十世紀七十年代初，聯合國召開了第三次海洋法會議（1973年 12 月—1982 年 4 月），歷時 9 年，共召開了 11 期會議，先後參加會議的有 160 個國家及一些地區和國際組織。在這次會議中，聯合國的海底委員會曾根據各種標準試圖將島嶼分類。同一問題也曾經在1974年加拉卡斯會議中有熱烈的討論[12]。直到 1975 年的第三次會議，各國代表終於在日內瓦達成協定，這就是《非正式單一協商稿》的第 132 條。這是一個典型的妥協性條文，該條規定如下：

(1)島嶼是四面環水並在高潮時高於水面的自然形成的陸地區域。

12　*I.C.J. Reports* (1969) pp.53, 54。

(2)除第 3 款另有規定外，島嶼的領海、鄰接區、專屬經濟區和大陸礁層應 按照本公約適用於其他陸地領土的規定加以確定。

(3)不能維持人類居住或其本身經濟生活的岩礁，不應享有專屬經濟區和大陸礁層。

本條第 1 款顯然完全沿用了 1958 年《領海及鄰接區公約》第 10 條第 1款的規定；第 2 款則來自《大陸礁層公約》第 1 條第 2 款。本條新增的第 3 款對能夠享有大陸礁層及經濟區的島嶼規定了重要但含混的條件。本條對於島嶼制度的規定，對比 1958 年的《大陸礁層公約》而言有了重大的調整，即並不是所有的島嶼都可以享有大陸礁層和專屬經濟區。有些島嶼即使由於其特殊的地理位置，如地處孤海之中而無須與它國劃界，也仍須受到這項規定的限制。但是，因爲判斷島嶼是否可以享有大陸礁層和經濟區的標準是「質」而不是「量」，所以，一方面今後島嶼的自然和人文條件將成爲決定其是否可以享有大陸礁層和經濟區的重要依據；另一方面，這一標準的含混不清又必然會引起實際適用上的困難。

自 1975 年《非正式單一協商稿》第 132 條確定新的島嶼制度以來，到 1982 年《海洋法公約》簽署，經過七年的多次討論，這條規定都沒有作任何變更，足見它是眾多國家所普遍接受並符合大多數國家的利益。下面作者將對該項條文（即《海洋法公約》第 121 條）進行詳細的分析，以期能領會第三次聯合國海洋法會議對島嶼制度的態度，並能正確適用該項條款去解決實際中的問題。

《海洋法公約》第 121 條中並沒有明確「岩礁」（rocks）一詞的定義。在海洋法會議討論的過程中，曾有學者和海洋法會議的參加國提出數量化的島嶼定義主要以面積爲標準。例如，美國國務院已故地理專家羅伯特·D·霍奇森裏（Robert D. Hodgson）指的是小島，但是

這些島嶼分類的標準都未被公約採納。可見即使有客觀標準，但是由於各個國家的利益不同，很難達成協議，因此，公約並沒有明確給予「岩礁」作出定義，以免在大會通過該公約時發生困難。

既然沒有數量化的客觀標準，那麼我們只能從「質」化的兩個標準，「維持人類居住或其本身經濟生活」來尋找構成「岩礁」的線索。因為第 121 條第 3 款的規定採用的是「雙重否定」的形式（即：不能……不應），而且連接詞用的是「或」，所以在邏輯上可以這樣推論：凡是不符合這兩個標準中任何一個標準的岩礁，都不應享有專屬經濟區或大陸礁層；換言之，只有同時符合這兩個標準的岩礁，才可以享有大陸礁層和專屬經濟區的主權權利。為了充分理解這一款的規定，必須澄清以下幾個問題：

第一、所謂「不能維持人類居住」，是指「不能居住」還是「無人居住」(uninhabitedness)？依據 1969 年《維也納條約法公約》的規定，解釋條約的法則應以「文字的通常意義」為標準【13】。所以「不能維持人類居住」應解釋為「不能居住」較合原意。根據這樣的解釋，可能會出現一個可供人類居住也能維持其本身經濟生活的岩礁，卻因為其他原因（如主權有爭議）而無人居住。這種岩礁，依照第 121 條的規定在理論上仍然可以主張享有專屬經濟區和大陸礁層。

瓦倫西亞(Valencia)認為，《公約》規定專屬經濟區的原因是認為，將開發和管理臨近資源的主要責任交給沿海的居民是適當的。因此，島嶼必須有人居住才能主張專屬經濟區。當沒有居民居住時，就不能使用這一邏輯了。然而，多數學者認為「不能維持人類居住」是指「不適於居住」(uninhability)。但「適於居住」的標準又是什麼呢？

第二、所謂「維持人類居住」又是什麼含義？究竟維持多久才算

13　王虎華、丁成躍編 (1994)，《國際公約與慣例（國際公法卷）》，華東理工大學出版社，頁297。

符合第 3 款的規定？是幾個星期？幾個月？還是幾年？瓦倫西亞主張島嶼必須具備維持至少50個人穩定生活的能力。克爾(Kerr)認為「維持人類居住」的能力意味著島上至少要有水源[14]。馬英九先生認為島嶼必須能在相當長的時間內維持人類居住[15]。這個問題的答案似乎要視這個岩礁資源的多寡而定。於是又牽扯到第 3 款的第二項標準，即「維持其本身經濟生活」的能力。在評估這項能力之前，必須先明確的是：維持這個岩礁的經濟生活所依賴的資源，究竟是應該僅限於來自岩礁本身，還是可以包括岩礁附近水域中的資源？普雷斯科特(Prescott)和已故的海洋法學家趙理海先生認為，不能排除岩礁附近的資源作為「其本身的經濟生活」的一部分。普雷斯科特主張，在高潮時沒入水中的低潮暗礁(reef)上及其周圍捕魚，就有可否被視為經濟生活一部份的問題[16]。但馬英九認為維持島嶼本身經濟生活所必需的資源應僅限於島嶼本身所產，而不包括其領海內及外地輸入的資源。約翰斯頓（Johnston）和桑德斯(Saunders)指出，一個國家從其他陸地領土注入的人工經濟生活不能使一個岩礁擁有大陸架和專屬經濟區。就釣魚島等島嶼而言，至多只有釣魚島上有飲用水。雖然歷史上日本人古賀辰四郎父子曾於1897年和1918年兩次上島開發經營，但均難以長期堅持。如不自外界輸入相當資源，單靠釣魚島本身的自然條件和資源，似乎難於維持人類的長期居住[17]。

　　同樣不可以人為方式擴大岩礁的面積而使其適於人類居住。

14　Rear Admiral D. C. Kapoor I. N. (Retd.) & Captain Adam J. Kerr (1986), *A Guide to Maritime Boundary Delimitation*, Carswell, p.69.

15　馬英九(1986)，《從新海洋法論釣魚臺列嶼與東海劃界問題》，正中書局，頁130-131。

16　J. R. V. Prescott(1985), *The Maritime Political Boundaries of the World*, p.93. 趙理海(1996)，《海洋法問題研究》，北京大學出版社，頁87。

17　高健軍(2004)，《中國與國際海洋法》，海洋出版社，頁103。

而且，重要的不是其過去的支持經濟生活的能力，而是其現在的能力[18]。因為現在正在討論這個岩礁是否應該享有大陸礁層及經濟區內的資源，所以，如果把附近水域中的資源都算作岩礁自有的「維持其本身經濟生活」的資源，則顯然有把「待決的結論當論據」（begging the question）之嫌。可是，任何一個岩礁，只要它符合第 121 條第 1 款有關「島嶼」的定義，它至少就可以享有領海(甚至鄰接區)。因此，我們很難決定一個岩礁本身的資源是否應該包含它周邊12 浬領海內的資源？可以想像，如果答案是肯定的，那麼一個依靠領海內豐富漁場而維持其經濟生活的岩礁，就可以據此主張領海之外大陸礁層中的石油。換句話說，這個岩礁可以利用其領海內的資源作為「跳板」輕易的滿足條件。然而，面積僅為1km²，不能供人居住和生活的大洋中岩礁，如果也與大陸一樣擁有專屬經濟區，那麼它將可獲得是它本身面積的14萬倍以上的海域(專屬經濟區)，約為14萬多平方公里，這顯然是不公平的[19]。

霍奇森裏將島嶼分為四類，其中面積小於 0.001 平方英里的是「岩礁」；面積在 0.001 平方英里至1 平方英里之間為小島；面積在 1 平方英里至1000 平方英里之間為稱島嶼；面積大於1000平方英里稱大島[20]。而國際水文地理局（International Hydrographic Bureau）對岩礁所下的定義是：面積小於 1 平方公里。這樣的解釋是否公平呢？又是否符合公約制定者的原意呢？

第三、所謂「本身的經濟生活」是否應該包括借助外力把昔日的荒礁變成高價不動產的情形？因為在技術上，不論領海內有無資源，只要有足夠的投資，幾乎世界上的任何岩礁都可以實現經濟上的自給

18　高健軍(2004)，《中國與國際海洋法》，海洋出版社，頁103。

19　沈文周主編(2003)，《海域劃界技術方法》，海洋出版社，頁183。

20　沈文周主編(2003)，《海域劃界技術方法》，海洋出版社，頁185。

自足，所以，如果一個荒礁方圓二百浬之內資源豐富，相信這個荒礁的所屬國一定很有興趣來做這項投資。像這樣允許一個「半人工島」即可擁有二百浬的大陸礁層及經濟區又是否公平呢？

第四、如果一個可以維持人類居住的岩礁本身只有有限的資源，而投資開發這些資源又不符合經濟原則時，這樣的岩礁是否可以主張它可以「維持其本身的經濟生活」呢？如果該岩礁周圍海域內的資源豐富，那麼該岩礁的所屬國無論經濟與否都會投資開發該岩礁上的資源，因為只要通過這項開發證明岩礁可以「維持其本身的經濟生活」，就足以推使該國主張享有岩礁周圍海域中豐富的資源。這樣做是否符合公約制定者的原意呢？而在評估是否經濟時，又該採用什麼樣的標準呢？

對上述四個問題的後三個，《海洋法公約》與它的「準備工作」都無法提供解答。但是我們可以從第 121 條的精神來尋求最適當的解釋。該條第 3 款的主要目的顯然在於明確若干岩礁不得享有大陸礁層及經濟區的權利，以作為對該條第 2 款的限制。因此對第 3 款的解釋就必須從嚴，以免使得這項限制失去意義。基於這樣的認識，可以對第 3 款作出如下解釋：

(1)這個岩礁必須能夠在相當長時間內維持人類居住，即能居住而不代表一定有人居住；

(2)岩礁維持其本身經濟生活所需的資源必須僅限於其本身所產，而不包括其領海內及借助外力從外地輸入的資源；

(3)開發岩礁本身的資源必須符合經濟原則，而判斷是否符合經濟的標準應該依照爭端發生時當地的標準來認定。

第四節 島嶼在海洋劃界中效力的相關實踐

從國家實踐上看，對海岸相向的國家來說，島嶼在劃界中的效力可能獲得全效力或部分效力或無效力三種。所謂「全效力」是指某一地理形貌（如島嶼）在海域劃界中被用作劃界基點的情形；所謂「無效力」，是指在海域劃界時完全不予計及即不用作劃界基點；而「部分效力」就是介於「全效力」和「無效力」之間的情形，至於具體個案上到底獲得多少的部分效力則又要受到許多因素的影響，不能一概而論。簡單地說，島嶼究竟獲得何種效力要視其地理位置、面積大小、法律地位及總體地理等因素而定。現簡要分析如下：

一、島嶼享有全效力(full effect)

相鄰或相向的國家在劃定海洋疆界時，或者基於地理因素的考慮，或者基於政治、經濟、人口等因素的考慮，以島嶼作為劃界的基點，使其具有完全的效力，來劃定彼此間的領海、鄰接區、專屬經濟區或大陸礁層。

（一）通常情況下，位於一國領海之內、接近於大陸的島嶼，一般被視為該國海岸的一部分，在劃界時享有全效力，與本國海岸享有同樣的大陸礁層。例如1965年12月8日丹麥與挪威關於劃分兩國間大陸礁層的協定、1968年1月8日義大利和前南斯拉夫關於劃分兩國間大陸礁層的協定、1973年12月17日加拿大和丹麥關於劃分格陵蘭（Greenland）大陸礁層的協定，在以上劃界協定中，均把領海外線之內的島嶼一律用作為基點。

（二）在劃界實踐中，如果一個國家的島嶼或島群與另外一個國家

的島嶼或島群在地理位置、經濟、人口、自然條件等各方面的條件都相似，且都位於各自的劃界區域內，爲了平衡雙方的利益，一般劃界當事國都會互相給予這些島嶼以全效力。例如1971年6月17日巴林和伊朗關於兩國之間大陸礁層劃界的協定，倆者的島嶼都作爲各自的基點。在1965年5月20日芬蘭和蘇聯關於芬蘭灣海域和大陸礁層邊界的協定、1967年5月5日芬蘭和蘇聯關於兩國之間波羅的海東北部大陸礁層疆界的協定中，芬蘭灣內124浬的大陸礁層邊界，嚴格按照等距離原則劃界，兩邊都用小島作爲基點，包括位於芬蘭領海以外的未知名小島。

　　(三) 在群島國家的情形下，對島嶼的劃界作用一般都會加以考慮。根據1982年公約的規定，群島國(Archipelago States)是指全部由一個或多個群島構成的國家，並可包括其他島嶼。「群島」是指一群島嶼，包括若干島嶼的若干部分、相連的水域和其他自然地形彼此密切相關，以致這種島嶼、水域和其他自然地形在本質上構成一個地理、經濟和政治的實體，或在歷史上已被視爲這種實體。群島國可以制定連接群島最外緣各島和各幹礁的最外緣各點的直線群島基線，群島基線所包圍的水域是群島水域。群島國的領海、鄰接區、專屬經濟區和大陸礁層從群島基線量起，群島國一般根據其固有權利在與其他國家的海洋劃界中使其所有島嶼都在劃界中具有完全和平等的作用。例如1980年科克群島與美屬薩摩亞的海洋疆界條約，用等距離方法劃定了長達566浬的邊界。由於邊界位於兩個完全由島嶼組成的政治實體之間，雙方決定：所有島嶼和任何有關的邊緣幹礁以及低潮高地，不論其大小、位置、人口多少和有無居民，在劃定等距離線時都給予完全的效力。

　　另外，組成群島的一國沿岸眾多島嶼或稱沿岸群島，如彼此間的距離不超過其領海寬度，離海岸很近，位於本土的領海範圍之內，在劃界中獲得全效力。例如：幾內亞與幾內亞比索劃分海域時，幾內亞

比索沿岸的比紮戈斯群島，其島嶼距本土大陸最近的距離2浬，最遠的37浬，而且任何兩個最近島嶼之間的距離都不超過5浬；島嶼之間是寬度不超過5浬的淺水區，並散佈著暗礁，使來往的船隻不得不繞群島而行。該群島中，儘管有很多無人居住的島嶼，但各島嶼仍被視爲彼此處於同一領海之內，並且是與大陸的領海相連的，因而都獲得了全效力。在亞得里亞海沿岸，南斯拉夫也有與上述相類似的許多島嶼。這些島嶼在南斯拉夫與義大利劃分亞得里亞海大陸架時，雙方都同意賦予全效力【21】。

1951年英挪漁權案，法院在分析研究挪威海岸的實際情況及其特點後，指出挪威海岸線極爲曲折，緊接海岸有一系列島嶼。世界上其他許多地區，在陸地和海洋之間存在著明顯的自然分界線。但在挪威海岸這一帶並不是如此。挪威的「堡礁」(skjaergaard)和挪威大陸實際上是構成一個整體，其中間的水域構成挪威的內水。從整體上看，真正的海岸線應該是沿陸地領土組成部分包括島嶼外延劃定的一條線。在考慮挪威海岸地理條件的特點後，法院得出的結論是，既然挪威大陸西部爲島礁所環繞，而這些島礁構成陸地領土整體的一部分，挪威真正的海岸就在島嶼的外延，在劃定挪威領海的外部界線時，應從島嶼外延的低潮線起算。法院確認，1935年挪威國王赦令中規定在劃定漁區的方法和以直線基線劃定領海外部界線的方法都不違反國際法【22】。

(四) 有些島嶼，基於其自身的面積較大、人口較多、地理位置重要以及劃界雙方的綜合權衡讓步等因素，在劃界中獲得了全效力。例如在1965年英國與挪威的大陸礁層劃界中，位於北海之中的英國島嶼設德蘭群島(Shetland Islands)，西距英國96浬，在英國直線基線以外，東

21　沈文周主編(2003)，《海域劃界技術方法》，海洋出版社，頁193。

22　*I.C.J. Reports 1951*, p.132.

距挪威173浬，該島面積爲552平方公里，人口17298人，地位重要，在英挪兩國以中間線劃分兩國的大陸礁層時，該島獲得了全效力。設德蘭群島在劃界中獲得了全效力，除由於其面積大、人口多等條件外，另一方面能夠推知，在英挪兩國之間的挪威海槽(Norwegian Trough)距挪威海岸僅有數浬，水深已達200至670公尺，遠遠超出北海大陸礁層的平均水深90公尺，構成英挪兩國大陸礁層的斷陷帶，如果英國堅持挪威海槽是兩國大陸礁層的分界線，將對挪威非常不利，挪威同意英國的設德蘭群島在劃界中享有全效力，以此換得英國讓步達成劃界協定。

　　另外一例是位於朝鮮海峽之中屬於日本的對馬島（Tsushima Island），在1974年日本和韓國的大陸礁層劃界中也被用作基點而獲得全效力。對馬島西距韓國37浬、東距日本53浬，面積爲271平方英里，人口達58672人，地處朝鮮海峽的要道，對馬島在日韓劃界中獲得全效力。是基於其面積大、人口多、位置重要等因素【23】，同時也換取日韓劃界中使用了距離韓國海岸45浬的濟州島爲劃界基點【24】。這兩個中界島在劃界中獲全效力，與其處於中界的位置無關，而是基於面積、人口、總體地理等因素【25】。

　　(五) 有的島嶼不一定位於本國大陸的領海範圍之內，但在地理上與大陸的關係極爲密切，也被視爲大陸的組成部分。在劃界中，此類島嶼也可具有與大陸相同的地位。其測試方法之一，於島嶼兩端分

23　馬英九(1986)，《從新海洋法論釣魚臺列嶼與東海劃界問題》，正中書局，頁136。

24　Faraj Abdullah Ahnish(1993), *The International Law of Maritime Boundaries and Practice of States in the Mediterranean Sea*, Clarendon Press, p. 368.

25　袁古潔(2001)，《國際海洋劃界的理論與實踐》，法律出版社，頁36。

別作垂直於大陸海岸線的兩條垂直線AB與CD，如果在低潮時兩條垂直線、島嶼內側海岸線和大陸海岸線，這三條線所包圍的最小水域面積，小於島嶼的面積，那麼該島嶼便可視爲大陸的組成部分；測試方法之二，如果島嶼與大陸之間有狹長水道，則在水道出入口的兩端，先劃出該水道的兩條封閉線AB、CD，然後以連接這兩條封閉線上的中點E與F的直線EF表示水道的長度。水道長度等於兩條封閉線之和的1/2或大於1/3，則該島也可視爲大陸的組成部分。在劃界中，仍應賦之予全效力，即便面積不足2590平方公里，通常不能依大島處理的島嶼，也照此處理【26】。

國際法院在幾內亞和幾內亞比索的大陸架劃界案中指出：被狹窄的海峽或水道與大陸隔開，並在低潮時經常與大陸連在一起的沿岸島嶼，應被認爲是構成了整個大陸的一個部分。在英法大陸架劃界案中，不僅英國的疊石礁獲得了全效力，而且位於朴次茅斯港的入口處，被一條狹窄的水道與英國本土隔開的懷特島，也被視爲英國大陸海岸的組成部分，被賦予了全效力【27】。

(六) 有時劃界雙方基於整體的政治、經濟和發展兩國關係等因素的考慮，會賦予一些小島以全效力。例如加勒比海委內瑞拉的小島阿武士島（Aves Islet），距離委內瑞拉本土海岸300浬，距美屬波多黎各(Puerto Rico)191浬，在1978年美國和委內瑞拉的海上邊界條約簽訂時獲得了全效力。阿武士島面積僅爲0.02平方英里，長期無人居住，唯一的島上資源是鳥糞，距離委內瑞拉本土較遠，而距美屬波多黎各本土較近，它之所以在美、委兩國海域劃界中獲得全效力，原因在於：如果委內瑞拉不以該島爲基點劃定專屬經濟區或大陸礁層，比以其爲基點劃界所得到的海域總面積要少三分之一，當時委內瑞拉國內強烈要求

26　沈文周主編(2003)，《海域劃界技術方法》，海洋出版社，頁184。
27　沈文周主編(2003)，《海域劃界技術方法》，海洋出版社，頁193。

給予阿武士島以劃界的全效力。而美國考慮到該區的漁業資源有限，且無意因此而損害兩國間的友好關係，才同意讓步。可見阿武士島之被用作劃界基點而獲得全效力，乃是美國當時出於政治上的考慮。

二、島嶼獲得部分效力（partial effect）的情形

(一)島嶼獲得一半或更少部分效力

島嶼位於其所屬國本土領海外不遠處，這種島嶼位於其所屬國領海的外線與假想中線（即所屬國本土與相向鄰國之間所劃的中線）之間，往往獲得部分效力。

在國家實踐中，1968 年伊朗和沙烏地阿拉伯的劃界協定，給予伊朗的哈爾克島（Kharg Island）半效力。哈爾克島距伊朗本土約 17 浬，而伊朗主張 12浬領海，所以該島已在伊朗的領海範圍外，但是由於該島的面積較大，所以經兩國協議給予該島半效力。具體的做法就是劃出兩條線，一條使哈爾克島發揮完全的效力，而另一條則對該島的存在棄之不顧，然後取這兩條線的中間線作為兩國海域的界線。另一個例子是1977年的英法大陸礁層仲裁案【28】。1975年6月10日，英國與法國訂立仲裁協定，請求仲裁法庭就兩國在西經30分以西大陸礁層的劃界做出裁決。英法之間的劃界涉及兩部分區域：靠近法國的英屬海峽列島(Channel Islands)地區和英吉利海峽西南口一帶即大西洋區。仲裁法庭於1977年6月30日做出裁決。仲裁法庭認為，在大西洋區，英國的錫利群島(Scilly)被認為是劃界的相關情況，該群島西端的岩礁距英國本土海岸21浬，法國的威桑島(Ushant)最西的點距離法國本土海岸10浬，前者是後者距離的兩倍。若劃界時以英國的錫利群島作為等距離中

28　梁淑英(1999)，《國際法教學案例》，北京，中國政法大學出版社，頁111-112。

間線的基點，英國的大陸礁層將比法國的多出4000平方公里。法庭認為，根據錫利群島和威桑島的具體情況來看，在劃定兩國的大陸礁層時不能不顧及，但是要在適當程度上糾正錫利群島的較西位置對疆界走向的歪曲效果。仲裁決定劃界的可行方法是給予錫利群島一半的效果，即先不用錫利群島作為基點，在兩國海岸之間劃一條等距離線。然後用該群島作為基點再劃一條等距離線。再在以上兩條等距線之中間劃出第三條等距離線，此即英法在大西洋區的大陸礁層界線（圖一）。

　　這樣，錫利群島在劃界中獲得了一半效力。可見，仲裁法庭的裁決是基於這樣的事實，即英法兩國在爭議區的海岸是大致相等的。

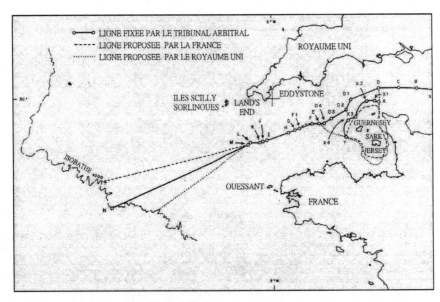

Figure 1: France-United Kingdom continental shelf boundary

圖一：法英大陸礁層疆界。

資料來源：引自René-Jean Dupuy、Daniel Vignes (1985),*Traité du Nouveau Droit de la MER*。

大陸礁層是大陸領土的自然延伸，海岸線大致相等的兩個國家，應當
享有大致相等的大陸礁層。在大陸礁層劃界中，應考慮到每一具體劃
界事例的一切所相關因素(relevant factors)，特別是地理情況，以找出
公平劃界的適當方法，達到公平的結果。而1982年突尼西亞與利比亞
案【29】，法院即因突尼西亞外海有克肯納島(Kerkennah Islands)的存在而
給予該島一半的劃界效力，而克肯納島面積65平方英里人口15000人，
接近陸地其最遠處22浬最近處11浬（圖二）。

　　1985 年利比亞、馬爾他海洋劃界案中，島嶼問題雖然不是爭議的

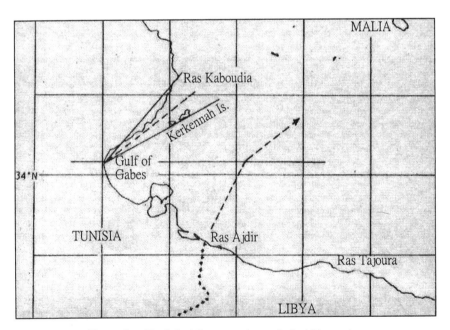

Figure2：Tunisia-Libya continental shelf boundary

圖二：突尼西亞─利比亞大陸礁層疆界。

資料來源：引自傅崐成(1992)，《國際海洋法：衡平劃界論》。

29　René-Jean Dupuy、Daniel Vignes (1985),*Traité du Nouveau Droit de la MER,Paris*, Econornica ,Bruxelles, Bruylant, pp. 398-406.

重點，但是本案對島嶼的處理也值得特別關注。首先，在劃定利比亞和馬爾他兩國之間的初步中線時，無人居住的費爾弗拉島(Islet of Filfla)不予計及即獲得零效力。這個島嶼實際上是一塊岩礁，面積微不足道，獲得零效力自然合理正常。對該小島獲得零效力，十七位法官一致同意。其次，馬爾他是一個島國，在劃界時卻只獲得部分效力，這不得不引起我們的深思。國際法院在劃定調整線時，曾假定馬爾他不存在，而在義大利西西里島和利比亞之間劃出一條假想的中線，作為初步中線向北調整的上限。這條假想中線和實際調整線的距離，是假想中線和初步中線的距離四分之一。也就是說，如果把馬爾他看作是屬於義大利的島嶼，則假想中線代表馬爾他獲得零效力，初步中線代表馬爾他獲得全效力，相應的實際調整線代表馬爾他獲得四分之一的效力。實際上，這種處理方法反映了利比亞和馬爾他兩國海岸線長度的對比對確定兩國間大陸礁層界線的重要作用。法院測量了馬爾他相關海岸的長度，並用以與利比亞的海線長度相比較，兩者間之比例為24浬比192浬，意即大約1比8。法院因此表示，由於兩國海岸線長度差距頗大，理當調整暫時中線，以使利比亞享有較大的大陸礁層。但是，法院認為此一調整不應憑藉任何數學意見而作成。法院認為，調整的基楚應該是整個劃界區的「整體地理環境」（general geographical context）【30】。顯見依海岸線之相對長度作比例分配是考量的重點之一。

(二)飛地（enclave）

以「飛地」（enclave）方式處理島嶼，島嶼只享有適當的海域。這種做法常見於以下兩種情況：

1. 島嶼位於兩國海岸的中間線上或在中間線的附近，在劃定中

30　*I.C.J. Reports* (1985), para.79.

間線時，不以這種島嶼作爲劃界的基點，但允許其享有適當的海域。例如，在1968年1月8日訂立的義大利和前南斯拉夫關於劃分兩國間大陸礁層的協定中，前南斯拉夫位於亞得里亞海的三個島嶼——亞布卡島、佩拉格魯希群島和卡尤拉島，處在兩國本土作基點的中間線附近。如果以這三個島嶼作基點進行等距離劃界，大陸礁層的界線將靠近義大利，對義大利非常不利。在最後的協定中，前南斯拉夫不以此三個島嶼作基點，而各自只擁有12浬的海域，比當時兩國的領海寬度要大(義大利爲6浬，南斯拉夫爲10浬)【31】。但義大利也讓步，同意離其本土海岸較遠的皮亞諾紮島也不作爲基點。這樣，南斯拉夫將3080平方公里的大陸礁層讓給了義大利，而義大利則讓給南斯拉夫大陸礁層416平方公里。

在1971年8月20日義大利和突尼西亞關於劃分兩國之間大陸礁層的協定中，義大利與突尼西亞海岸相向，義大利的四個小島即蘭皮恩島(Lampedusa)面積近1平方英里、利諾薩島(Linosa)2平方英里、蘭佩杜薩島(Lampione)3平方英里和潘特萊裏亞島(Pantellenia)32平方英里，在兩國本土海岸的中間線附近，其中利諾薩島位於中間線上，其餘三島位於中間線偏向突尼西亞的一側(圖三)。

在劃界協定中，除賦予蘭皮恩島12浬寬度的海域外，其餘三島都獲得了13浬寬度的海域。這四個島嶼都沒有被用作爲劃界的基點，但享有了適當的海域。

2. 一個國家的島嶼遠離其本國海岸，越過中間線位於另一個相向或相鄰國家的海岸附近，這個島嶼往往不作爲劃界的基點產生效力，但是可以在它國的海域內擁有適當的海域，實際上是它國海域內被包圍的「飛地」(enclave)。奧康奈爾稱這類島嶼是「位於中間線錯誤一邊的島嶼」，他認爲，「如果一般的原則是島嶼擁有獨立的大陸礁層，

31　U.S. Department of State (D.O.S.) , *Limits in the Sea*, No.9, p.7.

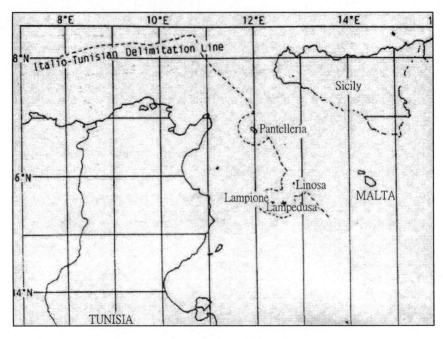

Figure 3：Italy-Tunisia continental shelf boundary

圖三：義大利-突尼西亞大陸礁層疆界。

資料來源：引自傅崐成(1992)，《國際海洋法：衡平劃界論》。

那麼這些靠近它國海岸的島嶼就不能僅僅由於它的地理位置，而被剝奪這種權利」【32】。

在1977年英法大陸礁層仲裁案中，除了兩國有爭議的大西洋區以外，另一個有爭議的地區是布列頓——諾曼灣區。海峽列島(Channel Islands)是屬於英國的領土，距離法國本土海岸為6至16浬，位於布列頓——諾曼灣這一內凹的海灣內，遠離英國本土而距法國很近，位於英法兩國中間線靠法國的一側。英法兩國領土的共同延伸形成英吉利海峽，兩國原則上都同意以中間線劃界。但英國主張中間線應劃在海峽

32　奧康奈爾(1984)，《國際海洋法》，第二卷，頁20。

列島與法國本土之間，海峽列島在劃界中應當起作用、發揮效力，應享有本身的大陸礁層。而法國認為中間線應以英法兩國本土海岸為基點，不考慮海峽列島的地位，這樣才能達到公平的結果。

海峽列島（Channel Islands）是英國主權管轄下的一組島嶼，處在英吉利海峽中部的重要位置上，其中包括：（1）奧爾德尼群島（Alderney Group），主要有奧爾德尼島、巴勞島（Burhou）、奧塔克島（Ortac）和卡斯奎茨島（Casquets）等島嶼，這些島嶼距離法國海岸僅8浬；（2）根西群島（Guernsey），主要有根西島、薩克島（Sark）、赫姆島（Herm）和傑荷島（Jehou）等島嶼；（3）澤西群島（Jersey Group），有澤西島、艾克荷斯群島（Ecrehos Islands）等島嶼，距離法國諾曼地海岸約6.6浬；（4）敏基埃群島（Minquiers Islands）。海峽列島陸地面積約195平方公里，有居民約13萬人。海峽列島的突出特點是距離法國海岸很近，最近距離為6.8浬；而距離英國本土海岸則很遠，最近距離為49浬【33】。

關於海峽列島在海峽區域劃界的地位，法庭認為：1、海峽列島有別於可擁有自己的大陸架權利的半獨立國家的島嶼；2、英國關於只有小島才構成特殊情況的說法不成立；3、英國援引的只有小島才採用飛地方法的先例與本案不相干。海峽列島不僅位於海峽中部中間線不適當的一邊，而且從地理上講，完全獨立於英國，這與那些許多小島從本土向遠處密佈展開的案例不同【34】。 因此，法院否定了英國將海峽列島的大陸架與英國本土的大陸架連成一片的要求。

仲裁法庭在綜合考慮海峽列島的政治、經濟、地理情況及其對兩國航行、防務和安全等方面的影響之後，做出裁決認為：在海峽列

33　周健(1998)，《島嶼主權和海洋劃界─國際法案例選評》，北京：測繪出版社，頁115-116。

34　周健(1998)，《島嶼主權和海洋劃界─國際法案例選評》，北京：測繪出版社，頁124。

島地區應適用習慣法，而根據習慣法在適用領土「自然延伸」(natural prolongation)的同時，也要確保疆界符合公平原則。它指出，自然延伸原則不應該被忽略，但也絕不應將之視爲絕對的原則。此一原則的被適用，應該同時考量其他法律與衡平上的相關因素。法院特別降低了地質意義上自然延伸的地位。英國方面稱，赫得深海(Hurd Deep)以及赫得深海褶皺區(Hurd Deep Falt Zone)應可構成英、法之間大陸礁層的一部分天然界限。但是法院發現英國曾經在它與挪威間劃定大陸礁層界線時，同意忽略挪威海溝(Norwegian Trough)的存在。而赫得深海區與赫得深海褶皺區在和挪威海溝相比較下，實在只是很輕微的地質結構上的褶皺地帶。法院堅稱，赫得深海－赫得深海褶皺區若被賦予劃界上的重大意義，「將與近年來整個大陸礁層劃界的國家實踐趨勢相違背」[35]。只有重大的結構中斷才能認定是劃界中的「特殊情況」。因此一個衡平、公平、合理的結果才是最終追求的目標，換言之，任何相關因素不論是陸地領土的自然延伸或島嶼的存在，都是值得重視的考量因素之一。但也不應將之絕對化，而造成一個被扭曲而顯現出明顯不衡平的結果。

英法兩國本土海岸相向，海岸長度大致相等，這樣兩國的疆界應是中間線，而且中間線的兩側、不論那一邊留給每一當事國的大陸礁層都應大致相等，這樣才符合公平原則。雖然海峽列島的存在打亂了地理的平衡，但如果在劃界時全部考慮海峽列島的自然延伸，對法國會產生顯然的不利而造成明顯不公平的結果。因此，爲在某種程度上糾正這種不公平，法庭裁定劃兩條線：一條是兩國大陸海岸的中間線，作爲初步界線;另一條是在海峽列島的西面和北面劃出的離海峽列島漁區已確定的基線12浬處的一條線。這樣，海峽列島大陸礁層就成

---

35 傅崐成(1992)，《國際海洋法：衡平劃界論》，台北，三民書局，頁100-102。

了法國大陸礁層裏面的一塊英國「飛地」(參圖一)。

　　另外，1978 年澳洲和巴布亞新幾內亞海洋劃界條約也是這種情況
的實例。 澳洲三個無人居住的島嶼博爾古（Bogu）、達安（Dauan）和
賽拜（Saibai）距離巴布亞新幾內亞海岸僅數百碼。如果給予這三個島
嶼完全效力，將使海床邊界十分靠近巴布亞新幾內亞。在最後的劃界
中，這三個島嶼都不用作爲劃界的基點，而只擁有 3 浬的領海，成爲
位於巴布亞新幾內亞海域內的三塊「飛地」(圖四)。

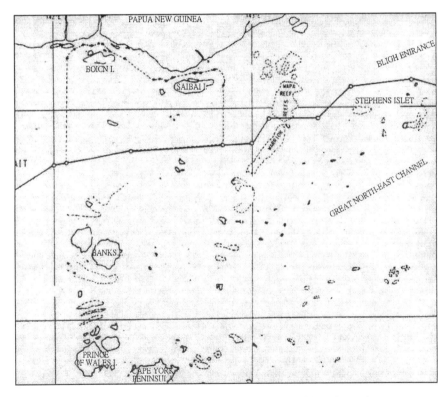

Figure 4：Australia-Papua New Guinea maritime boundary
圖四：澳洲-巴布亞新幾內亞海域疆界，
資料來源：引自傅崑成(1992)《國際海洋法：衡平劃界論》。

這類遠離本國海岸、位於相向鄰國一邊的島嶼不應該被剝奪享有適當海域的權利。一般都是根據這些島嶼的面積、人口、地理位置及其重要程度，在他國的海域內，圍繞該島嶼給予其一定範圍的海域面積，但通常很少把它們作為劃界的基點。

三、島嶼獲得零效力(inefficiency)的情形

在劃界實踐中，雙方基於達成協定的目的，對那些面積很小的無人小島、主權有爭議的島嶼或遠離本土大陸、對本國並不重要的島嶼，有時不給予其效力。一般在雙邊的劃界協議中，常常是有選擇地將一部分不重要的島嶼不予顧及。獲得零效力的島嶼主要有兩種情形：

(一)極小的島嶼或荒礁

在海洋劃界時往往不被賦予效力。由於這些島嶼面積太小以致不具備長期使人居住的條件，通常除了管理人員如管理燈塔、氣象站等之外並無人居住，其本身的經濟價值也極為有限。例如，根據 1958年巴林和沙烏地阿拉伯的劃界條約【36】，兩國本土海岸之間的若干小島，或者在劃界的時候沒有計及，或者用作中線上的轉捩點。而即使位在直線基線範圍內的島嶼，若此直線基線的劃定並不符合1982年海洋法公約第七條及第四十七條之規定(例如，顯然偏離本島海岸之一般走向)，則仲裁人或協商者將僅賦予其部分效力或無效力。如國際法院在1985年利比亞和馬爾他大陸礁層案所表示，在任何情況下，由沿海國所決定之基線，和在海岸選擇之定點，用以計算附屬於該國之大陸礁層區域，本質上並不相同。因而在此案例中，此一無人居住的小島費

36　D.O.S.,*Limits in the Sea*, No.12.

爾弗拉(Filfas)即受到完全之忽略，即使它是位於馬爾他的直線基線內。

　　劃界的「公平性取決於是否採取了預防措施來消除某些小島、礁石和小的海岸突起所造成的不成比成例的影響」【37】。就劃界實踐而言，島嶼的劃界效力，一般是通過權衡它對界線的影響程度及其自身的重要性之間是否成比例來決定的。2001年國際法院在「卡塔爾訴巴林案」中就是根據這一標準否定了巴林的的雅里姆島（Fasht al Jarim）在北部地區的劃界效力，認爲它會歪曲邊界並導致不成比例的效果」。島嶼的自身重要性取決於島嶼的面積、人口、經濟等因素，而它對界限的影響程度則主要取決於島嶼的位置。島嶼距離本國海岸越近，等距離線越遠，其對邊界線的影響程度就越小，因此對島嶼的面積和人口等因素的要求也越低，劃界上其獲得全效力的概率就越大；反之，島嶼距離本國海岸越遠，等距離線越近，其對邊界線的影響程度也就越大，因此對島嶼的面積和人口等因素的要求也越高，其獲得全效力的概率就相對越小【38】。

　　衡情而論，允許像釣魚島等島嶼這樣的面積小、無人居住的中區島嶼在劃界中發揮效力。不但「將與近年來在大陸架問題上的國家實踐的趨向背道而馳」，而且會「歪曲邊界並導致不成比例的效果」。總之，公平的考慮要求釣魚島等島嶼在中日海洋劃界中不產生任何效力，或最多只能擁有12浬的領海或再加12浬的鄰接區，應是合理而公正的。學者Ji Guoxing、Jeanette Greenfield及馬英九先生等也持相同的觀點。如果要在琉球群島和台灣之間實現公平劃界，惟一的辦法似乎就是在劃界中忽略釣魚島等島嶼。正如美國學者李韋清(Wei-chin Lee)所言，「中日雙方越不堅持釣魚島等島嶼是劃定海洋分界必不可少的，

37　*I.C.J. Report* (1985), para. 64.

38　高健軍(2004)，《中國與國際海洋法》，海洋出版社，頁104。

它們就越有可能解決複雜的大陸架爭端【39】。」

(二)主權歸屬發生爭議

當島嶼的主權歸屬發生爭議時，在海洋劃界時也往往不賦予其效力或只給予領海的效力。這一因素獨立於其他因素發揮作用，且不論島嶼之大小、位置如何。例如，在 1974 年伊朗與阿拉伯聯合大公國的劃界條約中，界線劃在霍爾木茲海峽(Strait of Hormuz)附近，波斯灣中有小島阿不木茲(Abu Musa)，因為其主權在伊朗和阿拉伯聯合大公國的爭議之中，所以劃界時雙方同意不以該島作為劃界基點，給予該島零效力【40】。在 1974 年《印度和斯里蘭卡關於兩國間歷史性海域的疆界及有關事項的協定》中，印度和斯里蘭卡對卡恰提伍島的主權也有爭議，因而雙方同意不給該島任何劃界效力。事實上，該島連 12 浬的領海也未獲得。而在丹麥(格陵蘭)和加拿大大陸礁層疆界協定中，位於航道中央的小島漢斯(Hans)，造成一部分尚未決定的疆界線，也是因為雙方當事國皆主張對此島之主權，其劃界效力也是零。

島嶼的主權爭議雖並不一定導致該島在劃界中完全被忽略，因為島嶼的劃界效力是根據對劃界地區的整體環境、島嶼的面積和人口等自身重要性以及它對界限的影響程度等眾多因素綜合權衡的結果。如果一個島嶼位於中間線附近，無人居住，而且面積又非常小。這種情形下，島嶼的主權爭議無疑會強化在劃界中應該忽略該島的主張的公平性【41】。

由表一、表二可知，主權有爭議會強化在劃界中應該忽略該島

39　Wei-chin Lee(1987), Troubles under Water: Sino-Japanese Conflict of Sovereignty on the Continental Shelf in the East China Sea , *Ocean Development and International Law* 18, p.598.

40　D.O.S. , *Limits in the Sea*, No.63.

41　高健軍(2004)，《中國與國際海洋法》，海洋出版社，頁110。

表一：海洋劃界中主權有爭議的「中區島」

編號	劃界雙方	島嶼名稱	面積(km²)	人口	效力	備註
1	伊朗/阿拉伯	法爾西島、阿拉比亞島		無人	12浬	主權有爭議
2	厄立特里亞/葉門	祖卡—漢尼施、塔拉、祖巴拉島群		無人	12浬	主權有爭議
3	卡塔爾/阿布扎比	大音那島			3浬	主權有爭議
4	斯里蘭卡/印度	卡此沙提武島	0．38	無人	零	主權有爭議
5	加拿大/丹麥	漢斯島	南北小於1英里		零	主權有爭議
6	中國/日本	釣魚島等島嶼	6．32	無人		主權有爭議

資料來源：作者收集整理。

表二：釣魚島等島嶼的自然地理狀況

名稱	面積(km²)	海拔（米）	植被	備註
釣魚島	4.319/4.5	360/383	棕櫚樹、仙人果	主權有爭議
黃尾島	1.08/1.1	117	棕櫚樹、仙人果	主權有爭議
南小島	0.465	149	少量	主權有爭議
北小島	0.303	13's5	少量或無	主權有爭議
赤尾島	0.154/0.15	84	無	主權有爭議
冲北岩	0.014	28	無	
冲南岩	0.005	13	無	
飛　獺	0.0006	不詳	無	
合　計	6.32/6.5			主權有爭議

資料來源：Jeanette Greenfield(1992), *China's Practice in the Law of the Sea*, Clarendon Press, p.298. 普雷斯科特認為任何一個島上都沒有淡水。J. R. V. Prescott, *The Maritime Political Boundaries of the World* (Methuen), p.245.

的作用。個案上島嶼若如釣魚島之位置、大小、性質，除給予領海海域外，通常不在劃界上發生效力。1981年杜拜（Dubai）、夏爾迦（Sharjah）仲裁案，法庭除了接受杜拜的觀點，認為永久海港工程必須被作為海岸的一部分外，夏爾迦的阿布木薩島因距離海岸已有35浬遠(釣魚島離中日本土海岸更遠)，法庭確認其只可享有12浬領海。至

於夏爾迦主張劃界上享有半效力，法庭注意到，根據水文地理學家計算，半效力將會有一個歪曲效果並「對當事國之間的海洋空間產生一個不合比例和誇大的權利」。因此法庭決定，當等距離線遇到圍繞阿布木薩島的12浬領海弧線時，應沿著這條弧線向前，這個方法是和國家實踐相一致的【42】。

綜上所述，那些靠近本國領土或者面積大、人口多的島嶼，在劃界實踐中，常獲得全效力；那些位於中間線附近，或者遠離本國領土的島嶼，常獲得部分效力；那些主權尚有爭議或面積極小的島嶼，通常獲得零效力。雖然上述實踐，還沒有普遍到構成國際習慣而有「法之確信」的地步，但是，這些實踐所呈現的若干形態，已處於逐漸形成國際習慣的過程之中。如果有更多相關的國家遵照這些實踐的原則來劃界，它們遲早會成為國際習慣的。

總之，在實際的海洋劃界中，決定島嶼劃界效力的因素往往不止一個，每一個因素的相對重要性也要視具體情況而定。也就是說，島嶼的劃界效力受到位置、面積、人口、總體地理、政治、經濟等多種因素的制約和影響，視不同情況享有全效力或部分效力或零效力。

第五節 小　結

一般來說，在國家的劃界實踐中：(一)那些位於一國領海之內，靠近一國大陸的島嶼，雙方條件相類似的島嶼，群島國家的島嶼，面積大、人口多、地理位置重要的島嶼，一般在劃界中都可能獲得全效力。有時一國基於政治、經濟和發展兩國關係的考慮，也會給予島嶼

42　袁古潔(2001)，《國際海洋劃界的理論與實踐》，法律出版社，頁75-78。

以全效力。(二)在劃界中，當一個特定的地理特徵影響到大陸礁層分界線的走向，劃界雙方如給予本國領海以外的島嶼以完全效力時，將使分界線走向偏離，造成明顯不公平的結果。為求得公平，劃界國家往往只會賦予島嶼一半或更少的部份效力。另外，島嶼的面積、人口、位置等也是影響島嶼在劃界中效力的因素。(三)島嶼遠離其本土大陸而接近於兩國間的假定中間線時，劃界雙方通常給予其部分效力或不將島嶼作為劃界基點，僅允許其享有適當海域。當島嶼遠離其本土大陸而接近於他國領土時，常常給予其部分效力或全無效力。(四)對於主權有爭議或面積很小、對本國不重要且遠離本土大陸的島嶼，一般給予其零效力。

總之，島嶼在海洋劃界中或具有全效力，或具有部分效力，或全無效力，均是視其位置和性質而定。就位置來說，或是靠近其本土大陸，或是靠近假想的中間線，或是鄰近其他國家的大陸。就性質來說，其重要性取決於面積大小、人口多寡、經濟能力、政治和法律地位等因素。島嶼在海洋劃界效力如上所述，而當今國際社會因科技之突破，海洋資源的搶奪成為各國努力的方向也是爭端的起源，不禁讓人想起1672年德國國際法學家山繆耳·布芬道夫(Samuel Pufendorf)在其古典著作《De jure naturae et gentium》一書中寫道：「如果有人依傍著海峽或海灣居住，那麼他們各別的支配領域，可推定必是由其領陸向外直線延伸而至海峽或海灣中心點。除非……他們團體協議決定，聯合其領域為一體以對抗外來者，而在他們團體內部，對於共有水域則無使用之限制……」[43]。山繆耳·布芬道夫所提相鄰國家間選擇共享水域之決定，則水域仍可維持疆界未定之狀態。當前各國雖多偏向明確地劃定海洋的疆界，但有時候不劃定海洋疆界未嘗不是一種創造衡平利用海洋的機會，在人類猛然爭奪地球資源的同時，人們是否也應反思歸根結底，這

43　傅崑成(1992)，《國際海洋法：衡平劃界論》，頁171。

些地球海洋資源當真屬於某一國家所有還是全人類所有？

（本章初稿刊載於2006年1月大葉大學《研究與動態》半年刊第十三期）

第 貳 章

海洋法上共同開發法律制度的形成和國家實踐

第一節 引 言

自1945年美國發表關於大陸架底土和海床自然資源的2667號公告「美國對大陸礁層海床及其底土自然資源之政策」(Policy of the United States with Respect to the Natural Resources of the Subsoil and Seabed of the Continental Shelf)，即《杜魯門宣言》(Truman Proclamation)【1】後，全球掀起了「藍色圈地運動」，對海岸毗連的「大陸架」(continental shelf，我國向來譯爲大陸礁層，聯合國正式譯文則爲大陸架)的「海床和底土」(sea-bed and subsoil) 的自然資源主張權利。而1982年《海洋法公約》(Convention on the Law of the Sea)後，因「專屬經濟區」(exclusive economic zone-EEZ)的出現，昔日爲公海的世界海洋面積的1/3，即約1.3億平方公里被納入國家200浬的主權權利範圍內。很多具有油氣等資源潛力的海域及其海床、底土成爲國家權力主張的「重疊區域」(overlapping area)或是「爭議區域」(disputed area)。據統計，全世界約有420餘處需要劃定的「海洋邊界」(maritime boundary)。迄今，約有160個海洋邊界得到全部或部份的劃定，其餘邊界尚存爭議或有待劃定【2】。

關於重疊之EEZ與大陸架問題，劃定分界線固然是一種選擇但並不是唯一。相關國家可以訂立「合作安排」(co-operative arrangements)以

1　U.S. Presidential Proclamation No.2667, reprinted in S. Houston Lay, Robin Churchill, and Myron Nordquist, eds. (1973), *New Directions in the Law of the Sea*, Vol.1, New York: Oceana Publication, pp.106-107. 另1945年杜魯門宣言共有兩份文件，另一份為2668號「美國對公海中若干區域漁業之政策(Policy of the United States with Respect to Coastal Fisheries in Certain Areas of the High Seas)」，see pp. 95-96.

2　肖建國(2003)，〈論國際法上共同開發的概念及特徵〉，《外交學院學報》，第2期，頁58。

開發與管理劃界區域資源。國家之所以願意進行合作安排主要乃因：

(1)石油與天然氣特質使然，有時單方面開發對跨界資源或重疊區域之礦藏會造成不利影響。

(2)共同開發可減少投資成本，提高生產力與效率並便利技術移轉。

(3)國家急需油氣資源等經濟因素，促使相關政府考慮從開發獲益，不至於因劃界問題而遷延不進，甚至影響相關國家間之和睦關係。

(4)共同開發之相關國家可以擱置主權爭議，但並不放棄其對領土的要求以及對共同開發活動的主權控制與行政管理[3]。

　　二十一世紀是海洋的世紀，開發和利用海洋資源成為顯著發展，共同開發制度似乎成為國家經濟發展與主權堅持雙重考量的平衡點。以下我們將從共同開發的理論其定義、形成和發展以及國家的實踐來對之分別探討。

第二節　共同開發法律制度的理論探討

一、共同開發的定義

　　資源的探勘和開發傳統上主要侷限於陸地，直至19世紀40年代海洋石油資源的開發工業才剛剛開始，其於60年代末70年代初才成為一種重要的新能量來源[4]。雖然1958年聯合國第一次海洋法會議

3　姜皇池(2004)，《國際海洋法》，台北：學林出版社，頁848。

4　Zhiguo Gao (1998), The Legal Concept and Aspects of Joint

(UNCLOS I)通過了有關海洋法的四個公約(領海及鄰接區、大陸架、公海、捕魚與公海生物資源養護公約)，但有關主張重疊或跨界大陸架資源的共同開發尚未形成國際法規則。共同開發似乎還只是一個理論性和學術性的研究，國際上可以找到的共同開發實踐極爲少見【5】。

但是，隨著科學技術的發展以及各國對能源需求的增加，陸地上的資源不能滿足現代工業的需求，人們的注意力開始投向海上潛在的油氣資源，跨越國家海域界線或位於主張重疊海域油氣田的新發現，引起了相關國際法規則的新問題。國際法學界對這些新問題的處理不同時期有著不同的觀點，對此問題的認識經歷了一個由淺入深、由零散到系統的過程，早期學者們的主張從先占原則、保護礦藏的統一性原則、領土主權原則、國際強制聯合開發原則一直到共同開發原則【6】。

(一)學者的看法

50年代初，西歐學者泰曼(H. Thalmann)在論述跨越國界的液體礦物資源或稱「共有礦藏」(common deposit)問題時，主張以「先占原則」(the prior appropriation rule)，「即首先開採者有權開採整個礦層」（the first to undertake extraction has the right to exploit the whole deposit）的方法來處理這一問題。這種理論爲技術先進的國家開採共有礦層提供服務，而且，它加劇競爭性的鑽探活動，無益於爭端的和平解決【7】。早

Development in International Law, *Paper delivered at the Sino—Canadian delimitation Technical Training Workshop*, Beijing, December 16-18, p.111.

5　William T. Onorato (1977), Apportionment of an International Common Petroleum Deposit, *International and Comparative Law Quarterly*（ICLQ）, Vol.16, p.324.

6　Zhiguo Gao, *supra note 4*, p.111.

7　Rainer Lagoni (April 1979), Oil and Gas Deposits Across National Frontiers, *American Journal of International Law*（AJIL）, Vol.73

先從美國國內法判例發展出來的捕獲原則，實際上與先占原則是一個性質。西方學者對捕獲原則的普遍定義是：從一塊特定的土地上鑽探和產出石油、天然氣的權利，無論另一當事方地下的碳氫化合物是否會為此而枯竭。

這一理論認為自己開採出來的石油屬於私人財產，他方不享有任何權利。但目前世界各國的國內石油活動和國際實踐在事實上早已摒棄了這一觀點【8】。正如拉哥尼所說：「不管怎樣，無論是捕獲法則抑或是先占原則都不能看成是被文明國家承認的一項一般原則。」【9】

60年代以來，一些國家和地區對跨界和主張重疊海域油氣資源的開發活動有增無減，問題更加複雜化，引起了國際法學界的關注，也提出了一些在當時頗具影響力的觀點。法國學者巴博瑞(Barberis)曾提出「領土主權」（territorial sovereignty）原則，他認為每一方均對跨界或主張重疊海域擁有主權權利，在行使管理權時，每一方應承擔「不損害另一鄰國的物質利益的義務，以及相互交換資訊，並就相關共同礦層事務進行磋商的附加義務」（the obligation not to cause material damage to another state, and an additional obligation to exchange information and consult on matters concerning the common deposit）。但該學說所提及的相互通知、信息交流和協商的要求，在國際關係一般準則和國際法中早有原則性規定，並非是基於領土主權原則而產生。因此關鍵是看領土主權原則如何適用於共同開發？是否還需要更具體、更有約束力的可操作的規則？另外，新海洋法制度把國家對大陸架和專屬經濟區的權利與對領土的主權相區別，使該理論在運用到大陸架或專屬經濟

---

(2), p.219.

8　蕭建國(2006)，《國際海洋邊界石油的共同開發》，北京：海洋出版社，頁81-82。

9　Rainer Lagoni(1979), Oil and Gas Deposit Across National Frontiers, *AJIL*, Vol.73, p.220.

區的共同開發上受到質疑【10】。

美國學者烏統(A. E. Utton)提出了國際強制聯合開發的主張【11】。另一位美國學者奧挪拉多(Onorato)主張「產權共有論」(joint property rights)及「保護礦藏統一性」來闡述這一問題。他認為與國際共有石油礦層有關的國家，其任何一方都不能單方面擅自開發，因為「依據現有國際法，對一塊國際共有的石油礦層未經許可單方面開採是不合法的」(unconsented, unilateral exploitation of an international common deposit is unlawful under existing international law)，因此，有關各方必須簽訂協定，進行共同開發【12】。Onorato是從學術的角度提出對跨界和主張重疊海域進行共同開發的先驅之一【13】。

共同開發的對象是有關國家間的共享資源(shared resources)，英國學者昂杰將其定義為至少可以被兩個國家使用的任何自然資源，他舉出跨界洄游魚類作為一例，在指非生物資源的情況下，共享資源又可稱共同礦藏(common deposit)。有的學者，如荷蘭資源法學者愛倫·喜爾(Ellen Hey)，將「共享」(shared)和「共同」(common)加以區別。認為「共享」資源是有限數目主體之間對某種資源的一種關係，如邊界或跨界河流，而「共同」資源則是針對所有全體或全人類的財產，如國際海底「區域」、月球等【14】。

荷蘭戴爾福特大學的石油法教授白納德(Bernard Taverne)將共同

10　蕭建國(2006)，《國際海洋邊界石油的共同開發》，頁82。

11　A. E. Utton (1968), Institutional Arrangements for Developing North Sea Oil and Gas , *Virginia Journal of International Law*, pp.76, 81.

12　WilliamT.Onorato, *supra note 5*.

13　蔡鵬鴻(1998)，《爭議海域共同開發的管理模式：比較研究》，上海：上海社會科學出版社，頁7。

14　Ellen Hey(1989), *The Regime for the Exploitation of Transboundary Marine Fisheries Resources*, London: Martinus Nijhoff, p.25。

開發分爲兩類：劃界後的國家間一體開發(Inter-State Unitization，或 Transnational Unitization)和國家間在爭議區的開發(Joint Development in Contested Areas)。國家間一體開發是國內一體開發觀念在國際上的延伸，是指有關國家把跨越彼此間國界線的單一石油構造視爲一個整體合作進行探勘和開發的活動。同時，他把爭議區的共同開發視爲狹窄或最具典型意義的共同開發[15]。

　　我國學者王冠雄指出「共同開發」一詞，其內涵係包含了「共同開發」(joint development)與「共同合作」(joint cooperation)二個層面。前者一般係用於海域主張重疊各國對於爭端海域部分之石油與天然氣等非生物資源進行合作探勘與開發的情形，而後者則不僅包含了前述的範圍，亦包括了對生物資源的利用、養護與管理，以及其他在爭端海域中所有可以進行之功能性合作項目，例如海洋科學研究、海洋環境保護等[16]。

　　共同開發跨界或主張重疊海域的自然資源的概念在60年代被接受爲一種有價值的主張，70年代和80年代這種趨勢更加明顯，其被不斷增加的學術評論和國家實踐以及國際司法判例所證明[17]。首次合作開發並同時進行海域劃界的實踐可以追溯到1958年的《巴林與沙烏地阿拉伯王國關於在波斯灣劃界的協定》(Bahrain-Saudi Arabia

15　Bernard Taverne(1994), *An introduction to the regulation of the petroleum industry*, Graham & Trotman., p.114.

16　關於本段所述概念，亦可參考Maritime Zoning and International Law, *Background paper prepared by the South China Sea Informal Working Group for the Second Meeting of the Study Group on Zones of Cooperation in the South China Sea*, Bali, June 27–July 1,1999.見王冠雄(1999年7月)，〈赴印尼參加第二屆南海區域研究小組非正式會議報告書〉，附件15。

17　Zhiguo Gao, *supra note 4*, p.111.

Agreement)【18】，該協定同時解決了海域劃界和跨界資源的共同開發【19】。1962年，隨著荷蘭和聯邦德國的埃姆斯河口發現了巨大天然氣和石油儲量，兩國簽訂了《1962年對於1960年埃姆斯—朵拉條約的補充協定》（the Supplementary Agreement of 1962 to the Ems-Dollard Treaty）【20】。該補充協定保留了未解決的邊界問題，而規定雙方在一塊明確劃定的區域內共同探勘開發和「平等分享開發出的石油和天然氣」（equal share of the petroleum and natural gas extracted）。儘管這個協定只涉及到一個河口地區，它卻於國際法院1969年「北海大陸架案」(North Sea Continental Shelf Case)判決中被援引，因而開闢了廣泛適用共同開發的途徑。1965年於英國和挪威簽訂的大陸架劃界協定中，兩國加入了共同開發跨界資源的條款，從這個協定開始，共同開發跨界資源的條款被而後許多國家的劃界協定所採用，成為一種解決跨界資源問題的重要方法。除1969年的北海大陸架案，共同開發的主張也得到國際法院於1982年「突尼西亞和利比亞大陸架案」(Tunisia/Libya Continental Shelf Case)司法判例的支持。

　　1989年12月11日，經過多年談判，印尼和澳洲簽訂了關於在兩國間多年存在爭議的帝汶海域建立合作區域的條約稱「帝汶缺口條約」(Timor Gap Treaty)【21】，分ABC三區，A區即雙方共同控制區域均分所獲利益(圖一)。

　　本條約的締結彰顯了國際社會對於共同開發制度的興趣，它具有強大的生命力【22】。到目前為止，已經達成的海域共同開發協定已超過

18　UN Doc. ST/LEG/SER. B/16, 409

19　于輝(1994)，〈共同開發海洋礦物資源的國際法問題〉，《中國國際法年刊》，北京：中國對外翻譯出版公司，頁48。

20　UN Doc. ST/LEG/SER. B/15, 755

21　International Legal Materials-ILM(1990), p. 469.

22　于輝，同前註19，頁48。

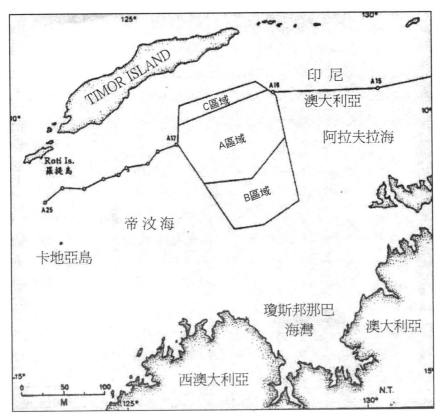

圖一：1989年澳洲和印尼帝汶缺口條約圖。

資料來源：引自姜皇池，《國際海洋法》，頁824。

20個，還有潛在的跨界或主張重疊區域的資源正在考慮和談判使用共同開發的方式加以解決。

　　儘管近年來對共同開發的理論研究和國家實踐不斷增多，但共同開發在法律上卻沒有一致的定義，許多學者和研究機構從不同的目的和角度對共同開發進行定義。日本學者三友(Miyoshi)認為在國際上共同開發的概念不能以一致的方式理解和應用。以國際法的觀點看，共同開發的定義侷限於政府間協議的開發而排除政府與石油公司間的聯合

企業或資本參與【23】。高爾特(Gault)把共同開發定義爲「一個或數個國家共用其對一個特定區域擁有的權利，並在一定程度上爲探勘和開發海域礦物的目的進行某種形式的共同管理【24】。」該定義的範圍非常廣泛，不僅包括國家直接參與而且包括每一國使用國內措施(該措施受收益分享和共用特殊規則的限制)以促進在指定區域內的權利共用【25】。世界銀行的能源專家史哈塔(Shihata)與Onorato認爲「共同開發是某種擱置整個邊界的爭端問題，因而從一開始就形成政治合作的良好環境的一種制度。」德國國際法學者雷納－拉哥尼(Rainer Lagoni)認爲共同開發是主權國家間的合作方式，「是一種以國家間建立協定爲基礎的國際法概念」從而排除了合同型的合作，如特許權持有者之間對跨越合同區分界線的礦區聯合經營的協議。在此基礎上，Lagoni對共同開發的概念又進行了更詳盡的分析，他指出共同開發是指國家之間就探勘和開發跨越國家邊界或處於主張重疊區域的「非生物資源」(non-living resources)的某些礦床、礦田或礦體所進行的合作。Lagoni還指出實現共同開發必須具備四項基本要素：

(1)要指定一特定的區域。

(2)適用某種具體的資源。

(3)訂立協定或具有法律拘束力的文件，明確有關各方對該區域的管轄權，並在這些管轄權和法律規範之下經營油氣田的探勘開發業務。

23　Miyoshi Masahiro (1988), The Basic Concept of Joint Development of Hydrocarbon Resources in the Continental Shelf, *International Journal of Estuarine and Coastal Law*, Vol.3, p.5.

24　Gault T (1988), Joint Development of offshore Mineral Resources-Prospects for the Future, *Natural Resources Forum* 12-13, p.275.

25　Hazel Fox(ed.) (1989), Joint Development of Offshore Oil and Gas, *British Institute of International and Comparative Law*, p.43.

(4)規定探勘開發的條款和條件【26】。

　　三友支持Lagoni的觀點，也主張共同開發應為政府間的協議，排除政府與石油公司或私有公司之間的聯合企業。出席英國國際法和比較法研究院主持召開的海洋油氣共同開發會議的大多數法學家則認為，共同開發是針對兩個國家主張重疊的海洋區域跨越一個油氣礦田或礦層的開發。在國際法上這是一種完全自然的過程，它是由相關國家之間基於政治上和經濟上的原因自由採取的，而不是基於強制性的國際法規則而採取的【27】。

　　出席該次會議的共同開發研究小組主要採納了Lagoni的定義，而把共同開發定義為「兩國通過國家之間合作和國內措施開發，以便以協議的比例共同分享兩個或其中一個參加國根據國際法擁有的大陸架海床和底土的特定區域的油氣資源的一種協議【28】。」大陸學者高之國教授從幾個方面論述了「共同開發」(joint development)與「聯合開發」(unitization) 的區別，並概括指出國際上的聯合開發在性質上幾乎完全是商業性的概念，而共同開發在原則上則是一個政治的概念。基於這種分析，他對共同開發作了狹義的定義，認為共同開發可以定義為在最終劃界之前，為了開發和分配領土爭端重疊區域的潛在自然資源，兩個或多個相關國家基於政府之間的國際協議而共同行使主體權利和管轄權【29】。

　　上海學者蔡鵬鴻也持狹義的定義，認為共同開發是爭議方在建立協定基礎上，對一塊爭議海域非生物資源進行以開發為目的的國家間的一種特殊經濟合作方式。他指出：「根據現有的案例及實際共同開

26　Rainer Lagoni, *supra note 7*, p. 215.

27　于輝，同前註19，頁44。

28　Hazel Fox(ed.), *supra note 25*, p.45.

29　Zhiguo Gao, *supra note 4*, p.112.

發的過程來看，一項共同開發乃是兩國或多國間的一項開發協定，在這一協定的規範下，有關國家協調各自國家法規，並在新的規約的指導下，用一致接受的條款，如成本分攤比例和利益分享率，對大陸架海床和底土中一塊特定的區域進行共同開發【30】。」

　　大陸清華大學法學院海洋法教授陳德恭認為，共同開發的定義有狹義和廣義兩種，狹義的共同開發是指國家之間通過協議，達成在某個具體區域，對其內資源，主要是石油資源進行聯合開發。廣義的共同開發，除石油資源外，還包括漁業資源共同開發協議。但與一般的漁業協定不同，該共同開發協議所涉及的區域，屬於國家之間主權主張的爭議區，或在不屬於某一國家的公海區【31】。論者亦有謂共同開發具有五大特性：

(1)任擇性：它不是基於法律上的要求而必須採取的強制行動，它是一項任意性規則。相關國家並沒有把它當作一種法律確信，它是基於各自現實的功利考慮。

(2)國家主體性：它是以國家間的協議為基礎，其主體是國家，因為只有國家才享有大陸架和EEZ的油氣資源探勘開發的主權權利。

(3)客體共享性：從共同礦體之具有單一性的特點，任一方單方面開採必會對這一資源的整體性造成破壞，從而損及另一方的權利。特別油氣這類流動性的資源，其客體共享性特徵更為明顯。

(4)功能性、實用性：它是從現實考慮的一種功能性安排，是一種符合實際的作法。使相關國家可以得到爭端海域的寶貴油氣資

---

30 蕭建國(2006)，《國際海洋邊界石油的共同開發》，北京：海洋出版社，頁15。

31 蕭建國(2006)，《國際海洋邊界石油的共同開發》，頁15。

源。

(5)臨時性：在爭議海域共同開發是實際性的臨時安排，它不是對邊界問題的永久性安排【32】。

　　透過以上分析，至目前爲止學者們對共同開發的定義尚未一致。這些定義儘管在措辭和強調的重點上有所不同，但依其所包括的範圍從廣義上可以把這些定義歸爲兩類：一類傾向於把「共同開發」定義爲既包括「聯合開發」又包括「共同開發」；另一類則僅限於爭議區域的政府間的共同開發，而把跨越租讓區或領土界限的「聯合經營」(unitized operation)排除在外【33】。

(二)主權與主權權利

　　此外，「主權」(sovereignty)與「主權權利」(sovereign rights)之不同意義，亦值得了解。「主權權利」最早出現在1958年的《大陸架公約》(Convention on the Continental Shelf)，其第二條規定，沿海國爲探測大陸架及開發其天然資源之目的，得對大陸架行使「主權上權利」。其實1951年海洋法草案之用語初爲「控制與管轄」(control and jurisdiction)。而1953年的草案被改成「主權上權利」，並在1958年UNCLOS I中被採納使用。所謂「主權權利」在行使上受到目的和主權內容的限制。就目的限制言，沿海國家僅限於爲探測大陸架及開發其天然資源之目的，方可對之行使主權權利。次就權利內容看，沿海國僅可對大陸架所在之海床及其底土的資源享有主權權利。我國學者王冠雄表示：主權權利之行使，偏向對於資源的利用，經濟性的考量較重，而非主權內容的擴張。大陸架所涵蓋的範圍爲海床及底土，而EEZ

32　肖建國，同前註2，頁62-63。

33　Zhiguo Gao, *supra note 4*, p.111.

行使主權權利之範圍，只及於海水、海床及其底土，二者均不包括水域的上空部分【34】。他並以圖表表示二者之不同：

表一：主權與主權權利之比較

	主　權	主權權利
範圍	領海	大陸架或專屬經濟海域
目的	政治性的	經濟性的
空間	完整的	不完整的
限制	排他的、絕對的	受到限制
客體	領海中所有的人、事、物	大陸架或專屬經濟海域中的自然資源

資料來源：編引自王冠雄，《南海諸島爭端與漁業共同合作》，頁59。

　　大陸學者蕭建國表示：主權是國家對陸地領土的最高權力，是構成國家的一項基本要素，根據傳統國際法，主權者對其陸地領土享有完全的、不可侵犯的所有權和處置權，國家領土主權及於其陸地和底土以及領海海床和底土的自然資源。無論石油資源是否已被發現，未經領土國的同意，任何國家對這些資源不行使任何權利。許多國家對領土主權的概念照搬到大陸架上，將大陸架的資源看成是陸地領土的資源，而劃分大陸架，就如同劃分一國領土一樣。然而，這種現象極易混淆「主權」和「主權權利」的不同。《公約》在不同場合分別使用「主權」、「主權權利」、「專屬權利」、「管轄和控制權」等不同措辭。一般而言，主權是單一的、不可分割的，在空間上是排他的，但《公約》實際上將主權拆分成一系列權利，使本來構成一體的主權內容被分解成各個相對獨立的單項權利，一種單項權利在空間上並不影響另一種單項權利的存在。如一國在大陸架上享有對資源的主權權利。《公約》對主權問題的處理實際上突破了傳統的絕對主權的概念。主權權利是一種具有主權性質的權利，它不同於主權，但又高

34　王冠雄(2003)，《南海諸島爭端與漁業共同合作》，台北：秀威資訊科技股份有限公司，頁53-57。

於一般的管轄權。國際法委員會對主權權利曾做過解釋：這是指沿海國開發和利用大陸架自然資源所必要的一切權利，包括管轄權以及防止和處罰違法行爲的權利。大陸架的主權權利具有三個特性：一是專屬性，二是固有性，三是功能性。這種權利範圍是有限的，它既不承認沿海國對大陸架水體、海床的權利，也不承認對大陸架礦藏的所有權。它承認的只是爲了在大陸架上進行資源探勘開發目的而對大陸架享有專屬的或主權的利益。這種權利不影響其他國家在上覆水域及其上空依據國際法和《公約》所享有的權利，如航行、飛越及鋪設海底電纜的權利或自由。有的學者將之稱爲「有限度的主權」(qualified sovereignty)【35】。

綜合以上學者的觀點，並結合現有共同開發的國家實踐，我們從廣義上對共同開發進行定義，即共同開發是指基於政府間的協議，兩個或多個國家對跨界或主張重疊區域的礦物資源進行共同探勘和開發，並且實行共用權利、共同管理、共攤成本。

(三)共同開發協定的法律依據

探討共同開發協定的法律依據，就是回答國家有關如何有權進行共同開發的問題，回答有關國家作出這一行爲的根據問題。它是共同開發研究的基本出發點。共同開發的法律依據可分爲兩個層次：一是基本的法律依據，即大陸架制度；二是直接的法律依據，即雙邊海域劃界條約中的「單一地質構造條款」和《公約》中的有關「臨時安排」的規定。(表二)

---

35 蕭建國(2006)，《國際海洋邊界石油的共同開發》，頁59-61。

表二：共同開發的法律依據示意圖

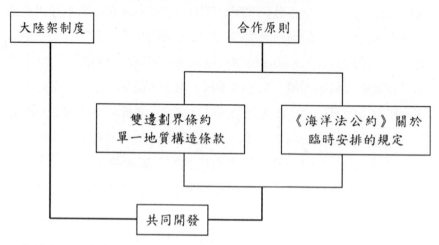

資料來源：蕭建國(2006)，《國際海洋邊界石油的共同開發》，頁78。

二、共同開發法律制度的形成和發展

(一)臨時措施

　　早在1969年，國際法院判決北海大陸架案時提到劃界留有各方重疊區域，可以經由爭端各方共同作出決定，達成一項聯合管轄、利用或開發的制度。這就是而後經常被稱爲的共同開發制度。

　　第三次聯合國海洋法會議審議有關EEZ和大陸架劃界條款時，涉及三項問題：劃界原則、劃界爭端解決、達成協定以前的臨時措施。「臨時措施」(provisional measures)一般主要是達成一項共同開發制度。

　　劃界未解決以前所採取的臨時措施是有關大陸架劃界事項中的重要問題之一。1975年海洋法會議上達成的《非正式單一協商稿》(Informal Single Negotiation Text-ISNT)曾規定：「在協議未達成之前，任何國家均無權將其大陸架擴展到中間線或等距離線以外。」（Pending

agreement, no State is entitled to extend its continental shelf beyond the median line or the equidistance line.）【36】這一規定遭到主張「衡平原則」(equity or equitable principle)亦有稱公平原則國家的強烈反對，認爲這會爲「中間線」(median line)劃界造成既成事實。因此，1976年提出的《訂正的單一協商稿》作了修改，即「在協議未達成或問題未解決以前，各相關國家應作出臨時安排，顧及到第一款(指有關劃界原則)的規定。」
（Pending agreement or settlement, the States concerned shall make provisional arrangements, taking into account the provisions of paragraph 1.）【37】這種寫法實受到主張衡平原則的國家因爲有關劃界原則的規定對其有利的推撥。

　　然而，到1978年成立劃界協商組審議有關劃界問題時，兩種對立的主張分別提出有關臨時措施的文稿，實際上雙方都力圖通過未達成劃界協議之前採取的臨時措施，造成既成事實，以有利於以後談判劃界時實現各自的主張。至1978年第七期會議上，兩種不同的文稿提交會議討論。主張衡平原則劃界的國家一直堅持《訂正稿》的寫法。主張中間線原則的國家提出修正案「在按照第一款(指劃界原則)和第二款(指爭端解決)的規定達成協議或解決以前，爭端各方應避免在中間線或等距離線以外行使管轄權，除非它們就彼此克制的臨時措施另有協議【38】。」

　　在協商中，主張衡平原則劃界的國家認爲臨時安排應遵循的原則是：這些臨時措施必須保護談判各方的利益，不應只滿足一方的要求，而損害另一方的利益；該措施不應預斷談判結果，使一方獲得既得利益；此措施應考慮到所規定的劃界原則；相關國家有責任不使劃

36　UN Doc. A/CONF.62/WP.8/Pt. Ⅱ(1975），4UNCLOS Ⅲ OR 137, 163.

37　UN Doc. A/CONF.62/WP.10(1977），8 UNCLOS Ⅲ OR.

38　Conf. Doc. NG7/2/Rev.1, March 25,1980.

界衝突加劇，形勢惡化。

　　採取中間線原則的國家，主張劃界前任何一方不得超越中間線或「等距線」（equidistance line）。此外，會上還出現一些折中建議，摩洛哥建議，在達成協議或取得解決辦法之前，相關國家「應避免採取任何可能預斷最後解決辦法或任何方式加劇衝突的措施」（shall abstain from any measure which could prejudice a final solution or in any way, aggravate their conflict.）並應盡力就「真正的爭議地區」內的活動達成雙方所能接受的臨時性安排【39】。巴布亞新幾內亞(Papua New Guinea)的非正式建議提出了兩種備選稿：在達成協議或解決以前，相關國家應：作出臨時安排，同時顧及第(1)款(劃界原則)的規定；或「在爭端區域內使經濟活動暫時維持現狀。」（provide for a moratorium on economic activities within the area under dispute.）【40】

　　在第七期會議續會上，有關臨時措施的協商中涉及以下問題：是否應規定各國家有義務作出臨時安排?部分國家認為根本不需要這樣的規定，而另一些國家認為為了避免發生任何劃界衝突的惡化，應作臨時安排，包括例如劃出：「確定的」和「尚未確定的」區域；一些國家提出應規定在未達成協議以前禁止在爭端區域內強行開採自然資源或採取其他單方面的措施，這種規定的目的在於防止各國採取足以預斷或妨礙達成最後劃界的行動；另一些國家則反對暫停活動的規定；部分國家認為臨時安排所應依據的準則與第一款(劃界原則)所規定的準則應無大異，任何臨時安排都不應影響最後界限的劃定；但另一些代表團認為很難做到，因為臨時措施可能會有單方面的和協議的兩種安排，而按照第一款的規定，劃界必須以協議為之，如未能達成協議，就很難看出同款內的其他規定怎樣適用。

39　Conf. Doc. NG7/3, April 21,1978.

40　Conf. Doc. NG7/15/, May 9,1978.

　　第八期會議前期會議上，仍然圍繞對於在最後劃界以前所適用的臨時措施的規則展開討論。主張衡平原則的國家認為，在達成劃界協議前，必須有臨時措施，而這種臨時措施要符合衡平原則，不預斷最後劃界，不採取可能使局勢惡化的單方面行動，反對以中間線作為臨時措施。

　　相反，主張中間線原則的國家仍堅持主張在達成協議以前，任何國家無權將大陸架延伸到中間線以外。在該期會議上，印度、伊拉克和摩洛哥提出一項共同提案：既不提中間線，也不提衡平原則，只是規定：在達成協定或取得解決辦法之前，相關國家應基於合作精神，自由訂立臨時安排。因此，在過渡期間內，這些國家「應避免作出可能使情勢惡化或有損另一國家利益的活動和措施。」（refrain from activities or measures which may aggravate the situation and thus hamper in any way the reaching of the final agreement.）這種安排，無論是相互約束或彼此遷就，都不應妨礙關於劃界的最後解決辦法【41】。

　　而協商組主席召集的私人小組所擬的折中稿規定：在達成第一款規定的協定以前，有關各國應基於諒解和合作精神，盡一切力量訂立臨時安排。因此，在此過渡期間內，這些國家應避免作出可能使情勢惡化，因而阻礙達成最後協定的活動或措施。這種安排不應妨礙最後界限的劃定。這後面兩項折中建議並沒有受到廣泛的支持，主要的批評在於這兩項文稿都載有在過渡期間可能導致禁止活動的措辭。

　　第八期會議續會根據上述批評，協商組主席對文稿作了修改，又經過第九期會議的討論修改，最後形成了《公約》目前所採用的措辭，即《公約》第83條第3款之規定：

　　在達成第一款規定的協議以前，有關各國應基於「諒解和合作」

41　Conf. Doc. NG7/38, April 17,1979.

(understanding and cooperation)的精神，「盡一切努力」(make every effort)作出「實際性的臨時安排」(provisional arrangements of a practical nature)，並在此「過渡期間」(transitional period)內，不危害或阻礙最後協議的達成，這種安排不妨害「最後界限」(final delimitation)的劃定。【42】

　　共同開發制度正式通過公約的法律形式確定下來。此外，Lagoni亦曾對「臨時安排」作出分析，頗值參考。他指出：

(1)這種安排是由兩個或更多的相關國家所締結的協定，並非只有海岸「相鄰」(adjacent)或「相向」(opposite)的國家才是相關國家，在此海域內擁有「長期漁捕權」(long-standing fishery rights)的國家亦是相關國家。

(2)臨時安排講求實際，換言之，這種安排能對因使用海域而發生的問題提供「實際的解決」(practical solutions)，而不觸及劃界本身或是以劃界為基礎的主權紛爭問題。

(3)由於此種安排是臨時的，所以它是為了此紛爭海域和利用此海域資源的最終法律地位而安排的一種準備工作，相關國家能以協定的方式，將臨時安排轉變成為永久性的安排。「但即使沒有協定，如果相關國家一直無法達成最終劃界，且它們之間缺乏有效解決爭端的程序」(But even without an agreement, interim measures may easily become permanent ones, if the parties cannot reach a final delimitation agreement and there is no binding dispute settlement procedure in force between them.)，則此種臨時安排就自然成為永久性安排。

(4)正如海洋法公約第七十四條第三款中所顯示的，這種安排應不

42　Article 83, Para. 3 of the 1982 UNLOS Convention.

妨害最後界限的劃定，所以劃界並不需要考慮前述的臨時安排
或是相關國家在此安排之下所從事的活動，而且這些活動並不
會因而取得任何權利[43]。

(二) EEZ和大陸架劃界應否為單一界限

至於EEZ和大陸架兩者之劃界是否應為「單一界限」(single
maritime line)。實際上，迄今協議訂定之EEZ界線中，除兩個案例外，
EEZ與大陸架之界線均是相同的。一為1978年《澳洲和巴布亞新幾內
亞海域劃界條約》(Australia – Papua New Guinea Maritime Boundaries
Treaty)[44]。二為1997年《澳洲和印尼海域劃界條約》(Australia –
Indonesia Maritime Boundaries Treaty)。即使在1993年之《格陵蘭和揚馬延
島案》(Greenland/Jan Mayen Case)，因挪威反對採用單一界線，法院接
受其主張拒絕丹麥的請求，而進行兩項個別劃界，一針對大陸架，另
一針對專屬漁區，不過法院所劃定之二條界線，最後仍相互一致[45]。
雖然大部分國際實踐顯示出EEZ與大陸架界線相一致，惟並未演進至所
有劃界均須採單一界限的程度。大陸論者指出，大陸架以海床和底土
為重點，而EEZ以水域為主。一條對於大陸架來講是合理的邊界線，並
不一定對EEZ是公平的，因此，「公平解決」(equitable solution)並不要
求大陸架和EEZ的劃界線總是一致[46]。而日韓之東海南部大陸架共同
開發區域即與其間之漁業劃界區域不同(圖二)。

43　Rainer Lagoni (1984), Interim Measures Pending Maritime Delimitation
　　Agreements, *AJIL*, Vol.78(2), pp.358-360.

44　ILM(1979),p.291.

45　*ICJ Reports* (1993), Greenland/Jan Mayen Case (Denmark v. Norway),
　　paras.87-93.

46　袁古潔(2001)，《國際海洋劃界的理論與實踐》，北京：法律出版社，
　　頁45-46。

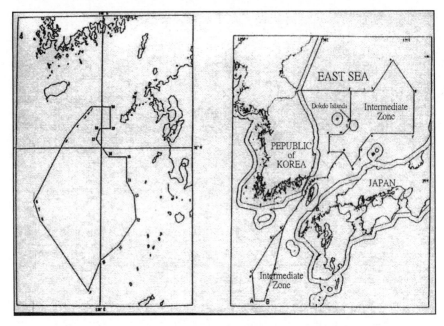

圖二：日韓東海南部大陸架共同開發區（圖左）及專屬漁區（圖右左下）
　　　比較。

資料來源：編引自Chang Kyun Kim (2004), Issues and Disputes on the Delimitation
　　　　　of the Exclusive Economic Zone(EEZ) Between Korea and Japan, and
　　　　　Between Korea and China, *Master thesis of University of Washington*,
　　　　　p.19 & p.23.

（三）共同開發是否已形成習慣國際法？

　　對於共同開發是否已形成習慣國際法的問題，學術界有不同看
法。奧挪拉多(Onorato)認為共同開發是一項習慣國際法規則。早在1981
年第一次「東西方中西研討會」上，Onorato就指出「存在著一種在國
家中的調節分配國際共有石油儲藏的、具有法律拘束力而且在實踐中
行得通的法律制度……」。他認為共同開發是強制性的，表現在以下
三個方面有拘束力：

一是只要另一國反對，一國不得單方面開採；

二是有關這一礦藏的開採必須與有關國家取得協議；

三是有關國家必須進行善意的談判及締結有關協定，或起碼共同搞一項臨時安排[47]。

大陸學者高之國教授在分析了國際法院關於利比亞和馬爾他大陸架劃界案、14個共同開發的案例、成文國際法、一般法律原則和聯大決議等後也指出，共同開發是一項具有拘束力的國際法規則。但多數學者對Onorato為代表的觀點持否定或懷疑態度。

拉哥尼認為國際法上不存在這樣一種義務。日本的三友認為Onorato的看法走的太遠，他明確指出：「我不能同意積極合作共同開發是一項既定的習慣國際法規則。」他指出，由於法律意識不同，「在世界的一部分是合理的和有義務的，在有著不同文化背景的其他部分卻不一定如此。」「把有關國家就共同開發而進行的合作視為一般接受的國際法規則似乎是不成熟的，共同開發的觀念似乎並不優於大陸架劃界。」[48]瓦倫西亞認為，共同開發充其量是一種臨時解決方法，它明顯不是解決未訂邊界問題的最佳或永久性方法。

中國人民大學法律教授余民才也認為目前共同開發的國家實踐尚未表現出符合習慣規則構成的實質要件，它不是有拘束力的法律規則。假如共同開發是國際法＂必須＂的規則，則從理論上講，與大陸架主權權利的專屬性存在著牴觸，這恰如荷蘭國際法學者尼克(Nico Schrijver)所說：「永久主權原則很難與合作公平分享的義務相調合。」但共同開發朝著習慣國際法的方向發展的趨勢是存在的[49]。

47　蕭建國(2006)，《國際海洋邊界石油的共同開發》，北京：海洋出版社，頁73。

48　轉引自蕭建國(2006)，《國際海洋邊界石油的共同開發》，北京：海洋出版社，頁74。

49　轉引自蕭建國(2006)，《國際海洋邊界石油的共同開發》，北京：海洋

第三節 共同開發的國家實踐

一、三個階段

　　共同開發制度的歷史演變分三個階段。第一為產生階段，從1958年到1969年。即從世界上第一個海洋共同開發協定—1958年巴林和沙烏地阿拉伯劃分波斯灣大陸架協定的產生到1969年國際法院作出北海大陸架案的判決。這一階段，出現了5個共同開發協定。它們依次是：1958年2月22日巴林和沙特阿拉伯《關於波斯灣大陸架劃界協定》；1962年5月14日荷蘭與聯邦德國《關於合作安排埃姆斯—朵拉條約的補充協定》；1965年7月7日科威特與沙烏地阿拉伯《關於劃分中立區的協定》；1967年1月伊朗和伊拉克《關於共同開發砍那申—卡那—南伊沙油田的協定》；1969年3月20日卡塔爾和阿不達比《關於解決兩國間島嶼的海洋邊界線和主權權力的協定》。

　　第二是發展階段。自1969年北海大陸架案判決到《聯合國海洋公約法》於1994年生效前。25年間，產生了12個共同開發協定。1964年荷蘭與聯邦德國、1965年英國和挪威、英國和荷蘭、英國和丹麥、丹麥和挪威、丹麥和聯邦德國、1966年丹麥和荷蘭、1968年挪威和瑞典、民主德國和波蘭、沙烏地阿拉伯和伊朗、阿不達比與迪拜、1969年蘇聯與波蘭、1969年伊朗和卡塔爾、印度尼西亞和馬來西亞。

　　第三是平穩階段，也可稱沉寂階段。自《公約》1994年生效以後至今。這段時期共有三個共同開發協定出現。1995年英國與阿根廷簽

出版社，頁73-77。

訂的《關於在西南大西洋近海活動進行合作的聯合聲明》；2001年2月
21日，尼日與聖多美普林西比簽訂的在幾內亞灣兩國專屬經濟區重疊
區共同開發石油資源的協定；2001年7月5日，澳洲與東帝汶臨時政權
簽訂的《關於東帝汶海油氣資源的諒解備忘錄》。【50】

　　隨著海上跨界油氣田的逐漸發現，以及大量大陸架或EEZ的海
床、底土成為相鄰或相向的沿海國家同時提出主權或管轄權主張的重
疊區域，共同開發這些區域的國家實踐已成為一種比較普遍的現象。
它們可以歸納為兩種主要類型：一是跨越國際海洋邊界之礦藏的共同
開發。這種類型共同開發的國家實踐主要是對跨界礦藏採用聯合開
採，即雙方針對「一個獨立的聯合體」(a single unit)訂立協定，然後根
據協定聯合開採這一礦藏。在主張重疊海域共同開發的實踐中，不少
雙邊協定也針對跨界礦藏問題規定了特別條款，用以指導正在進行的
跨界礦藏的探勘開發活動【51】。二是主張重疊海域的共同開發。此種類
型一般是對一個全部或部分主張重疊的海域以共同開發的安排確定下
來，而不管其海洋邊界的問題解決了與否。在無法以協定劃定邊界線
的重疊海域，當事國為了開發區域內的自然資源及避免區域內主權爭
議的惡化而採取共同開發制度，設立共同開發區作為邊界線的替代辦
法；在主張重疊海域由於礦藏的存在，使劃界爭議益趨激烈，當事國
為了使礦藏得到開發，進而促進協議劃界。因而在劃定邊界線的同時
設立共同開發區作為其補充因素。

50　蕭建國(2006)，《國際海洋邊界石油的共同開發》，北京：海洋出版
　　社，頁8-12。

51　蔡鵬鴻，同前註13，頁26。

二、跨界礦藏的共同開發

(一)跨界礦藏共同開發的法律原則

1. 單一地質構造(a single geological structure)條款

跨界礦藏是指由大陸架或EEZ界線分開的、對此享有利益的任何一個國家可以進行開發的一個單一地質結構或礦田。任何忽視海底區域地質構造的劃界方法，都可能造成礦藏的人為不當分割。任何一個國家單方面的開發該礦藏的全部或部分時，就會引起跨界礦藏開發的法律問題。跨界礦藏關注的目標是保持「礦藏的統一性」(the unity of deposit)或更確切地說，保持國家所有權的統一性以及保持對該礦藏的開發權。如果一個礦藏被發現處於幾個國家的開發權之下，其有關開發問題所應遵循的法律原則，目前既不存在有效的多邊協定，也沒有既定的國際法。但這並不意味著這個問題在國際上是處於法律的真空狀態。事實上，很多的劃分國際海洋邊界的條約都特別考慮了跨界礦藏的開發與分配問題。第一個明確規定在發現跨界礦藏情況下應採取共同行動的是，1965年英國與挪威大陸架邊界協定。其第4條設定了出現跨界油氣田的可能性及相互的權利義務，規定：「如果任何單一石油地質構造或油田，或任何其他礦床的單一地質構造或礦田跨越了邊界線，而這種構造或礦田位於邊界線一側的部分，可以從邊界線的另一側全部或部分地開採，締約國應與許可證持有人協商，謀求就關於最有效地開發這種構造或礦田的方式以及按比例分配此種開發所得的收益的方法達成協定。」這種「單一地質構造」(a single geological structure)條款為跨越英挪邊界線的三個礦藏進行共同開發提供了基礎，也成為其後劃界協定中處理跨界礦藏問題仿效的條款。

在1965年至1980年的大陸架邊界協定中，「單一地質構造」條款

成為協定的重要組成部分。根據這些協定中的「單一地質構造」條款，可以概括出適用於跨界礦藏開發的一些法律原則：一是對共有礦藏享有利益的相關國家在其他相同的國家合理反對下，不能單方面地開發這種礦藏，至少在談判過程中，不能從事單方面作業。二是相關利益各方有義務談判體現資源養護原則、顧及相互權利的開發方式。這種開發方式必須是國家間協定的目的。三是共有礦藏的相關利益國家有義務進行談判，達成按比例分配共有礦藏的協定【52】。

2. 共同開發作業形式

為了實現上述原則，對於跨界礦藏理想的開發形式就是共同開發作業形式或共同開發。這種形式可以簡單地定義為這樣一個過程：「共有礦藏的不同利益所有者把它們各自的利益聯合起來，組成一個單一作業者，單獨作業的單一聯合體。該作業者代表所有利益方進行單元作業以實現最大限度的有效開採，因此，所得的產品和(或)收益按單元計畫確定的比例分享。」單元作業者實現最大限度有效開採的方式是有次序且有效地安排平臺、生產設備的位置、礦井的距離、數量及生產速度，避免重複安裝平臺或其他生產設備導致不必要的浪費或不經濟的油井鑽探。由此可見，共同開發作業形式是保證最大程度有效合作的最佳形式，這也是對跨界礦藏有關利益各方在談判時所追求的主要目標【53】。

跨界礦藏的共同開發有國內法上的先例，世界上大多數石油生產國的國內法，多有要求共有礦藏的所有利益方合作開發這種礦藏的專門規定。多數石油生產國的法律特別規定，當一含油構造位在屬於兩個或兩個以上不同所有者的兩個或兩個以上的區域，當它們就其分配

52　William T. Onorato, *supra note 5*, pp.332-333.

53　Ibid. pp.332-333.

產生爭端時，相關利益方有義務通過共同開發計畫，完全消除競爭，在諸如開發共有資源礦井的數量及距離等事項上合作。具有與石油相同物理性質的漁業和水等自然資源的國際實踐也支持共有資源的合作開發。例如在國際漁業方面，很多區域性和全球性的漁業協定都規定對共有的漁業資源合作管理和開發。在非航行用途的國際河流方面，同樣存在很多合作利用共有水資源的國際協定。它們採用的方法很容易類推適用於石油之類的共有礦藏。多邊國際公約中1958年《大陸架公約》和1982年《海洋法公約》雖然都沒有明確規定跨界礦藏的共同開發，但是其中的某些規定卻間接顯示了它們對跨界礦藏共同開發的支持態度。國際法學者和國際司法判例也是支持跨界礦藏共同開發的。國際法院在1969年北海大陸架案的判決中指出：「在維持礦藏統一性的問題上，最後一個辦法(共同開發)顯得尤為適當」（agreements for joint exploitation appear particularly appropriate when it is a question of preserving the unity of a deposit.）【54】。1982年「突尼西亞和利比亞大陸架案」（Tunisia/Libya Continental Shelf Case）判決中進一步支持國際法院的上述觀點，劃界地區附近存在的石油井，是「在衡量所有相關因素以尋求衡平解決的過程中，必須納入考量的一項因素。」【55】從下述的國家實踐中亦可以看出，跨界礦藏的共同開發乃是國家所接受並實際採用的方法。

(二) 跨界礦藏共同開發的國家實踐

(1)1962年5月14日荷蘭與聯邦德國簽訂的《關於合作安排埃姆斯河口條約的補充協定》，埃姆斯河(Ems River)位於德國境內，向北流入北海，形成一個巨大的河口，介於荷蘭與德國之間。關於河口的

---

54 *ICJ Reports*(1969), North Sea Continental Shelf Case, para.99.

55 *ICJ Reports*(1982), para.107, pp.77-78

劃界問題，荷蘭堅持河口地區的國際邊界應根據「主要航道中心線」的原則劃定，這符合一般國際法以及國際實踐對可航行河流的劃界原則。德國則主張根據歷史性權利對整個埃姆斯河口擁有排他性主權。兩種不同主張引起兩國間的長期爭論。1960年兩國達成一項邊界線劃定之前有關埃姆斯河口合作安排的條約。1962年在河口地區發現了大規模的油氣儲藏，兩國之間達成一項有關油氣資源共同開發的補充協定，作為1960年條約的補充。《補充協定》規定就跨越合作安排中確定的臨時界線的「格洛寧根」(Groningen)天然氣田建立一個資源共同開發區，規定每方應在臨時界線一側行使管轄權並進行探勘和開發，但雙方有權平等分享所開發的石油和天然氣，費用也按同樣比例分攤。《補充協定》規定雙方保留各自對河口邊界爭端的主張。

　　1960年合作安排埃姆斯河口條約及1962年的補充協定所建議的合作機制和　油氣資源共同開發制度，將促使整個埃姆斯河口邊界的最後劃定。自補充協定簽訂以來，共同開發的安排在實踐中運行良好，並沒有引起執行上的問題。雖然兩國尚未正式劃定河口地區邊界，但1960年條約確定了臨時界線，1962年補充協定是針對跨越臨時界線的油氣礦藏簽訂的，從實質上應歸入此類。【56】

　　(2)1969年3月20日簽訂的《阿布達比與卡達劃界協定》(Abu Dhabi /Qatar Maritime Boundary Agreement)。《協定》規定對於跨越兩國邊界線的「阿爾邦杜」(Al Bunduq)油氣由雙方「平等分享」，雙方應就油田的所有事項經常協商，以便在平等基礎上行使所有權利。根據《協定》，油田將由阿布達比海洋區域公司按其規章規定的特許權條款進行開發，開發的所有收入由雙方平等分享。該油氣於1975年開始投入生產，估計儲量九千五百萬桶【57】。

56　UN Doc. ST/LEG/SER. B/16, 403

57　Hazel Fox(ed.), *supra note 25*, pp.55-56.

(3)1976年5月10日簽訂的《大不列顛及北愛爾蘭聯合王國政府與挪威王國政府關於開發費裏格氣田及從該氣田向英國輸送天然氣的協定》(Agreement between the Government of the United Kingdom of Great Britain and Northern Ireland and the Government of the Kingdom of Norway Relating to the Exploitation of the Frigg Field Reservoir and the Transmission of Gas Therefrom to the United Kingdom)。【58】英國、挪威曾於1965年3月10日簽訂大陸架邊界協定，確定了兩國在北海的大陸架邊界線。當時尚未發現「費裏格氣田」(Frigg Gas Field)，但是英挪雙方在劃界協定中對海域可能出現的跨界礦藏的處理方式預先作出原則性的規定。劃界協定第4條明確規定：「如果有任何單一地質石油結構或油田，或任何其他礦床的單一地質結構或礦田(包括沙、礫層在內)跨越分界線，而位於分界線一方的上述結構或礦田的部分可以從分界線另一方全部或部分進行開發時，締約雙方在和許可證持有人(如果有的話)磋商後，應就上述結構或礦田進行最有效開發的方式以及對從中獲得的收益進行分配方式，謀求達成一致協定。」（If any single geological petroleum structure or petroleum field, or any single geological structure or field of any other mineral deposit, including sand or gravel, extends across the dividing line and the part of such structure or field which is situated on one side of the dividing line is exploitable, wholly or in part, from the other side of the dividing line, the Contracting Parties shall, in consultation with the licensees, if any, seek to reach agreement as to the manner in which the structure or field shall be most effectively exploited and the manner in which the proceeds deriving therefrom shall be apportioned.）【59】

58 UN Doc. ST/LEG/SER. B/18, 398

59 Rainer Lagoni, (April 1979), Oil and Gas Deposits Across National Frontiers, *AJIL*, Vol. 73(2), p.229. & William T. Onorato, (1981), Joint Development of Sea bed Hydrocarbon Resources: an overview of precedents

　　1972年5月，在英國部分的大陸架上發現巨大的費裏格氣田，與早一年在挪威部分的大陸架上發現的氣田屬同一地質構造。根據上述劃界協定，英挪兩國透過談判，於1976年5月10日簽署《協定》。《協定》主要規定：費裏格氣田是跨越兩國大陸架邊界的一個單一地質結構氣田，應作爲「一個單獨的聯合體」由兩國共同開發；兩國政府分別頒發開發許可證，由兩國「許可證持有者」(licensees)協議產生一個「單一作業者」(unit operator)進行開發，兩國政府共同決定與邊界線有關的每一天然氣井的位置，並協商確定費裏格天然氣田的總儲量及分配；建立「費裏格諮詢委員會」（Frigg Field Consultative Commission），研究兩國政府提交的問題，處理雙方執行協定期間可能產生的矛盾和爭端；協定不影響兩國對其邊界線一側的大陸架的管轄權【60】。

　　英挪共同開發費裏格氣田協定簽訂後，該氣田已於1977年9月投入生產，年產達150億立方米天然氣，相當於1500萬噸石油。這項協定及其實施，受到國際上的普遍重視，被認爲是相關國家間對共有的單一地質結構油氣田實行共同開發的範例【61】。

三、重疊海域資源的共同開發

(一)重疊海域及共同開發的產生

　　重疊海域是指兩個或兩個以上國家共同主張主權或專屬管轄權的

---

in the North Sea, *Energy*, Vol.6 , No.11. pp.1312-1313

60　Rainer Lagoni, (April 1979), Oil and Gas Deposits Across National Frontiers, *AJIL*, Vol. 73(2), p.226.

61　陳德恭(2002)，《共同開發的國際法原則與國際實踐》，北京：清華大學出版社，頁25。

區域。1958年《大陸架公約》和1982年《海洋法公約》簽訂之後，沿海國管轄權的擴大明顯地增加了海岸相鄰或相向國家之間確定其大陸架或EEZ界限的需要。在尚未劃定的邊界中，一些處於缺乏可開發資源的區域，沒有促成相關國家達成邊界協定的動因，缺乏一條確定的邊界線也不會造成重大的實際後果。在剩餘的未定邊界中，許多位於重疊海域，難以就邊界的劃定達成協議。以西太平洋東亞地區為例，從東北亞至東南亞地區這些主張重疊海域最引人注目：日俄、日韓在日本海域、中日韓在東海海域、中韓在黃海海域、六國七方(中國、越南、汶萊、菲律賓、馬來西亞、印尼、臺灣)在南海海域、泰國、馬亞西亞及越南三國在泰國灣海域、印尼和馬來西亞以及印尼和菲律賓在蘇拉威西海域等等都是屬於重疊海域。國家間在主張重疊海域選擇共同開發區作為邊界線的替代方法或作為邊界線補充有很多原因，其中最主要的是政治、經濟、法律三方面的因素，邱吉爾(Churchill)教授則進一步指出：「所有這些因素表明共同開發區或邊界線加上共同開發區更有可能被相關國家視為一種公平解決，這是國際法院和1982年《聯合國海洋法公約》強調的劃界目標【62】。」這更說明共同開發區之解決方法與法律的要求及追求的目標相一致。因此獲得廣泛國家實踐的支持。

(二)重疊海域共同開發的國家實踐

自從1958年以來，共同開發區在太平洋、大西洋、北海、紅海、波斯灣、泰國灣及比斯開灣紛紛建立，到目前為止，至少就有14個主張重疊海域達成共同開發的協議，它們都是雙邊協議，大多數與油氣資源的開發有關。從其功能的不同可劃分為兩類：一是將共同開發區

---

62 蔡鵬鴻(1996)，〈波斯灣有爭議海域共同開發案例概述〉，《亞太論壇》10月增刊，頁30。

作爲邊界線的替代辦法；二是將共同開發區作爲邊界線的補充因素。

1. 共同開發區作為邊界線的替代辦法

1963年伊朗與伊拉克之間簽訂的共同開發油田協定。伊朗與伊拉克間爭議的主要問題是沙達拉伯(Shatt_d_Arab)邊界問題。1959年以後的爭端是Shatt_d_ARab爭議區的地下含油構造的開發問題。1963年4月1日伊朗國家石油公司(MOC)對鄰接伊朗海岸線的大陸架兩區塊公開向外招標。不久伊朗石油公司將兩區塊特許權分配給伊朗泛美石油公司。1963年5月1日，伊拉克對伊朗的公告提出抗議，指出伊朗的招標區位於伊拉克的領海範圍內，伊拉克還進一步聲明，在發放任何石油探勘特許權之前必須得到兩國同意。爲了解決兩國在Shatt_d_Arab的領海劃界和該區域油田開發的爭端，伊拉克石油部長在1963年正式訪問伊朗並就此進行談判。儘管兩國未能在解決Shatt_d_Arab邊界問題上達成任何協議，但他們達成一項共同開發該區域油田的協定。協議規定伊朗和伊拉克每年開發的石油產量限額，並規定相互授權進行監督以確保雙方遵守生產限額。兩國於1967年3月建立一個聯合委員會，並同意制定一項談判劃定兩國海域邊界計畫。然而，有關海域劃界和爭議的近海海域石油資源共同開發計畫至今沒有進展，這主要是由於1969年至1975年和1978年至1980年兩國之間發生戰爭。

1965年7月7日簽訂的《科威特與沙烏地阿拉伯關於劃分中立區協定》(Agreement Between the State of Kuwait and the Kingdom of Saudi Arabia Relating to the Partition of the Neutral Zone)【63】。其並於1966年7月25日正式生效。《協定》將1922年科威特與沙烏地阿拉伯的阿奎爾協定所設立的「中立區」劃分爲相等的兩部分，分別附屬於兩個國家，「作爲其領土不可分割的一部分」，每個國家對其部分行使行政、立法、防

63　UN Doc. ST/LEG/SER. B/15, 760

衛的權力，並互相尊重對方在相應部分的自然資源的權利。《協定》進一步規定，除非雙方另有協議，有關中立區向海部分，從海岸至6浬的領海區域以及6浬以外的大陸架區域採取共同開發的方式由兩國共同管理，對其內的石油資源享有平等權利，並規定共同開發制度不影響最終劃界。爲確保簽約國在分隔區連續進行開發自然資源，由簽約國雙方派出相同的人數組成一個常設性的聯合委員會，委員會具有下列權力：除兩國國民外，促進分隔區內特許權公司、子公司和辦事機構官員和雇員的交流；從事有關共有的資源開發專案研究；研究共同開發自然資源相關的許可合同、新特許權，並向兩國主管部長提交這方面的建議；審議兩國主管部長委託的任何事項。海上作業由科沙兩國共同發放特許權證，由許可證持有人訂立共同經營協議來進行。「共同經營協定」(the joint operation agreement)規定合作開發計畫，並在共同經營委員會的監督和指導下實施。美國葛底石油公司律師Onorato指出，由兩個特許權人設計的共同開發計畫在商業上是可以接受的、在政治上也是可行的。因此有關的私人資本利益以及兩個爭議國家均會隨著對該地區的有效開發而在經濟上共同獲利。科威特與沙烏地阿拉伯分隔區協定是早期共同開發較爲成功的案例，協定簽訂以來，兩國油氣資源共同開發進行得比較順利。該協定的成功說明在主張重疊區域界限劃定之前，以共同開發區作爲邊界線的替代方法不僅是可行的而且對各方都是有利的。

　　1974年5月16日簽訂的《蘇丹與沙烏地阿拉伯關於共同開發共同區內紅海海床和底土自然資源的協定》(Agreement Between Sudan and Saudi Arabia Relating to the Joint Exploitation of the Natural Resources of the Sea-Bed and Sub-Soil of the Red Sea in the Common Zone)【64】。蘇丹和沙烏地阿拉伯是兩個隔著紅海的相向國家。兩國相向海岸寬度不足400浬，最

64　UN Doc. ST/LEG/SER. B/18, 452

大寬度僅277浬，如果兩國根據《大陸架公約》中200米等深線或開發可能性深度標準未確定大陸架的外部界線，都會出現主張重疊區域，因此兩國在紅海地區存在著主權爭議。為了保持兩國的傳統友誼和良好鄰邦關係，並及時開發爭議海域的自然資源，蘇丹與沙烏地阿拉伯決定建立一種資源共同開發制度以解決爭端。經過幾年談判，兩國於1974年5月16日簽訂共同開發協定。其主要內容：

> 兩國相互承認對方鄰接其海岸直至1000米水深海底的專屬性主權權利；對超越1000米深度的以外水域，為兩國政府共有的「共同區域」，（common zone）實行共同開發制度；
>
> 兩國政府對共同開發區的全部自然資源享有「平等的主權權利」（equal sovereign rights），這種權利是專屬於兩國政府的，兩國政府約定保護及防衛其「專屬的」（exclusive）主權權利並防禦第三方對這種主權權利的侵犯；
>
> 建立一個由兩國等數代表組成的聯合委員會，該委員會是一個法人機構，在沙烏地阿拉伯王國和蘇丹民主共和國享有法人資格，同時委員會行使審查並批准探勘開發許可證、監督開發、制定有關規章等綜合職責。[65]

《協定》主要適用於含金屬沉澱物的共同開發。雖然進行了一定數量的試勘，但迄今還沒有開始商業性開採。(圖三)

1975年5月3日簽訂的《盧旺達共和國和薩伊共和國關於基伍湖的天然氣的探勘和開發以及商業化的協定》。《協定》承認基伍湖的天然氣資源為兩國共同財產，原則上決定設立一個雙方平分資本的合資公司，行使關於資源探勘和開發商業化的專屬權利。《協定》還規

---

65 Rainer Lagoni, (April 1979), Oil and Gas Deposits Across National Frontiers, *AJIL*, Vol. 73(2), pp.227-228.

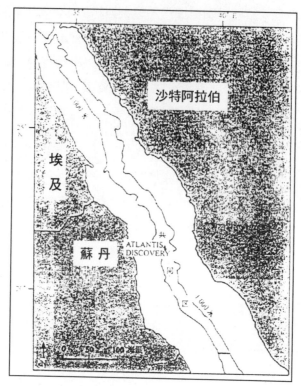

圖三：蘇丹和沙烏地阿拉伯共同開發區圖。

資料來源：蕭建國(2006)，《國際海洋邊界石油的共同開發》，頁304。

定儘快設立一個雙方聯合參加的技術委員會，負責起草合資公司的章程等。

　　1995年9月27日英國與阿根廷簽訂的《關於在西南大西洋近海活動合作的聯合聲明》。《聲明》重申1985年10月19日《馬德里聯合聲明》所宣示的有關福克蘭群島(馬爾維納斯群島)主權的原則：即雙方政府進行的任何行動或活動不構成確認、支持或否認各自關於「福克蘭群島」(Falkland Islands)主權與海洋管轄權立場的基礎。雙方同意為鼓勵在西南太平洋的近海活動進行合作，為此《聲明》建立一個由雙方代

表組成的聯合委員會，負責就有關海洋環境、油氣開發、海事合作等事項向各自政府提出建議。《聲明》還規定設立一個約20000平方公里的共同開發區域，其開發受聯合委員會的一個小組委員會監督。石油公司將在福克蘭島政府與阿根廷政府各占50%的合資基礎上進行作業。《聲明》的簽署改變了英國1982年武裝衝突造成的緊張關係，石油開發活動得以進行。就在《聲明》簽署後一個星期，福克蘭政府就在倫敦進行了海上開發許可招標。1995年10月，兩國國家能源公司明確宣佈它們準備共同研究第一輪許可招標的潛在油氣礦藏。1996年1月，雙方還簽訂了避免雙重徵稅協定。儘管如此，兩國關係改變的背後仍然隱藏著強烈的主權爭端。兩國共同開發的安排是以「聯合聲明」的形式進行，而非以一個法律上的正式協定(條約)形式作出，這一事實反應出對於主權問題的敏感跡象，因為阿根廷感到共同開發安排以條約的形式作出將暗含著對英國主權主張的承認。(圖四)

2. 共同開發區作為邊界線的補充因素

1958年2月22日簽訂的《巴林與沙烏地阿拉伯在波斯灣大陸架劃界協定》。巴林和沙烏地阿拉伯隔海相望，兩國均對於其間海域的大陸架提出主權要求，在兩國相向的海域地區出現一片主權主張重疊的區域。兩國政府於1958年2月22日就劃分兩國間大陸架簽訂了《大陸架劃界條約》。《條約》除劃定兩國間的大陸架邊界線外，還規定位於沙烏地阿拉伯管轄下的「法斯特布沙法」(Fasht-Abu-Sa'fah)一塊六邊形區域的石油資源，將依沙烏地阿拉伯確定的方式開發，但巴林政府可得到開發的一半純收入，論者有謂此乃代理制的共同開發。《條約》強調這個安排應不損害沙烏地阿拉伯在該區域的主權權利和行政管轄。該案是最不完備的爭議海域的共同開發案，在實際共同開發的基本要素方面，它是不完備的，在法律框架上是有缺陷的。這是一則以

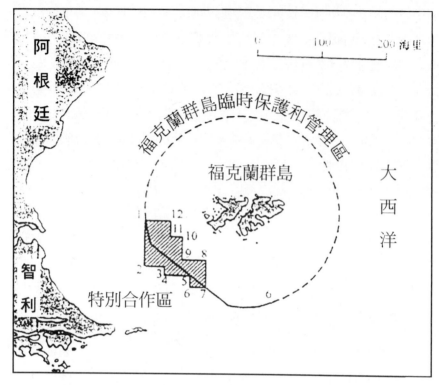

圖四：英國與阿根廷關於西南大西洋海域共同開發區圖。

資料來源：蕭建國(2006)，《國際海洋邊界石油的共同開發》，頁316。

主權換和平、主權換金錢的典型案例【66】。(圖五)

　　1974年1月29日簽訂的《法國和西班牙大陸架界線公約》(Continental Boundary Convention between France and Spain)【67】。「比斯開灣」(the Gulf of Biscay)是「U」形海灣，西班牙海岸線位於比斯開灣南側呈東西向；而法國海岸則位於比斯開灣東側呈南北向。《協定》在劃分兩國在比斯開灣大陸架的同時，規定建立一個跨越兩國大陸架邊界線的長方形「特別區」(special zone)，作為共同開發區由雙方共同開

66 蔡鵬鴻，同前註13，頁184。

67 UN Doc. ST/LEG/SER. B/19, 445

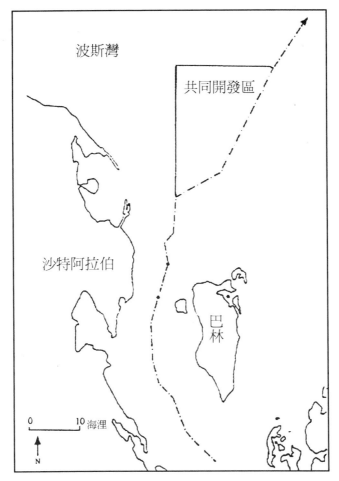

圖五：巴林和沙特阿拉伯共同開發區圖。

資料來源：蕭建國，《國際海洋邊界石油的共同開發》，頁301。

發。共同開發區的總面積爲814平方浬。《協定》規定每一方對位於邊
界線一側區域內的礦物資源行使主權權利，各方把本國法律應用於各
自管轄的那部分水域。但在《協定》的附件中規定雙方同意「平等分
享」(equal sharing)在整個區域內的資源，並保證雙方有關的公司在平等
的基礎上參與該區域內的礦物資源開發。《協定》還對跨界自然資源

75

的處理、海洋環境的保護等問題作了專門規定。和其他協定相比，該條約沒有任何條款規定建立一個共同開發機構，由此來協調兩國的政策法律，對協定執行加以監督【68】。

冰島與挪威共同開發案，其對位於挪威海揚馬延島(Jan Mayen)海域大陸架主權存在爭議。揚馬延島位於挪威西北海域，是一個荒火山島。西南距冰島290浬，東南距挪威大陸540浬，西面距格陵蘭島240浬，面積373平方公里。島上除有30名左右挪威人在氣象站工作外，幾乎無人居住。1929年挪威皇家政府正式宣佈其為挪威領土的組成部分，因獲悉該島之西南水域漁業資源豐富，於1979年2月挪威政府宣佈在該島周圍建立200浬EEZ。冰島隨即提出兩項理由加以反對：一是揚馬延僅為一個岩礁(Rock)，而不是一座島嶼，依國際法不能享有EEZ或大陸架；二是該小島應屬冰島大陸架「自然延伸」(natural prolongation)的突起部分。其後冰島又提出了妥協要求，揚馬延周圍縱能建立EEZ，也應由冰島和挪威共同管轄。由於冰島和挪威對同一海域提出主權要求，於是在挪威海域出現了一片爭議海域，總面積54470平方公里。幾經談判後，由於挪威作出重大讓步，兩國先就水域部分於1980年5月28日簽訂協定，協定規定冰島可以在揚馬延海域建立200浬EEZ，該經濟區位於冰島本土和揚馬延之間海域；而挪威只能在揚馬延島岸外建立90浬的專屬捕魚區，而當地的總可捕量由冰島最後決定。此份漁業協議實質有益於冰島。關於冰島和揚馬延之間大陸架主權爭議問題，協議規定建立一個三名成員組成的調解委員會。該委員會根據美國哥倫比亞大學地質調查團的報告，揚馬延島周圍陸架不是冰島大陸架的自然延伸部分。因此它於1981年5月向冰島和挪威提出三項建議：

　　揚馬延是一座島嶼，依法擁有EEZ和大陸架；

---

68 Hazel Fox(ed.), *supra note 25*, p.57.

冰島和揚馬延間大陸架邊界線應和二者間之EEZ邊界線重合；

對於主權重疊區建立共同開發區，共同探勘開發油氣資源，其面積為45475平方公里。

冰島和挪威兩國根據調解委員會的建議於1981年10月22日簽訂《關於冰島和揚馬延之間大陸架協定》（Agreement on the Continental Shelf between Iceland and Jan Mayen）【69】，協定對共同開發主權重疊區作了詳細規定(圖六)：

(1)共同開發區的範圍，由下列座標限定：北緯70035、北緯

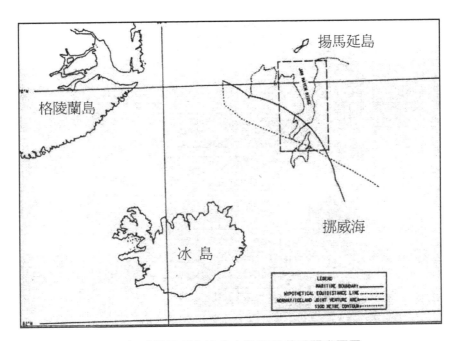

圖六：挪威揚馬延和冰島大陸架及共同開發區圖。

資料來源：編引自傅崐成，《國際海洋法：衡平劃界論》，頁277。

69　ILM(1982), p.1222.

680；西經10030、西經6030。其中約70%(32750平方公里)
位於分界線以北挪威一側，約30%(12725平方公里)位於冰島
一側。

(2)共同開發區的開發和生產根據合資合同進行，但也不排斥其他
方式。在邊界線以北部分，冰島可獲得25%的股份，挪威的立
法和石油開發政策，包括安全和環保措施適用於該部分。在邊
界線以南，挪威可獲得25%股份，在該部分的活動適用冰島的
立法和石油開發政策，包括安全和環保措施。

(3)普查階段之地震和地磁測試的所有費用由挪威承擔，找到石油
後，冰島可考慮參加開發，並開始支付應付的探勘開發費用。
這種規定有利於冰島，可使其避免承擔探勘失敗的風險。

(4)若一塊油氣田超越上述規定範圍，並進入挪威管轄區，那麼整
個油氣田應視作共同開發區。如果一塊油氣田跨越共同開發區
的邊界進入冰島200浬EEZ，冰島有權根據本國法律管轄進入
本國經濟區的各項活動【70】。

　　1988年利比亞和突尼西亞同意建立一個跨越1982年國際法院所確
定的大陸架邊界線的共同開發區。1982年2月24日國際法院對突尼西
亞和利比亞大陸架邊界爭端案作出了判決。根據爭端當事國的要求，
國際法院指出了適用於大陸架區域劃界的國際法原則、規則以及達成
公平劃界所應考慮的相關情況和劃界中適用的具體的、實際的方法。
1985年突尼西亞要求國際法院對1982年的判決作出修改和解釋，國際
法院認為修改的要求不能接受。隨後兩國進行雙邊談判，決定採取埃
文森(Judge Evensen)法官對爭議區內的油氣資源實行共同開發制度的建

---

70 See Report and Recommendations to the Governments of Iceland and
Norway of the Conciliation Commission on the Continental Shelf Area
between Iceland and Jan Mayen (June 1981), pp.1-60.

議，以解決兩國之間的長期爭端。1988年8月兩國簽訂了協議，規定按照國際法院判決中指示的方法解決大陸架邊界問題並在格貝灣(Gulf of Gabes)建立一個共同開發區。協議還規定由兩國建立一個共同開發公司，以探勘位於共同開發區西北部的氣田。(圖七)

學者蕭建國列表表示常見的共同開發區圖如圖八。

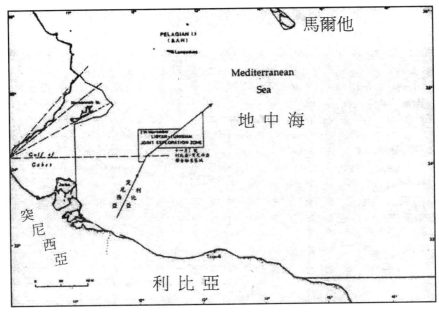

圖七：突尼西亞和利比亞大陸架及共同開發區圖。

資料來源：引自姜皇池(2004)，《國際海洋法》，頁809。

第四節　小　結

在研究海洋劃界原則時，我們可以看到並無任何單一原則可以適用於所有情況。每一具體的劃定海域均有其需要考量的自身獨特性。先前的實踐與判例充其量僅能表明須考量之因素及可能可以採行之方

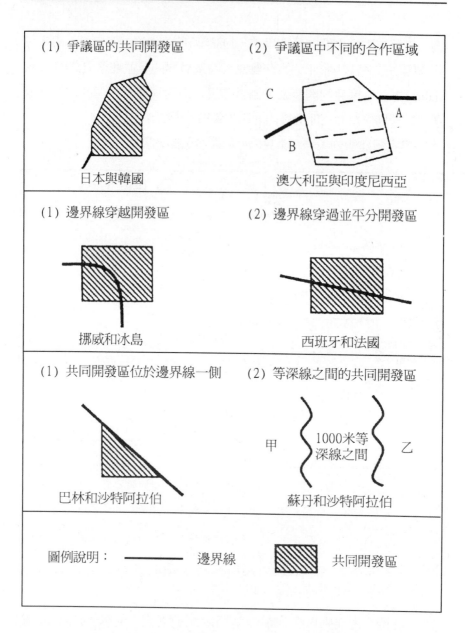

圖八：海域邊界線與共同開發區示意圖

資料來源：蕭建國(2006)，《國際海洋邊界石油的共同開發》，頁118。

法，但卻無法根據既有的劃界實踐去演繹得出可以精確確立之界線。呈現面前的是，國際司法的判決案例，彷彿徘徊在法律的可預見性與彈性之間。對此，國際法院法國籍法官吉隆姆(Judge Gilbert Guillaume)表示「在此階段，判例法與條約法己是如此難以預測，以致在在令人懷疑是否存有劃界法則[71]。」我們不禁要問，國際社會是否已從劃界的政治性主權堅持轉為不必然要劃界的經濟性思維呢？

論者曾指出「海洋環境中的劃界並不是解決問題的有效手段。關於「邊界」這個概念，可能逐漸被更現代化的、動態的和多面向的「聯合開發區」(zones of joint development)」或「聯合管理區」(zones of joint management)概念所取代[72]。」共同開發區，其最大的優點在於降低當事方之衝突可能，亦可消除雙方對係爭區域內資源的競爭，讓競爭各方在可以接受的機制下，進入與利用爭執地區的經濟資源，並避開附隨於劃界的政治主權的棘手問題。

東海、南海海域的劃界未定，東海、南海海域的資源豐厚，有人說它是第二個中東，卻也可能是人類未來的火藥庫。據估計釣魚島周圍海域的石油儲存量約30-70億噸，南海海域更是石油寶庫，僅在曾母、沙巴、萬安盆地的石油總存量就將近200億噸[73]。北京大學教授牛軍指出，從整個發展趨勢來看，東海應該走「共同開發」的路，通過合作的方式解決。中國社科院日本研究所研究員金熙德也表示：「把東海變成和平的海，不要把它變成競爭抗爭的海。國家領土和領

71　Gilbert Guillaume, Speech to the Sixth Committee of the General Assembly of the United Nations, (October 31,2001) available at http://www.icj-icj.org/icjwww/impresscom/iprstates.htm.

72　E.M. 鮑斯基 (著)，孫清(等譯) (1996)，《海洋管理與聯合國》，北京：海洋出版社，頁17。

73　見http://www.enanhai.com，南沙群島網站。上網檢視日期2006年2月19日。

海主權問題談判和資源談判不是一回事，但也不能完全分開。每個國家的政府在領土領海問題上妥協的可能性很小，這樣雙方還是擱置爭議比較好，但雙方在資源問題上不能等【74】。對於南海海域爭端問題的解決，美國夏威夷東西文化中心研究員瓦倫西亞(Mark J. Valencia)建議設立多國的「南海管理機構」(Spratly Management Authority)，相關國家中海峽兩岸可擁有51%的股權【75】。我國學者王冠雄教授則建議南海共同開發在項目的選擇上，因生物資源的具有「可再生性」(renewable)，適當的養護與管理可以「持續利用」(sustainable use)，應由此較簡單且不具主權糾纏的項目先行著手，再擴大合作的經驗至其他較複雜的項目中，如具有不可回復性的碳氫化合物等石油、天然氣及礦藏的非生物資源【76】。

2006年3月6-7二日，中國大陸與日本在北京召開第4次開發東海油氣田問題談判會議，會談結果再次宣告破裂。大陸建議在東海北部的日韓共同大陸架以及東海南部的釣魚台群島周邊海域共同開發。日本提議共同開發中間線附近的春曉等四個油氣田，各自提議均被對方拒絕【77】。東海、南海問題的解決考驗著人類的智慧，「共同開發」或許是可能的途徑？

(本章初稿發表於2007年大葉大學《人文暨社會科學期刊》第3卷第2期)

---

74 見http://www.huaxia.com，華夏經緯網站。上網檢視日期2006年2月19日。

75 Mark J. Valencia, Jon M. Dyke, and Noel A. Ludwig (1997), *Sharing The Resources Of The South China Sea*, London :Martinus Nijhoff Publishers, pp.215-216.

76 王冠雄(2003)，《南海諸島爭端與漁業共同合作》，頁157。

77 《中國時報》，2006年3月9日，A13版。

第 叁 章

東海北部大陸架劃界問題研究

第一節 引 言

　　蔚藍的海洋深邃無邊，蘊含著無限神秘，隨著人類利用海洋的能力不斷增強，這片藍色土地就不再平靜。人類透過法律把它納入了自己的權利範圍，並且不斷擴大在海洋上的利益主張，這種擴張使得人類彼此之間的利益出現衝突，對海洋資源的爭奪變得難以解決。海底「大陸架」(continental shelf，台灣一般稱大陸礁層，聯合國中文正式譯文為大陸架)底土(subsoil)中蘊藏著極其豐富的自然資源，其中尤以石油和天然氣(oil and gas)更引人注目。二次大戰以後，人類開始大規模地探勘和開發大陸架，為了保證開發大陸架活動的順利進行，也為了保證本國對大陸架及其資源的控制，從1945年《杜魯門宣言》(Truman Proclamation)發表開始，一系列的國家提出聲明，或制定國內法、簽訂國際協定，宣佈其對大陸架的權利主張，由單方面的要求而引發的大陸架劃界爭端此起彼伏層出不窮。

　　佔據地球表面約71%，面積達三億六千多萬平方公里[1]的藍色海洋，資源豐富。東海、南海海域的劃界未定，有人說它是第二個中東，卻也可能是人類未來戰爭的火藥庫。據估計釣魚島(日本稱尖閣列島)周圍海域的石油儲存量約30-70億噸。東海海域十分遼闊，東西寬300¬-500公里，南北長1300公里，總面積約77萬平方公里[2]。1961年，美國伍茲霍爾海洋學院的地質學教授艾默利(K. O. Emery)和日本東海大學教授新野弘(Hiroshi Niino)透過二次大戰期間美日潛艇在釣魚島海域收集到的海底資料進行研究，於1961年第72卷的《美國地質學會會

1　邵津主編(2005)，《國際法》，北京：北京大學出版社，頁119。

2　趙理海(1996)，《海洋法問題研究》，北京：北京大學出版社，頁58。

刊》(Geological Society of America Bulletin)第731-762頁發表了〈東海和南海淺水區的沉積物〉的研究報告，首次暗示這些地區（包括釣魚島附近）可能蘊藏石油資源[3]。1967年，兩人在〈朝鮮海峽及中國東海的地層與石油遠景〉一文中，確認在黃海、東海以及南海大陸架上有可能藏有豐富的石油資源。1968年秋，在聯合國亞洲及遠東經濟委員會(ECAFE)的主持下，艾默利和新野弘組織日、韓、臺灣等方面專家對東海、黃海海域進行了實地勘測，並於翌年4月提出調查報告稱《艾默利報告》[4]。該報告引發了國際石油資本企業對亞太地區近海油氣資源的廣泛關注，觸動了日本插手東海石油資源開發和搶佔釣魚島的敏感神經。2006年3月6-7二日，中國大陸與日本在北京召開第4次開發東海油氣田問題談判會議，會談結果再次宣告破裂。大陸建議在東海北部的日韓共同大陸架以及東海南部的釣魚台群島周邊海域共同開發。日本提議共同開發中間線附近的春曉等四個油氣田，各自提議均被對方拒絕[5]。東海大陸架劃界問題的研究，首須瞭解的基礎是周邊相關國家的劃界主張。

3　Hiroshi Niino and K. O. Emery(1961), Sediments of Shallow Portions of East China Sea and South China Sea, *Geological Society of America Bulletin*, Vol.72,pp.731-762.轉引自[日本]高橋莊五郎(1979)，《尖閣列島紀事》，日本：青年出版社，頁10。

4　K. O. Emery ,et al.(1969), Geological Structure and Some Water Characteristics of the East China Sea and the Yellow Sea, *UNECAFE/CCOP Technical Bulletin* , Vol.2,p.3.轉引自馬英九(1986)，《從新海洋法論釣魚臺列嶼與東海劃界問題》，台北：正中書局，頁20。

5　《中國時報》，2006年3月9日，A13版。

第二節 東海北部相關國家的大陸架劃界主張

一、中國大陸的大陸架劃界主張

在大陸架劃界問題上，中國大陸(以下稱中國)堅持「自然延伸」(natural prolongation)原則和「公平原則」(equity or equitable principle)[6]或稱衡平原則[7]。《中華人民共和國專屬經濟區和大陸架法》第二條規定：「中華人民共和國的大陸架為中華人民共和國領海以外依本國領土的全部自然延伸，擴展到大陸邊外緣的海底區域的海床和底土。……中華人民共和國與海岸相鄰和相向國家關於專屬經濟區和大陸架主張重疊的，在國際法的基礎上按照公平原則以協議劃定界限。」中國自始至終參加了第三次聯合國海洋法會議，在會議上多次表明中國對大陸架劃界的立場，最終並批准了《聯合國海洋法公約》(The UN Convention on the Law of the Sea，以下簡稱《公約》)。

1972年3月，中國政府代表安致遠在聯合國海底委員會全體會議上闡明中方關於海洋權問題的原則立場和主張，首次提出了平等協商的

6　連春城(1983)，〈大陸架劃界原則的問題〉，《中國國際法年刊》，頁182-207。

7　「公平」一詞源於衡平法，《牛津法律大辭典》認為，衡平這個詞的含義是公平、合理、正義，可作為自然正義的同義詞使用。該詞的第二個含義是相對於嚴格的法律規則而言，表示與法律的嚴謹性或嚴格性不同的衡平法。在英國法中，衡平(公平)是作為彌補普通法的不足或者糾正普通法中不公正現象的一種具有伸縮性的原則。公平原則與衡平原則不完全相同，作為「法律的糾正」，衡平是被置諸法律之外的。以公平原則處理問題，是把公平作為一項法律原則來適用的。見：袁古潔(1999)，〈公平原則在海域劃界中的作用〉，《華南師範大學學報》(社會科學版)，第1期，頁16。

海洋劃界原則【8】。1973年7月14日，在第三次聯合國海洋法會議期間，中國代表團在海底委員會第二小組委員會提出的《關於國家管轄範圍內海域的工作檔》中指出：根據大陸架爲大陸領土的自然延伸原則，沿海國可以在其領海或經濟區以外，根據具體的地理條件，合理地確定在其專屬管轄下的大陸架範圍，其最大限度可由各國共同商定。他還指出，大陸架連接的海岸「相鄰」(adjacent)或「相向」(opposite)的國家，對大陸架管轄範圍的劃分，應在平等協商的基礎上共同確定。

　　在海洋法會議上，中國代表團還參與了大陸架問題的審議。1978年4月25日，在第七協商小組會議上中國代表團副團長發言指出：相鄰或相向國家間海洋界限的劃定，關係到各相關國家的主權和切身利益，因此應當由雙方根據公平合理的原則，照顧到一切有關情況，透過協商共同確定，以達到雙方都滿意的結果。我們認爲，「中間線」(median line)或「等距離線」(equidistance line)只是劃分海域界限的一種方法，不應把它視爲必須採取的方法，更不應把這種方法當作劃界的原則，「海域劃界」(maritime delimitation)應遵循的根本原則是公平合理的原則。某些情況下，如果採取等距線的方法也能夠允許達到公平合理的劃界結果時，相關國家當然可以透過協定加以使用。

　　筆者也以爲重要的是結果的公平合理，而不是達成結果的方法。在1985年利比亞、馬爾他案中，國際法院表示：爲達到公平劃界的結果，公平原則的適用應顧及相關情況(relevant circumstances)，並指出公平的「目的」(Ends)應重於「方法」(Means)的考量。「等距」方法僅爲劃界過程中的「暫時性的第一步驟」，必須在斟酌其他相關情況下測試其公平性，以確定如何對於「初步之中央或等距線」作適度的修正。「衡平絕非意含等分」(equity does not necessarily imply equality)

8　北京大學法律系國際法教研室編(1974)，《海洋法資料彙編》，北京：人民出版社，頁17。

【9】，以便當事國所選擇之劃界方法是一種能顧及特殊情況的方法。方法可以是多面向的，不同的情勢採用不同的方法或組合，但結果則要求必須呈現出公平合理的特性。他還指出：中國代表團認為，國家之間的任何爭端，只有在當事國雙方都同意的前提下，才能提交強制解決的程序。我們不同意在相關國家未達成劃界協議前，就單方面將中間線或等距離線強加於另一相對方【10】。對此筆者則以為此等當事國都同意的前提可能導致司法解決的延宕或不可能，頗值憂慮。

1979年4月27日中國代表團團長在海洋法會議第八期會議的全會上發言指出：我們一貫主張，根據陸地領土自然延伸的原則確定一國大陸架的範圍，而不是機械地以某種距離標準規定大陸架的範圍。我們也同意，在不影響自然延伸原則的前提下，大陸架寬度不足200浬者可以擴展到200浬處，作為對自然大陸架過短國家的補償。

1980年8月25日中國代表團副團長在海洋法第九期後期會議的全體會議上發言，解釋《綜合協商案文稿》第七十六條關於大陸架定義的規定時指出，大陸架的定義「是以自然延伸原則為基礎的，這符合關於大陸架的科學的、地理的和地質的概念」。他還指出：相鄰或相向國家間經濟區和大陸架的劃界，應由有關各方根據公平原則，考慮到各種因素和情況，透過平等協商加以確定。只有這樣才能獲得對各方都公平合理的結果。中間線或等距離線只是劃界的一種方法，只有在符合公平原則的條件下才能夠被採用。而公平原則則是一項公認的國際法原則，它不僅為許多重要的國際文件所確認，而且也為一些有關海域劃界的國際判例所肯定。1982年3月31日中國代表團副團長在海洋法第十一期會議全會上發言中指出：中國代表團曾建議，將《公約草

9　Continental Shelf (Libya/Malta), Judgment, *I.C.J. Reports* 1985, para. 47.

10　陳德恭(1988)，《現代國際海洋法》，北京：中國社會科學出版社，頁467。

案》第七十六條關於大陸架的定義修改爲：大陸架「包括其陸地領土的自然延伸，不超過大陸邊的外緣，大陸邊……一般由陸架、陸坡和陸基構成。」這樣可以使大陸架的定義更爲確切和科學。並指出，這一建議已得到不少國家的支援，要求會議對這一建議認真加以考慮。

根據中國海洋劃界的原則立場，結合東海的地質地貌情況，中國主張應在公平原則下，由中、日、韓三國分享東海海洋權益。即：東海的北部海域應由中、日、韓三國協商劃分；東海的南部海域應由中日兩國分享。然而，在東海北部海域，日韓兩國在未與中國協商的情況下，於1974年1月擅自簽署了嚴重侵犯中國海洋權益的《日韓共同開發大陸架協定》。該協定所劃出的「日韓共同開發區」是日本單方面按照中日假想中間線劃出的，明顯地深入到中國東海的大陸架。中國認爲，東海大陸架無論從地形、地貌、地質上都與中國的陸地有著連續性，是中國陸地領土在海水下面的自然延伸，而水深達2717公尺的「沖繩海槽」(Okinawa Trough)其東西兩側地質構造截然不同：東側爲琉球島弧，地殼運動活躍；西側則爲一個穩定的大型沉降盆地，因而沖繩海槽正好構成東海大陸架與琉球群島島架的自然分界線。爲此，中國主張沖繩海槽應爲中日東海劃界的天然分界線。

詳細檢視《公約》第76條第1款規定的大陸架的定義既爲，「陸地領土的全部自然延伸，直到大陸邊的外緣」(throughout the natural prolongation of its land territory to the outer edge of the continental margin.)，今天國際法上的「大陸架」已經不再是自然地理學上的「大陸架」，而是自然地理學上的「大陸邊(continental margin)」了，而在200浬外仍然存在的自然延伸的大陸邊部分，在學術界有時被稱爲「外大陸架」(outer continental shelf)【11】。具體上中國最好之外部界限主張爲，《公

11　傅崐成(2003)，〈沿海國家大陸架外部界限的定義問題〉，收錄於《海洋法專題研究》，廈門：廈門大學出版社，頁278。

約》第76條第5款後段，2500公尺等深線外不逾100浬，以此爲基礎再與
日韓協商。

二、日本的大陸架政策

日本在大陸架劃界問題上則採取等距離方法。雖然由於對捕撈松
葉蟹等大陸架「生物資源」 (living resources)問題持有不同看法，日本
並未加入1958年的《大陸架公約》，但對公約提及的等距離方法則持
贊同態度。而後1960年代，東海海域出現存有石油資源的可能後，日
本隨即表示贊同《大陸架公約》【12】。

1974年10月在第三屆聯合國海洋法會議討論大陸架的外部界限
時，日本認爲深度標準和自然延伸會導致不公平結果，因爲它意味著
國際海域的減少，爲此主張大陸架的最大寬度不應超過200浬【13】，並
在劃界原則上屬於「等距離中間線」集團。

日本於1982年簽署《公約》，並於1996年6月20日批准之。1996年
6月14日，日本國會通過了《專屬經濟區和大陸架法》。該法第1條第
2款規定，「日本的專屬經濟區是從其領海基線量起向外延伸到其每
一點和領海基線的最近點的距離爲200浬的線以內的區域，包括海床、
底土和上覆水域（不包括領海）。如果專屬經濟區外部界線的任何部
分超過了中間線（中間線是一條其每一點和日本領海基線的最近點和
與日本海岸相向的其他國家的領海基線的最近點距離相等的線），中
間線（或者是日本與其他國家協商同意的其他線）將代替那條線。」
第2條第1款規定，「日本的大陸架包括從日本的領海基線向外延伸到

12　[日本]高橋莊五郎(1979)，《尖閣列島紀事》，日本：青年出版社，
　　頁20。

13　袁古潔(2001)，《國際海洋劃界的理論與實踐》，北京：法律出版
　　社，頁187。

其每一點和領海基線最近點的距離等於200浬的線以內的海域之海底及其底土。如果大陸架的外部界線的任何一部分超過了中間線，中間線（或者日本與其他國家協商同意的其他線）將代替那條線。」第2條第2款則規定，日本的大陸架還包括根據《公約》第76條由日本內閣另行規定的200浬範圍以外的海床和底土【14】。 可見日本仍然希望得到按照《公約》第76條規定的超過200浬之外的基於自然延伸的大陸架。日本似乎又並不是自然延伸原則的反對者。這也表現在《日韓共同開發大陸架協定》中，對於南韓主張自然延伸的退讓，從南韓領海基線量起至其共同開發區的邊界，已超過200浬而遠達250浬。

　　《公約》規定了「專屬經濟區」(exclusive economic zone-以下稱EEZ)制度，並規定EEZ範圍從測算領海寬度的基線量起不應超過200浬。基於這一規定，日本的政界和理論界有這樣的觀點，既然在EEZ內沿岸國有對海床及海底生物資源和地下礦產資源的探勘開發的「主權權利」(sovereign rights)，因此在200浬海底的範圍內，決定了存在EEZ和大陸架制度，EEZ制度的建立使得海底的地區是否爲陸地領土的自然延伸成爲沒有意義，所以說對於EEZ特別是海岸相向的海域，等距離線是非常重要的。

　　針對英法大陸架仲裁案，日本古賀教授認爲是對「等距離+特別事項」原則的適用。是這一原則而不是北海大陸架案中依據於大陸架基本(物理)性質確定的自然延伸原則，才是當事國達到「公平」合意應該適用的基本原則。尾崎教授也說本案判決是對北海大陸架案中可以說是絕對強調的「領土自然延伸的原則」明確地給予了消極的評價。根據本判決該原則無法使大陸架劃界問題得到統一的解決。本案顯示出

14　詳見http://law.e-gov.go.jp/gtmldata/H08/H08HO074.html. ，上網檢視日期2006年6月20日。

自然延伸原則在劃界中雖不能無視，但也不可絕對地對待【15】。

200浬內大陸架和EEZ一元化的解釋，雖然在突尼西亞、利比亞案中，仍居於少數的反對意見，但在利比亞、馬爾他案中，則為法院判決所採納。日本杉原教授認為自然延伸的習慣法性雖為本案之前的有關案例所確認，但是，法院的判決不是一成不變的，是會受到國際法發展的影響。而在200浬內，國際法的發展結果是大陸架和EEZ在法律上結合了，自然延伸在此範圍內也失去了作為權原的意義【16】。而小田滋法官(Judge Oda)主要觀點集中在其對突尼西亞、利比亞案的反對意見第107、126、128、129、130、145等段，特別是其第126-130段的大陸架和EEZ的關係這一節【17】。他的解釋的結論和埃文森法官(Judge Evensen)一致，即肯定在EEZ範圍內，大陸架和EEZ制度融為一體。

然而邱吉爾(Churchill)教授指出：「大陸架是事實和自始存在的因此不須經主張，然而EEZ則必須經主張。有可能存在一個沒有EEZ的大陸架，但不可能存在一個沒有大陸架的EEZ。」(While a continental shelf exists *ipso facto* and *ab initio* and therefore need not be claimed, an EEZ must always be claimed. There can be a continental shelf without an EEZ, but there cannot be an EEZ without a continental shelf.)【18】沿海國所享有的大陸架權利係「依法」(*ipso jure*)屬於沿海國。析言之，凡是沿海國領海外的海底符合法律上大陸架之意義者，則沿海國即對其領海外海底享有大陸架的權利。沿海國依據法定的大陸架定義，即依法享有大陸架權利(

15　張新軍(2005)，〈日本國際法學界大陸架劃界問題的文獻和觀點初探〉，《中國海洋法學評論》第2期，頁34。

16　杉原 高嶺(1989)，《國際法外交雜誌》，第88卷，第1號，頁144。

17　Continental shelf (Tunisia/Libya) Case, Judgment, *I.C.J. Reports* 1982, pp.231-234.

18　R. R. Churchill & A. V. Lowe(1999), *The Law of the Sea*, Manchester University Press, p.145. 另參Continental Shelf (Libya/Malta), Judgment, *I.C.J. Reports* 1985, para. 33.

即上述之*ipso jure*)，且此項權利的產生，不必再經由沿海國的主張或採取任何其他行動，如占領大陸架等。反之，若沿海國領海外海底不符合大陸架的意義，則即使沿海國有所主張或採取其他行為，亦不能使沿海國因之而取得大陸架的權利【19】。《公約》第77條第3款亦規定：「The rights of the coastal State over the continental shelf do not depend on occupation, effective or notional, or on any express proclamation.」

　　日本的大陸架劃界政策，除「特殊情況」(special circumstances)外，主張以等距離線方法進行劃界。在特殊情況之中，日本就劃界時「島嶼」(islands)與「海槽」(trough)的作用，其認識與其他國家相比，並以國際司法案例及實踐檢視之，確實是存有較大的差距。對於主張等距離方法的日本，沖繩海槽的存在並不具有重要性。正如一位日本政府委員在1979年眾議院外務委員會的審議中所講，「……這個大陸架，從中國及朝鮮半島方向，作為東側的大陸架延伸到日本方向，它在琉球列島的附近，出現一個大型的落陷帶，跨過它就是硫球列島，向太平洋側延伸過去。日本認為那是整個的大陸架，夾在日韓之間，界限應採用等距離線加以區別，這是日本的觀點。」

　　而根據琉球大學海洋系教授木村政昭的研究，中日兩國在東海海域屬於共同大陸架，沖繩海槽只是兩國自然延伸之間的一個偶然凹陷，不能中斷兩國大陸架的連續性【20】。為此，日本主張中日東海劃界應忽視沖繩海槽的法律效力，而具體劃界方法應該是從兩國領海基線量起，超過200浬的重疊部分應按照等距離標準以中間線確定界

19　陳荔彤(2002)，〈專屬經濟海域及大陸礁層制度〉，收錄於《海洋法論》，台北：元照出版公司，頁288。

20　平松茂雄，〈緊迫的東海沖繩海槽調查〉，載日本《產經新聞》，2004年7月24日。

線【21】。同樣地，對島嶼在劃界效力的問題上【22】，日本的認識是島嶼
應和大陸的陸地部分起著相同的作用(圖一)。

　　在東海大陸架的劃界問題上，日本的等距離方法和韓國的
自然延伸原則產生衝突。後來日本擱置衝突，選擇共同開發(Joint
Development)【23】的辦法，日韓簽署了共同開發協定，共同探勘開發東
海大陸架資源，這一做法遭到中國政府的強烈反對。

　　綜上所述，中日兩國在東海劃界上的不同立場與主張概括起來
主要有以下四點：第一，雙方各自主張的劃界原則不同。日本主張適
用等距離中間線方法以及採用「距離標準」(distance criterion)；中方則
主張適用公平原則和大陸架自然延伸原則。第二，對於中日是否擁有
相同大陸架這一問題。中方認為，在海槽內，海山林立，峽谷縱橫。
從地質構造看來，東海陸架和海槽是顯然不同的兩個單元。陸架屬
於穩定性的大陸地殼，而海槽則屬於大陸地殼向大洋地殼過渡的構造
帶，和大陸構造很少聯繫，具有較少的陸殼特點而具有較多的洋殼特
點【24】。這樣，沖繩海槽就構成了中國陸地領土自然延伸的陸架和日本
琉球群島的島架之間的天然分界線。日本則認為，中日兩國處於共同
的大陸架，中國大陸的大陸架終止於琉球海溝，琉球群島是大陸架外
緣的島鏈，沖繩海槽僅僅是大陸架上的一個褶皺、凹陷，在劃界時並

21　[日本]《第161屆國會參議院經濟產業委員會議事錄》，2004年11月2
　　日。 參拙著廖文章(2006年1月)，〈島嶼在海洋劃界中效力的研究〉，
　　載於大葉大學《研究與動態》半年刊，第13期，頁75-96。

22　參拙著廖文章(2006年1月)，〈島嶼在海洋劃界中效力的研究〉，載於
　　大葉大學《研究與動態》半年刊，第13期，頁75-96。

23　參拙著廖文章 (2007)，〈海洋法上共同開發法律制度的形成和國家實
　　踐〉，載於大葉大學《人文暨社會科學期刊》，第3卷，第2期，頁
　　67-80。

24　趙理海(1984)，《海洋法的新發展》，北京：北京大學出版社，頁
　　64。

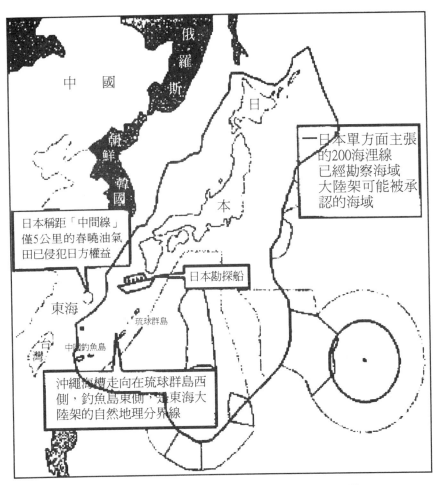

圖一：日本單方面在東海大陸架主張的200浬圖

資料來源：張耀光、劉鍇(2005)，〈東海油氣資源及中國、日本在東海大
　　　　　陸架劃界問題的研究〉，《資源科學》。

不一定是決定因素。第三，在劃界基點的立場上。日本堅持以無人居
住的小島男女列島(Danjo Gunto)和鳥島(Tori Shima)作為基點，依等距離
中間線劃分東海大陸架[25]。中國則認為無人居住的小島、島礁本身不

25　趙理海(1996)，《海洋法問題研究》，北京：北京大學出版社，頁85。

應享有EEZ或大陸架的主權權利。第四，釣魚島及其附屬島嶼中方堅持並恪守擱置釣魚島主權爭端，在東海劃界時不以這些島嶼爲基點。日方則認爲在釣魚島主權上不存在爭議，主張釣魚島在劃界時應享有200浬EEZ和大陸架權利。

三、韓國的大陸架政策

韓國在大陸架劃界的問題上，既堅持自然延伸原則又主張等距離方法。韓國於1983年3月14日簽署了《公約》，隨後並批准之。韓國是對大陸架主權權利提出要求較早的國家之一，早在1952年1月韓國發佈總統聲明，對整個朝鮮半島周圍的海底大陸架提出了主權要求。韓國把其離岸20至200浬線內發現的一切生物資源和礦物資源置於其管轄之下，這條線也稱「李承晚線」。

1970年韓國先後透過了《海底礦物資源開發法》及其《實施令》，公佈韓國的7個石油開發區，總面積達到30萬平方公里。從該《實施令》公佈的地理座標來看，韓國在黃海公佈的第1、 2、 3開發區以及東海北部的第4開發區，是依照等距離方法劃定的。具體作法是以兩國沿岸的島嶼作爲基點，其連線作爲劃定等距離線的起始點。在韓國南部東海海域公佈的第7開發區，向南延伸並進入沖繩海槽，離韓國領土距離超過了250浬，該區位於日本韓國之間，顯然是依據自然延伸原則劃定的。由此可見韓國在大陸架劃界問題上堅持把自然延伸原則和等距離方法結合起來使用。雖可依不同情勢作出不同的主張，以求多方獲利，但卻露出前後自我矛盾之處，更違反「禁反言」(estoppels)之原則。

1974年，日本和韓國簽定了共同開發大陸架協定，對兩國北部和南部大陸架的礦區開發問題達成協議。在北部，兩國之間的海

峽部分，大陸架基本上是依照等距離線劃分，對雙方有爭議的獨島(Dokdo，日本稱竹島)則沒有作爲劃定等距線的起點。在南部，雙方將各自主張之「重疊區域」(overlapping area)的大陸架作爲共同開發區域。共同開發區的南部延伸至沖繩海槽，其中西南部的界限與「李承晚線」重合，是依據自然延伸原則劃定的。

第三節　日韓協定與東海北部大陸架劃界

一、日韓協定的訂定

東海北部海域從地理位置上涉及中國(大陸和臺灣)、日、韓三國四方，情況十分複雜。由於中國和臺灣當局沒有參與這一區域的劃界，最後日韓兩國於1974年1月30日在漢城簽署了關於大陸架的兩個協定，隨後又簽訂了特別措施法，形成了日韓兩國開發東海北部大陸架油田資源的現實局面。

日韓簽署的兩個協定，一個是《日本國和大韓民國間相鄰大陸架北部的劃界協定》(簡稱「北部協定」)，另一個是《日本國和大韓民國間相鄰大陸架南部的劃界協定》(簡稱「南部協定」)。「北部協定」依等距離線方法劃定了大陸架界限；而「南部協定」，由於日韓的大陸架劃界主張的對立，因而採用了共同開發的方式。所謂「共同開發區」(joint development zone)，是由20個座標連線圍成的區域，這一區域是兩國各自主張的本國大陸架的重疊部分。面積爲8.2萬平方公里，相當於九州的二倍。從奄美大島的北方開始到九州西側，是協定附表座標9到20的連線，和韓國1970年總統令確定的韓國大陸架界限一致。和琉球列島垂直的線即座標8到19的連線，也和韓國的總統線一致。其他座標1到6的連線是日韓的等距離線，日本考慮的本國大陸架界限十分

明確。另外，座標6的地點是到日本、韓國和中國距離相等的點，座標6到9的線是日本和中國的等距離線，協定把共同開發區分成9個區塊，同時將面積大致分爲兩等份，各小區域範圍內由兩國的開發者分別探勘開發，依其本國的法律進行管理(圖二)。

東海北部大陸架問題，涉及中國、朝鮮、日本、韓國和臺灣。日本和韓國不顧周邊其他國家和地區的反對，片面簽署共同開發協定，並對區域內的石油資源進行探勘。據統計，日本和韓國授權開發的各國石油公司從1980年後，共鑽打探井80個，惟並未見工業油氣。

二、相關國家的反應

日韓共同開發協定簽署之後，韓國方面的反應平靜，因爲韓國方面批准協定的目的是要緩和日本和韓國在近海要求方面的緊張關係。但是該協定在日本卻引起軒然大波，日本的右翼勢力支持該協定，但也有許多黨派團體和人士反對該協定。對於日韓大陸架協定，社會黨、公明黨、共產黨堅持反對意見，日本的一些重要報刊曾提出很實質性的問題來反對該協定。1975年3月15日《讀賣新聞》發表文章〈不要匆忙批准大陸架協定〉；同年6月27日《每日新聞》發表〈政府想繼續審議日韓大陸架協定〉的文章，這些文章認爲批准該協定會損害日本將來與中國平分東海大陸架的地位。他們以爲，等距離線劃界方法能夠在第三次聯合國海洋法會議上通過，日本正可以用此方法對共同開發區的全部區域提出主權要求。另外，韓國和中國都堅持自然延伸原則，如果日本與韓國妥協，將來與中國談判時就會陷入被動自失立場。日本國會眾議員宇都宮穗馬在《日中經濟協會會報》上發表文章指出：「很明顯，這片海底是黃河、長江的沖積區，和中國大陸以20公尺、40公尺、60公尺、80公尺、100公尺這樣緩慢的斜坡連接著。

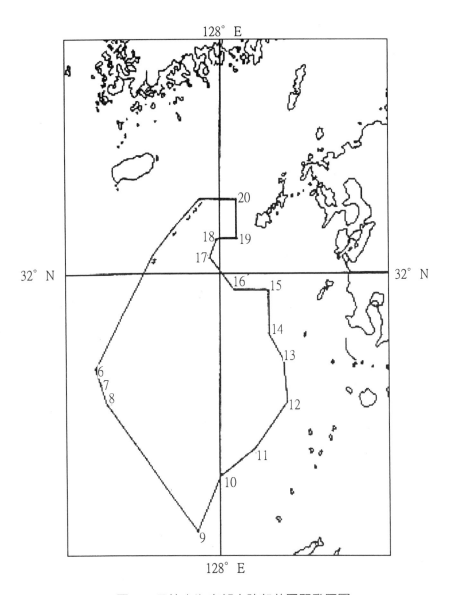

圖二：日韓東海南部大陸架共同開發區圖

資料來源：編引自Chang Kyun Kim, Issues and Disputes on the Delimitation of the Exclusive Economic Zone(EEZ) Between Korea and Japan, and Between Korea and China.

這個大陸架從200公尺到400公尺的地方是共同開發水域。如果按照大陸架自然延伸的理論，這個區域很明顯是屬於中國的大陸。」文章指出，這個問題只由日本和韓國來決定是不行的。《朝日新聞》於1977年5月25日刊登社會黨眾議院議員小林進的文章指出：「不和最重要的相關國家之一的中國舉行任何談判，就在被稱作中國大陸架的地方設置共同開發區，這只能說是片面地封鎖中國的主張，至少也是違背國際信義的行為。」

「日韓協定」簽定後不久，1974年2月3日朝鮮(北韓)發表聲明，宣佈其不承認該項協定。該協定「不僅對朝鮮人民完全有害，而且破壞了我國的主權和切身利益。朝鮮民主主義共和國拒絕承認這一協定，宣佈它無效。」

對於東海大陸架劃界和油氣資源問題上，臺灣一直反對日本在中方大陸架上劃定油氣資源區。中國政府在1970年12月4日的新華社廣播中就曾指責日、韓、台灣的東海大陸架開發計畫，並提出對釣魚島的主權要求。「舊韓協定」簽署後，1974年2月4日，中華人民共和國外交部發言人發表聲明：1974年1月30日，日本政府和南韓當局在漢城簽定了所謂共同開發大陸架的協定。該項協定在東海海域片面劃定大面積的大陸架，作為日本和南韓所謂的「共同開發區」，由日本和南韓雙方共同投資，在該區域開發石油和天然氣。對此，中華人民共和國外交部發言人授權聲明：中國政府認為，根據大陸架是大陸自然延伸的原則，東海大陸架理應由中國和相關國家協商確定劃分。現在，日本政府和南韓當局背著中國在東海大陸架劃定所謂的日、韓共同開發區，這是侵犯中國主權的行為，對此，中國政府絕不能同意。如果日本政府和南韓當局在這一區域擅自進行開發活動，必須對由此引起的一切後果承擔全部責任。

1980年5月7日，中國政府針對日韓在所謂的共同開發區進行鑽探

試採石油，再次發表嚴正聲明：「中國政府再次鄭重聲明：日本政府不和中國協商，背著中國而和南韓當局簽定所謂舊韓共同開發大陸架協定，完全是非法的、無效的。中國政府對於侵犯我國主權和重大利益的行動決不能置若罔聞。任何國家和私人如果在該協定所劃定的所謂共同開發區內擅自或參與進行開發活動，必須對此產生的一切後果承擔責任，中國政府保留對該區域的一切應有權利。」

三、「日韓協定」是非法的、無效的

「日韓協定」是日本、韓國兩國間簽訂的國際條約。按照國際法的規則，條約為締約國創造的權利和課加的義務，必須是可能的和合法的，否則條約便歸於無效，這也是條約有效性的要件之一。根據這一規定，實際上行不通的義務不得成為條約規定的內容。如果一個國家簽訂了一項規定有這類義務的協定，例如讓與自己所未佔有的土地或做自己實際上不可能做到的事，這類條約在國際法上是無效的。正如希臘代表在加拉加斯會議上所指出的，「沒有任何人能夠處理他所不擁有的東西」。

東海大陸架是中國領土的自然延伸，和中國大陸形成一個完整的整體，中國對東海大陸架擁有不可剝奪的主權權利。但是日本和韓國卻拋開這塊大陸架當事國之一的中國，片面地簽訂所謂共同開發協定，擅自越過中國東海的大陸架劃定共同開發區，並在這一區域內進行探勘、開發，企圖瓜分這片海域，這樣的協議是非法的、無效的。《維也納條約法公約》第34條明文規定：「條約非經第三國同意，不對它創造權利和義務。」這一規定是從國家主權獨立和平等原則引申出來的，也為國際社會所廣泛承認。既然條約只適用於締約國，對於非締約國一方的第三國沒有拘束力，不確定任何權利和義務。這也是

對條約不拘束第三國這一國際法原則的踐踏。任何的大陸架劃界協議都必須尊重相關第三國的權益，更不能侵犯其主權。

劃界考慮相關第三國權益也是適用公平原則時所要考慮的一個因素，這已在多次的國際司法實踐中得到印證。在北海大陸架案中，國際法院判決認為，在大陸架劃界中的一個相關因素是「要考慮到同一地區各相鄰國家間任何其他大陸架劃界所產生的現實或可能發生的影響。」又如在利比亞、馬爾他大陸架案中，因為義大利在兩國爭議地區附近也有大陸架的要求，國際法院為了尊重第三國義大利的利益，而限制了利比亞、馬爾他的大陸架劃界區域。法院認為，它無權決定涉及第三國大陸架主張的地區的分界【26】。在1985年的幾內亞(Guinea)、幾內亞比索(Guinea Bissau)海域劃界案中，仲裁法院認為，一個預定要達到公平結果的劃界不能忽視該地區其他已作出的或有待作出的劃界。為此，仲裁法庭審查了該地區，該二國與其他國家之間的海域劃界問題【27】。

從1970年到1972年，日本和韓國之間就大陸架劃界問題進行了多次對話，在東海北部大陸架問題上，韓國主張的是自然延伸原則，日本則主張等距離方法。雙方在各自的劃界原則指導下，分別劃出了各自的主權權利區域，形成了雙方的「重疊區域」（overlapping area）或「爭議區域」（disputed area），這正是後來談判後所劃出的共同開發區。共同開發區基本上沒有進入雙方任何一方可以單獨佔有的非爭議區。這說明在討論共同開發問題之前，雙方都有了大陸架劃界的基本設想。共同開發區實際上就是雙方大陸架劃界的爭議區。日韓雙方為了能夠儘快開發大陸架上的油氣資源，擱置雙方的劃界爭議，採取共

26　袁古潔(1998)，〈對大陸架劃界問題的思考〉，《中外法學》，第5期（總第59期），頁71。

27　沈文周主編(2003)，《海域劃界技術方法》，北京：海洋出版社，頁99。

同開發的方式，雖然暫時的緩解兩國的矛盾，但是這也為東海大陸架
劃界問題的日後解決埋下了負面的伏筆。

四、「日韓協定」對大陸架劃界的影響

　　「日韓協定」第28條規定，「本協定的任何規定都不能視為確
定對共同開發區全部或任何部分的主權權利問題，同時亦不妨礙各締
約國關於劃分大陸架的立場。」雖然這是共同開發制度的國際法意
涵，但在國際海洋劃界的實踐中，事實上，它仍是會造成某些重大影
響的，甚至此種臨時性的安排具有轉變成為永久性安排的可能性。德
國國際法學者雷納‧拉哥尼(Rainer Lagoni)在對「臨時安排」(interim
measures)作出數點的分析中即曾指出：

　　臨時安排講求實際，這種安排能對因使用海域而發生的問題提
　　供「實際的解決」(practical solutions)，而不觸及劃界本身或是以劃界
　　為基礎的主權紛爭問題。由於此種安排是臨時的，所以它是為了此紛
　　爭海域和利用此海域資源的最終法律地位而安排的一種準備工作，相
　　關國家能以協定的方式，將臨時安排轉變成為永久性的安排。「但即
　　使沒有協定，如果相關國家一直無法達成最終劃界協定，且它們之間
　　缺乏有效解決爭端的程序，則此種臨時安排就可能容易成為永久性
　　安排。」(But even without an agreement, interim measures may easily
　　become permanent ones, if the parties cannot reach a final delimitation
　　agreement and there is no binding dispute settlement procedure in force
　　between them.)[28]

28　Rainer Lagoni (1984), Interim Measures Pending Maritime Delimitation
　　Agreements, , *AJIL*, 78(2), pp.358-359.轉引自廖文章(2007)，〈海洋法
　　上共同開發法律制度的形成和國家實踐〉，大葉大學《人文暨社會科
　　學期刊》，第3卷，第2期，頁72。

「日韓協定」採取以條約方式確定共同開發區而把大陸架劃界的爭議擱置起來，成爲國際法上解決海域劃界爭端的一個先例。後來如1989年的澳洲和印尼兩國間的「印尼東帝汶州北部和澳洲間的區域協作條約」以及1990年的馬來西亞和泰國之間的大陸架協議均採取了共同開發的方式進行。因此，儘管其第28條雖規定，共同開發協定與海洋疆界毫無關係，但是由於沿岸國對其大陸架的主權權利乃是爲了開採其大陸架上的資源而設立的，開發資源才是主權權利的重點所在，離開了這個重點任何的權利主張都是空洞的。譬如若日韓在50年的協定期限內已將共同開發區內的油氣資源開發殆盡，大陸架上已無其它重要資源可言，那麼第28條的規定本身就是完全不必要的、甚至是毫無意義的。

共同開發協定在客觀上也反應了日本對其一貫堅持的等距離方法的讓步，因爲在共同開發區內，日本既允許對方國家在其所謂等距離線的日本一側區域進行開發，這就說明了日本並沒有堅持等距離方法，而對韓國的自然延伸原則作出了讓步。甚至有的國際法專家認爲這是日本的一個失誤，將使其在未來的談判中，特別是針對其與中國之東海劃界問題帶來不利的影響。

在1977年英法大陸架仲裁案中，其中一個有爭議的地區是布列頓・諾曼灣區，英國方面雖稱赫得深海(Hurd Deep)以及赫得深海褶皺區(Hurd Deep Falt Zone)應可構成英、法之間大陸架的一部分天然界限。但法院認爲，赫得深海及赫得深海褶皺區若被賦予劃界上的重大意義，將與近年來整個大陸架劃界的國家實踐趨勢相違背，理由是它實在只是一個很輕微的地質結構上的褶皺地帶。法院於確認自然延伸原則的重要性不應該被忽略時，也認爲不應將之視爲絕對的原則。其間法院

認為英國曾經在它與挪威間劃定大陸架界線時，同意忽略「挪威海槽」(Norwegian Trough)的存在。而赫得深海區與赫得深海褶皺區在和挪威海槽相比，更只是輕微的地質結構上的褶皺地帶【29】。英國的主張即因其過去同意忽略挪威海槽存在的行為違反禁反言原則，而受到影響；因此日本既在日韓協定中接受了韓方自然延伸的主張，而後即須受此行為的拘束或牽絆。

中日在東海北部的大陸架劃界與韓日之間有相類似的地方，即中國堅持自然延伸原則而日本堅持等距離方法，日韓共同開發協定客觀上也對中日之間的大陸架劃界帶來影響。日本也因其在本實踐中曾經有過的主張、行為，而留下印記發生影響。在海洋疆界劃定中採用禁反言考量時應注意：必須是當事國所為對本國有害或對他國有利之實質聲明或行為；該聲明或行為應為具適當權限的政府官員所做；該陳述或行為應該與本國態度相符合，不得曖昧不明【30】。

第四節　中國解決東海大陸架劃界所面臨的問題及對策

東海大陸架劃界問題，涉及到中、日、韓及臺灣三國四方，情況較為複雜，處理這一難題應找出存在的問題及其根源所在，確定處理的原則，採取相應的措施妥善予以解決。以下將從關係到地質因素，於本案具體上乃指沖繩海槽地位的劃界原則分歧以及比例性、基線、島嶼等要點逐項分析。

29　廖文章(2006年1月)，〈島嶼在海洋劃界中效力的研究〉，《研究與動態》，第13期，頁87。

30　傅崑成(1992)，《國際海洋法：衡平劃界論》，台北：三民書局，頁150。

一、劃界原則的分歧：地質因素、沖繩海槽的地位

(一)地質因素

在大陸架劃界原則問題上，中國一貫堅持自然延伸原則和公平原則，主張透過協議解決大陸架劃界的問題。韓國主張自然延伸原則和等距離方法，具體的說，韓國在對中國黃海劃界時堅持等距離方法，而在對日本在東海的劃界時主張自然延伸原則，韓國在劃界原則上所持的雙重標準也體現在日韓大陸架共同開發協議中，在共同開發協議中，韓國對日本的等距離方法作出妥協，確定了雙方的所謂共同開發區。日本在大陸架劃界問題上主張等距離方法，始終認為應當使用等距離線劃定它與中國、韓國間的大陸架界限。但是在日韓大陸架共同開發協定中，日本卻對韓國作出妥協，日本對韓國的自然延伸原則讓步，而劃定了共同開發區。中、日、韓三國在劃界原則問題上存在不同的觀點，尤其是日本的等距離方法與中、韓所堅持的原則不同；韓國雖然也和中國一樣堅持自然延伸原則，但是在劃界實踐中所持的雙重標準也會給劃界帶來不利的影響。

基於中、日、韓三國同屬《公約》的締約國，因此，大陸架的劃界應當遵循《公約》所確定的劃界原則。其第83條規定了海岸相向或相鄰國家間大陸架界限的劃定：

第一，大陸架劃界應由海岸相向或相鄰國家進行協商，從而達到「公平解決」(equitable solution)的目的。這一條款也可稱之為「協商原則」及「公平原則」；

第二，「相關國家」(states concerned)如未能達成協定，應按照公約要求的程序和平解決爭端，而不能單方面地採取行動阻礙協議的達成或妨礙界限的最終劃定；

　　第三，如果相關國家間存在現行有效的協定，關於劃定大陸架界限的問題，應依照該協定的規定加以解決。

　　東海北部的大陸架劃界，不僅是一個國際法的理論問題，同時也是一個政治問題，牽涉到中、日、韓、臺灣的大陸架權益和海洋資源的開發，北韓也曾對南韓與日本的大陸架協定表示反對意見。因此，任何各方的片面解決辦法，都無法照顧到大陸架的周邊國家和地區的整體利益，不能從根本上解決基本利益的衝突，只會加劇矛盾，甚至影響國家間的正常關係。

　　中、日、韓關於劃分東海大陸架的不同主張，應透過政府間的談判協商加以解決，用公平原則爲指導兼顧考慮自然延伸原則和等距離方法，最終達成公平合理地劃分大陸架的範圍，這也符合《公約》第83條規定的宗旨。具體地加以分析，在中、日、韓三國之間應採取不同的劃界方法予以解決。

　　在大陸架劃界問題上，中國堅持自然延伸原則和公平原則，日本則信奉等距離方法，雙方存在較大的分歧。日本信奉的等距離方法是1958年《大陸架公約》中規定的一項內容，然而日本和中國都不是《大陸架公約》的締約國。等距離方法雖然近年來其地位似乎因法律的演進有所提升，但並未成爲國際習慣法規則，所以日本一味地堅持等距離方法只會加劇兩國間大陸架劃界的矛盾，對解決問題沒有實際幫助。

　　1985年幾內亞和幾內亞比索海洋劃界仲裁案。法庭注意到，幾內亞比索贊同等距離方法，而幾內亞反對等距離方法。法庭認爲，等距離方法只是許多方法中的一種，人們沒有義務給它以優先的地位[31]。即使它由於其科學性和比較容易適用，而被認爲具有某種固有的價

31　袁古潔(2001)，《國際海洋劃界的理論與實踐》，北京：法律出版社，頁113。

值。選用劃界方法的惟一目的,就是在儘可能適用有助於達成公平結果的客觀因素的情況下,將海域劃分成屬於不同國家的領土。任何求助於事先選好的方法的做法,都是不可取的。相反,它所要求的是客觀的法律推理,而使適用的方法只能是這種推理的一個結果【32】。同樣地,在1985年利比亞和馬爾他案中國際法院也指出,「由於等距離線是以接近原則為基礎的,單純的等距離方法僅受海岸突出點的支配。因此,可能會把應該計算的海岸長度遺漏了,同時,僅僅由於海岸形狀的關係就使其中一方受到不恰當的影響。」【33】「等距線不是惟一適當的劃界方法,也不能成為唯一被允許的起點。」(It is neither the only appropriate method of delimitation, nor the only permissible point of departure.)【34】

但是在1993年丹麥格陵蘭和挪威揚馬延海域劃界案中,國際法院則強化了中間、等距線的先行運用角色。「作為大陸架劃界步驟的開始,國際法院認為,或依1958年《大陸架公約》之第六條或依關於大陸架的習慣法,先行劃出一條中間線作為臨時性的劃界線,然後再考慮是否存在特殊情況要求進行調整或進行另外一種劃界,這樣的做法是適當的。」(Pour ce qui est tout d'abord de la délimitation du plateau continental, la Cour estime qu'en vertu tant de l'article 6 de la Convention de 1958 que du droit coutumier relatif au plateau continental, il convient de commencer par la ligne médiane comme ligne provisoire, puis de rechercher si des "circonstances spéciales" obligent à ajuster ou déplacer cette ligne.)【35】以

32　沈文周主編(2003),《海域劃界技術方法》,北京:海洋出版社,頁122。

33　Continental Shelf (Libya/Malta), Judgment, *I.C.J. Reports* 1985,para.56.

34　Continental Shelf (Libya/Malta), Judgment, *I.C.J. Reports* 1985,para.43.

35　L'affaire de la délimitation maritime dans la région située entre le Groenland et Jan Mayen, (Danemark c. Norvège), *C.I.J. Rapports* 1993,

習慣國際法爲基礎的司法判決，也同樣是將中間線作爲一條臨時線，然後可以予以調整或推移，以保證一項公平結果。國際法院援引1985年利比亞和馬爾他的大陸架劃界案，該判決關於相向國家之間等距離方法公平性的評價【36】，說明了中間線作爲最終必須尋求公平解決的劃界過程中的一個臨時性的步驟是合適的。同時，針對丹麥的反對意見，國際法院也同意，劃出一條臨時性中間線並不是在每一個劃界案中都必須或強制適用的一項步驟。

「公平原則成爲習慣法已超過三十年，它似乎否定等距線法的任何強制性角色，即使只是劃界的起點，並允許考量任何事實情勢及任何技術方法的實踐，以導致一個公平的結果。」(Equitable principles have been part of customary law for over thirty years. It is seen here as denying any mandatory role to the equidistance-line, even as starting point for delimitation, and as allowing the weighing-up of any factual circumstances, and the application of any technical methods, that lead to an equitable result.)【37】相反地，中國和日本既同屬《公約》的締約國，公平原則應當是兩國應共同遵循的劃界原則，而自然延伸仍扮演著一定的角色。加拿大外交部法律顧問萊高爾特(L. H. Legault)也表示：公平原則是達成公平結果的手段。一項原則的公平性必須參照爲達到公平結果的目的的有用性來衡量【38】。由於原則上的分歧，中日兩國在東海北部大陸架具體問題上遇到的難題就是對沖繩海槽在劃界中的作用，中國和日本持有迴異的觀點。

---

para.49.

36　Continental Shelf (Libya/Malta), Judgment, *I.C.J. Reports* 1985, para.62.

37　Nuno Marques Antunes (2003), *Towards the conceptualization of maritime delimitation*, Martinus Nijhoff Publishers, p.95.

38　L.H. Legault & Blair Hankey(1985), From Sea to Seabed: The Single Maritime Boundary in the Gulf of Maine Case, *AJIL*, 79(4), p.967.

日本的可能立場是：不管是否擁有釣魚台列嶼的主權，日本的琉球群島已經位處在東中國海大陸架上了。因此任何東海大陸架的劃界安排都應該爲日本的利益，給予琉球群島完整的劃界效力。沖繩海槽只是中國和日本間共同大陸架上的一個大型的落陷帶，在大陸架劃界時應該忽略該海槽的法律效力。中方則認爲：沖繩海槽的地質、地理特點，證明它是分隔東海大陸架與琉球群島島架的天然界限。海水深邃、綿延長逾千里、且在地質上不斷擴張的沖繩海槽已經將東海一分爲二了。換言之，東中國海大陸架和琉球大陸架是兩個大陸架【39】。

(二)海槽的地位

審視國際條約和大陸架劃界的國際實踐，海槽在劃界中的作用從未被否認過。1958年的《大陸架公約》沒有對海槽的法律地位作出規定。1982年的《公約》規定了大陸架的定義，確認大陸架是陸地領土的自然延伸，但是在大陸架劃界問題上卻只作了原則性的規定。在國家實踐中，1965年的英挪大陸架劃界協定，挪威海槽的地位曾經是一個焦點問題。英國政府認爲，海槽標誌著英國和挪威兩國大陸架之間的劃界；而挪威政府則認爲，海槽不過是大陸架表面上偶然性質的凹陷，正確的劃界應當是英挪海岸之間的等距離線。後來，英國政府爲了及早地開發所需要的油氣資源，接受了挪威的觀點，簽定了劃界協定。在國際司法和仲裁實踐中，涉及到海槽性質的地貌特徵的案例，還有1977年的英法大陸架仲裁案、1982年的突尼西亞和利比亞大陸架案、1985年的利比亞和馬爾他案，這三個案例中，由於各案的具體情況，在實際劃界時海槽地貌都沒有產生法律效力，但是國際法院和仲裁法庭從來就沒有否認過地質和地貌因素是大陸架劃界中應考慮的因

---

39 傅崐成(2004)，〈中國周邊大陸架的劃界方法與問題〉，《中國海洋大學學報》(社會科學版)，第3期，頁8。

素之一。

　　著名的海洋法學者麥克雷(McRac)指出：如果海槽本身是這樣的性質，在陸架的地質上構成裂隙，從而表明一個國家自然延伸的終止，它就可能是適當的邊界。這一裂隙必須是被假定爲，表示一國陸架的終止和另一國陸架的開始。在大陸架的必要的地質連續性沒有中斷的情況下，沿著海溝而不是等距離或中間線的一條邊界可能是適當的，以便促成公平劃界【40】。「爲劃界的目的，只有存在著大陸架的分離，對於自然延伸規則的引用才能是有效的。」而「如果大陸架被認爲是連續的，那麼根據現今的國際法，人們便再不能有效的引用任何特徵來支援其關於自然延伸原則並旨在爲一個確定自然分界的劃界提供依據的主張。」【41】

　　由於EEZ制度的出現，一種單純基於距離標準作基礎的劃定；國際間又存在不少對地質、地貌因素忽略的事例以及1985年國際法院在利比亞和馬爾他案及而後案例中的發言，地質、地貌因素在劃界中的影響力確實大不如前，中方確有必要更強化準備，調整好自然延伸等地質、地貌因素在劃界中效力的新定位焦點。幸好銷弱並不等於消失，國際法院也同樣在利比亞和馬爾他案中表示「只要地質情況適合，自然延伸的確可能在公平劃界時發揮重要作用。」【42】

　　1982年突尼西亞和利比亞案，國際法院首先強調1969年判決「並沒有認爲公平劃界和確定自然延伸的界限是同義語」「那種認爲在所

40　D.M. McRac (1977), Delimitation of the Continental Shelf between the United Kingdom and France: The Channel Arbitration,15, *The Canadian Yearbook of International Law*, p187.

41　Guinea/Guinea-Bissau Maritime Delimitation Case, Decision of 14 Feb.1985, reprinted in 77 International Law Reports 636(1988), pp.116-117.轉引自高健軍(2005年8月)，〈從新海洋法看中日東海劃界問題〉，《太平洋學報》，頁73。

42　Continental Shelf (Libya/Malta), Judgment, *I.C.J. Reports* 1985, para. 44.

有案件，或大多數案件中都可能找出當事國各自領土的自然延伸之間的界限的想法是錯誤的。」因此，僅管自然延伸「在廣義上確定了沿海國權利的……範圍，但當確定一國和其鄰國權利間的確切範圍時，它本身可能是不夠的，甚至是不恰當的。」【43】該案中突尼西亞主張的的黎波里塔尼亞海溝(Tripolitanian Furrow)，是兩國間「一條真正、自然的海底邊界」，該海溝包括約60公里長、15公里寬、300-450公尺深的賈勒法海槽(Jarrafa Trough)和長約300公里、最深處795公尺的的黎波里塔尼亞海槽(Tripolitanian Valley)。但法院在審查後認為，該特徵並不構成一個：「明顯的海底的分裂或中斷，從而能毫無疑問地指出是兩個分離的大陸架或兩個分離的自然延伸的界限。」(a marked disruption or discontinuance of the sea-bed as to constitute an indisputable indication of the limits of two separate continental shelves ,or two separate natural prolongations.)【44】因此，佩拉傑地塊(Pelagian Block)的海床是由兩國共同的自然延伸構成的單一大陸架。

　　1984年美加緬因灣(Gulf of Maine)案中，美國認為地貌因素可以從大陸架擴展到上覆水域劃界。它主張劃界區西部水域有三個不同的生態圈，彼此為天然界線所分隔。其中最重要、明顯的，便是分割斯科色陸架生態圈和喬治灘生態圈的水深達200公尺的東北水道(Northest Channel)，它被認為是具有重要商業意義的漁業資源地區間的一條分界線。但國際法院分庭並未接受美國的這一想法，認為無法由如此不穩定的海域及其動植物環境中分辨出任何真正的、確鑿的和穩定的天然界線。此外，它還強調：劃界「是法律、政治行為，因此並不是說當發現存在自然界線時，政治劃界就必然遵循這條天然界線。」【45】

43　Continental Shelf (Tunisia /Libya), Judgment, *I.C.J. Reports* 1982, para. 44.

44　Ibid., Tunisia/Libya, para. 66.

45　Delimitation of the Maritime Boundary in the Gulf of Maine Area,

　　1985年國際法院在利比亞和馬爾他案中，第一次明確指出「既然法律的發展允許一個國家可以對從其海岸量起直到200浬的大陸架提出權利主張，而不論其相應的海床和底土的地質特徵如何，那麼在此距離內，就沒有理由賦予地質或地球物理因素任何作用。」(……since the development of the law enables a State to claim continental shelf up to as far as 200 miles from its coast, whatever the geological characteristics of the corresponding sea-bed and subsoil, there is no reason to ascribe any role to geological or geophysical factors within that distance.)[46] 這將會是中國在東海劃界問題上的弱點所在，本案中利比亞主張的「斷裂區」(Rift Zone)是很大的，包括三個大致爲西北向東南走向，深度都在1000公尺以上的深海槽，其中馬爾他海槽(Malta Trough)深達1715公尺、寬11浬、長87浬、周圍水深小於534公尺；潘泰來裏亞海槽(Pantelleria Trough)最深1314公尺、寬 15浬、長52浬、周圍水深小於230公尺；林諾薩海槽(Linosa Trough) 最深1615公尺、寬8浬、長41浬、周圍水深小於600公尺。這些海槽的東面是兩個走向大致相同的較淺海溝，稱馬爾他海溝(Malta Channel)和麥迪那海溝(Medina Channel)，但水深也超過500公尺。即使和1969年國際法院認定的構成自然延伸中斷的深235-650公尺、長430浬、寬37-70浬的挪威海槽相比，本斷裂區也比之深很多。這就是爲何利比亞敢於主張本斷裂區構成了兩國陸地領土自然延伸的「根本中斷」(fundamental discontinuity)。假如疆界線真劃定在位於斷裂區內，則雙方所獲海域面積最高可達利比亞12而馬爾他只爲1之比例[47]。但法

　　Judgment, *I.C.J. Reports* 1984, para.56. 轉引自高健軍(2005)，《國際海洋劃界論—有關等距離/特殊情況規則的研究》，北京：北京大學出版社，頁157。

46　Continental Shelf (Libya/Malta), Judgment, *I.C.J. Reports* 1985, para. 39.

47　高健軍(2005)，《國際海洋劃界論—有關等距離/特殊情況規則的研究》，頁158。

院並未接受作這樣的處理。甚至提及：在過去的大陸架判決中，曾經將地質情況作爲一個因素考慮，如在北海大陸架和突尼西亞、利比亞大陸架案的判決中，但它馬上又指出，如果依靠這些判例就是忽視了一項事實，即這些判決給予地球物理和地質因素以某種作用，是因爲在曾對這些因素給予重要性的權利制度中應該這樣作，而現在就離海岸不到200浬的地區而言，這已經成爲過去的事了【48】。

根據哈特(Keith Highet)的研究，在54個存在顯見地質、地貌因素特徵的劃界實踐中，11個協定明顯考慮了地質、地貌因素，包括：1958年巴林/阿拉伯、1972年澳洲/印尼、1974年法國/西班牙、1975年尼日/喀麥隆、1975年印尼/泰國、1978年澳洲/巴布亞新幾內亞、1978年荷蘭/委內瑞拉、1978年印度/印尼/泰國、1986年印度/緬甸、1988年丹麥/前東德、1989年澳洲/印尼。6個可能考慮了該因素，包括：1973年阿根廷/烏拉圭、1973年印尼/泰國、1977年印度/印尼、1982年澳洲/法國（新喀里多尼亞）、1982年澳洲/法國（克爾蓋倫）、1988年澳洲/所羅門群島。但卻有高達37個忽略了地質、地貌因素【49】。

其次，在有關的國家劃界條約中，給予海槽劃界的法律效力。最典型的例子是1972年的澳洲和印尼大陸架劃界協定。在該協定中考慮了「帝汶海槽」(Timor Trough)的存在。帝汶海槽是一個海底的深窪地，其軸線大致與帝汶的南部海岸平行，距離海岸爲25-50浬。海槽的寬度在一些段上是70浬，深度則按記錄爲2380公尺。澳洲政府認爲，在這個地區有兩個大陸架，一個是狹窄的帝汶大陸架，還有一個是寬

48　Continental Shelf (Libya/Malta), Judgment, *I.C.J. Reports 1985*, para. 40.

49　Keith Highet(1993), *The Use of Geophysical Factors in the Delimitation of Maritime Boundaries*, in 1 Jonathan I. Charney & Lewis M. Alexander (ed.),International Maritime Boundaries, Martinus Nijhoff Pub. ,pp.185,195. 轉引自高健軍(2004)，〈論沖繩海槽在中日東海大陸架劃界中的作用〉，《武大國際法評論》，第2卷，頁106。

闊的澳洲大陸架，帝汶海槽構成兩者之間的天然界限。而印尼政府認為，兩國之間是一個單一的大陸架，帝汶海槽只是海底的偶然凹陷，不是兩個大陸架的明確外緣。雖然澳洲和印尼之間對海槽的法律效力存在著嚴重的分歧，但是兩國經過談判，於1972年10月9日達成了大陸架劃界協定。這個協定依據公平原則，考慮到澳洲的石油租讓區和海底地貌，採用了最深水線和等距離線之間的一條線。帝汶海槽的存在，成爲雙方當事國考慮的重要「相關因素」(relevant factor)，在兩個200公尺等深線之間所劃的一條最深水線，充分考慮了帝汶海槽的存在，並給予了很大的份量，界限即位於帝汶海槽線和中間線之間，並且更靠近帝汶海槽軸線，從而將爭議地區的80%劃給了澳洲，雖然它不是本案大陸架劃界中唯一的決定因素。

再次，1974年的日韓大陸架協定，在某種程度上反應了日本在處理大陸架劃界問題時的態度。共同開發協定劃定的共同開發區，完全位於日本和韓國之間等距離線的靠日本一側。共同開發區東部邊緣恰好位於沖繩海槽的中部，大致沿著最深水線。沖繩海槽的出現，以最深水線作爲代表，影響了共同開發區的劃定。沖繩海槽的地質、地理特點與挪威海槽相比是截然不同的。一方面，沖繩海槽要比之深得多、寬得多；另一方面沖繩海槽與日本海岸有一定距離，形成一條相當寬的大陸架帶。另外沖繩海槽十分不規則，海底地形複雜，佈滿了火山高地、崎嶇的海脊和深深的海槽。這些都是沖繩海槽不同於挪威海槽的特點。相反，沖繩海槽與帝汶海槽的特點卻較爲相似，雖然前者較後者短一些、窄一些、淺一些，惟兩者在長度、寬度、深度上非常接近(表一)。

帝汶海槽由於其本身的地質地理特性，在大陸架劃界時獲得了相應的法律效力，這對沖繩海槽在劃界中的作用提供了重要的參考價值。1989年12月11日，經過多年談判，印尼和澳洲簽訂了關於在兩國

表一：沖繩海槽與帝汶海槽之比較

海槽名稱	沖繩海槽	帝汶海槽
長度	620浬	625浬
寬度	65-100浬	70-100浬
深度	500-2717公尺，其中 1/2的面積超過1000公尺， 1/5的面積超過2000公尺	500-3200公尺，其中 2/3的面積超過1000公尺， 1/4的面積超過2000公尺
大陸架周圍 的平均深度	90公尺	95公尺

資料來源：作者編引自袁古潔，《國際海洋劃界的理論與實踐》。

間多年存在爭議的帝汶海域建立合作區域的條約稱「帝汶缺口條約」（Timor Gap Treaty）【50】，分ABC三區。A區和C區之分界線，趨近於印尼乃因帝汶海槽之存在所發揮之影響所致(圖三)。

趙理海先生認爲中日劃界與澳洲和印尼的劃界有許多相似之處。首先，從地質構造上講，沖繩海槽和帝汶海槽屬於大陸地殼過渡的構造帶，海槽兩側的地質構造性質迥然不同。其次，中日劃界和澳印劃界都涉及大陸國（中國和澳洲）與島國（日本和印尼）。前者有一個從其海岸延伸下來的大而淺的地質上的陸架，而後者則是在向海的短距離內即面對深達2000公尺以上的海槽。第三，兩種情況都是相向海岸之間的劃界，且有關國家的海岸大致平行，大陸面向一系列水缺口打斷的島嶼鏈條。第四，有關國家的主張類似，大陸國（中國和澳洲）主張自然延伸；而島國日本和印尼則無視海槽的存在，堅持中間線原則【51】。加以《公約》規定切斷大陸架的標準深度爲2500公尺，而沖繩海槽的深度已達2940公尺，是當然的中國大陸架和日本琉球島架之間的分界線【52】。

50　International Legal Materials-ILM(1990), p.469.

51　趙理海(1996)，《海洋法問題研究》，頁82。

52　張耀光、劉鍇(2005)，〈東海油氣資源及中國、日本在東海大陸架劃界問題的研究〉，《資源科學》，第6期，頁27。

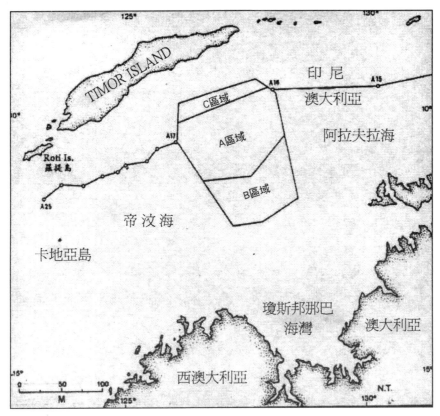

圖三：1989年澳洲和印尼帝汶缺口條約圖。

資料來源：引自姜皇池，《國際海洋法》，頁824。

(三)中日間的劃界

　　韓國學者朴椿浩教授在《東亞與海洋法》一書中指出：「關於日本不考慮沖繩海槽，而應用等距離方法，從而產生日本對東海海底較大範圍的主權區域的法律依據，看來是令人懷疑的。」如前所述，海槽以西大陸架是穩定的大型沉降盆地，海槽以東爲琉球島弧，地殼運動活躍。這樣，沖繩海槽不僅在地質構造上與陸架不同，而且在地貌上也有明顯差異。馬英九先生曾在1980年詢問過艾默利先生，到底這

117

個沖繩海槽在地質上是屬於「海洋塊」(oceanic crust)?還是「大陸塊」(continental crust)?這個問題在過去是決定誰擁有大陸架的重要因素。艾默利當時是認為沖繩海槽是一個「傾向往海洋發展的海洋盆地(oceanic basin)」。如此一來，琉球根本就不是東海大陸架的一部分。換句話說釣魚台列嶼與琉球群島的地質分屬大陸塊與海洋塊，具有顯著差異[53]。

根據布格重力尋常計算地殼厚度的結果，陸架區地殼厚度為29-31公里，沖繩海槽地殼厚度減薄到20公里，島弧區又加厚到25公里，至琉球海溝一帶則減 至11公里。這說明由西向東及陸殼向洋殼的過渡是明顯的[54]。荷蘭學者諾德霍爾特(H. Schulte Nordholt)也認為：「琉球群島被沖繩海槽切離了東中國海的大陸架，這是被普遍同意的。」(……it is generally agreed that the Ryukyu Islands are cut off from the continental shelf in the East China Sea by the Okinawa Trough.)[55]。

按照《公約》第76條第4款(b)的規定：「在沒有相反證明的情況下，大陸坡腳應定為大陸坡坡底坡度變動最大之點(point of maximum change in the gradient at its base)。傅崐成教授指出：如何決定大陸坡的坡腳位置，應該是一個科學的問題。如果中國的說法能夠通過聯合國「大陸架界限委員會」(Commission on the Limits of the Continental Shelf-CLCS)層層的審查過濾程式，那麼東海大陸坡的坡腳應該就是位在沖繩海槽的西緣沿線。即使琉球群島被給予劃界上的完整效力，它也只是

---

53 馬英九(2005)，〈釣魚台問題簡析〉，《中國國際法與國際事務年報》，第17卷，台北：台灣商務印書館，頁17。

54 李廷棟、莫杰(2002年11月)，〈中國濱太平洋構造域構造格架和東海地質演化〉，《海洋地質與第四紀地質》，第22卷，第4期，頁1-2。

55 H. Schulte Nordholt(1985), Delimitation of the Continental Shelf in the East China Sea〉, *Netherlands International Law Review*, Vol.32, No.1, p.136.

在琉球大陸架上產生效力而已；而琉球大陸架是位於沖繩海槽東邊的海地陸塊，和東海大陸架無關【56】。

國際上關於冰島和挪威揚馬延(Jan Mayen)之間大陸架主權權利爭議問題以尊重專業解決的經驗，即由三名成員組成的調解委員會，並根據美國哥倫比亞大學專業地質調查團的報告，確認揚馬延島周圍陸架不是冰島大陸架的自然延伸部分【57】。因此只要理性並尊重專業，本項問題的解決應是可以迎刃而解的，中國倒是應該也思考司法及專業體系的運用，以解決複雜的東海陸架劃界問題，畢竟經由協議而能成功解決的案例不多，國際司法累績的經驗整體上是值得信任的。如此也才是真正開啓問題解決的鑰匙。

國際海洋法法庭庭長門薩(Thomas A. Mensah)先生於參加台灣舉行之國際法學會第68屆大會時表示，爲正義、平等與有效率的使用、管理海洋資源，……除非爭議當事各方能有一個值得信賴的爭訟管道可用。而《公約》在其第15部分建立詳細而有彈性的制度，包含當雙方當事國無法依合意之程式解決爭執時，將之送交「強制程式以獲取有拘束力之裁判」的機制【58】。沖繩海槽作用問題上有兩個問題：一是沖繩海槽在大陸架劃界中是否屬於應考慮的「特殊情況」或「有關因素」；二是如果上述問題成立，那麼沖繩海槽對中、韓兩國的自然延伸起到什麼樣的作用。於此，中日兩國東海的最終界限將應該是在(日方主張的)中間線和(中方主張的)按照自然延伸原則劃界所得到的界限

56　傅崐成(2004)，〈中國周邊大陸架的劃界方法與問題〉，《中國海洋大學學報》(社會科學版)，第3期，頁8-9。

57　廖文章(2007)，〈海洋法上共同開發法律制度的形成和國家實踐〉，大葉大學《人文暨社會科學期刊》，第3卷，第2期，頁78。

58　傅崐成譯(2001)，〈國際海洋法法庭庭長門薩先生開幕典禮專題演講〉，《中國國際法與國際事務年報》，第12卷，台北：台灣商務印書館，頁17。

之間的一條折衷的界限，這一結果應該是對雙方來說最合理的【59】。沖繩海槽的存在使單純的等距離方法不適宜中日大陸架劃界，因爲等距離線只平分了兩國海岸間的距離，而沒有平分兩國的「權利重疊區域」，即沖繩海槽軸線和日本主張之200浬界限之間的區域。這樣，使用海岸中間線就不是對兩國海岸向海擴展的權利給予平等限制，而是否定了中國有主張直到沖繩海槽的構成其領土自然延伸的全部大陸架的權利【60】。

(四)中韓間的劃界

　　由於政治上的原因，中國大陸和韓國(臺灣一般稱南韓)直到1992年才正式建立外交關係，儘管雙方已經簽定了漁業協定，但是對大陸架劃界問題尚未進行談判。在大陸架劃界問題上，韓國持有雙重立場：在黃海對中國堅持等距離方法，在東海對日本堅持自然延伸原則，而在東海北部的大陸架劃界問題上，韓國對中國則有可能採用等距離方法，以維護其本國的利益。中國政府在劃界問題上，一貫堅持自然延伸原則和公平原則。儘管中國和韓國在劃界問題上都承認自然延伸原則，但是在劃界原則上還是存在分歧，韓國的等距離方法會成爲兩國談判的障礙。韓國沒有參加1958年的《大陸架公約》，因此大陸架公約中規定的等距離劃界方法對中國和韓國同樣是沒有約束力的。相反韓國和中國同樣是《公約》的締約國，公約中所確定的自然延伸原則對兩國均具有約束力。在東海北部海域，韓國在和日本的劃界談判中始終堅持自然延伸原則。日韓共同開發大陸架協定甚至將共同開發區延伸至距韓國基線很遠的沖繩海槽區，給予這個海底地形以劃界效

59　李文濤、黃六一、唐衍力(2001)，〈從國際司法判例和國際海洋法看中日海洋區域的劃界〉，《海洋湖沼通報》，第1期，頁65。

60　高健軍(2005年8月)，〈從新海洋法看中日東海劃界問題〉，《太平洋學報》，頁74。

力，體現了自然延伸的原則，同時也得到了日本政府的承認。儘管雙方在協定中聲明：協定的內容不妨礙兩國的大陸架劃界，但是共同開發區域確切地反應了韓國在這一區域內遵循的劃界原則是自然延伸。在相同的海區內如果韓國對日本主張自然延伸，而對中國主張等距離方法的話，在邏輯上是很難自圓其說的。

　　東海北部及黃海東南部的中韓兩國間大陸架，在地理形態呈現出共同大陸架的特徵，水深均不足200公尺。經過海洋地質勘測，雖然在東海北部的大陸架區域，很大範圍內發現了以中國大陸延伸的地質、生物特徵的證據。在東海海底發現了古長江三角洲遺址，其北部的界限達到北緯33度，東經125度附近；東部的界限達到北緯30.30度，東經127.50度附近：在北緯31.30度，東經127.00度的地點進行的沉積物勘測中，發現了近海生物牡蠣等的遺骸。這些特徵雖然證明在遠古時期東海北部的這一區域曾經和中國的大陸有著密切的聯繫，是中國領土的自然延伸，惟海洋劃界上著重的不是地質的歷史而是地質的現狀，如前所強調要證明確實存在明顯的分裂或中斷，從而能毫無疑問地指出是兩個分離的大陸架或兩個分離的自然延伸的界限，恐怕要被接受的可能性不高。

　　韓國對大陸架劃界的主張是基於海底的地質特徵。在東海北部地區，韓國依據陸地領土自然延伸原則，認為韓國的大陸架一直延伸到沖繩海槽地區，日本的男女群島南部的大陸架是朝鮮半島的自然延伸，海底資源的開發權自然屬於韓國。韓國認為在沖繩海槽問題上並不適用等距離方法，而是屬於「特殊條件」。而韓國的「李承晚線」把大陸架界限一直延伸到沖繩海槽的深水區，在這一問題上，當然是與日本的觀點針鋒相對。不過儘管日韓之間在劃界問題上存在不同的立場，雙方在1974年簽定了共同開發協定，基本上反應了雙方各自的劃界立場和對大陸架劃界的要求。在此基礎上，對雙方的利益進行平

衡，在對各相關因素如島嶼、海槽進行充分評估的前提下，在雙方爭議區域採取平均分配的辦法，也就是以日本所劃定的等距離線和韓國的自然延伸線之間的中間線，當然應當在考慮到中國利益的前提下，作爲兩國之間的大陸架界限。此種方法在印尼與澳洲兩國的大陸架劃界條約以及英法大陸架仲裁案中曾被採用。

　　黃海部份，筆者以爲地質地貌因素雖仍可主張強調，以便取得更大大陸架的區域，但證之國際實踐判例等，要證明並被接受確實存在明顯的分裂或中斷，從而能毫無疑問地指出是兩個分離的大陸架或兩個分離的自然延伸的界限。吾人較感悲觀，此部份等距線作爲第一步驟再將重點放在海岸線長度的比例性考量，以有利於初步中線向韓方調整，應是一個較爲可行的策略。

(五)小結

　　地質因素雖仍可強調但因EEZ制度的出現，勢須面對其效力減弱的事實。另經由專業或司法解決確認沖繩海槽的法律地位，解決中日同屬一陸塊或分屬二陸塊問題，似乎不須排斥。對韓日仍可主張海槽及地質因素的優位，作爲相關因素或特別情勢，只是重點似應可轉移至下述的比例性考量。

　　至於本區大陸架與EEZ應採用單一或分離的疆界。分離疆界的運用，從國家實踐上是得到確認的，雖承有其複雜性，但學者們同意原則上是可能的【61】，對中方也應更爲有利。「這個管理兩個海域空間之原則的同一性，並不必然以實踐上劃界界線的同一性來表達：對EEZ是公平的，並不必然對大陸架也是公平的。這個劃界界線可能的雙重

61　Cissé Yacouba & Donald McRae(2005), The Legal Regime Maritime Boundary Agreement,In David A. Colson & Robert W. Smith ed.,*International Maritime Boundaries* ,Vol.5, Martinus Nijhoff Pub., p.3287.

性，卻也易造成難以解決的管轄爭端。」(...... cette identité des principes régissant les deux types d'espaces marins ne se traduit pas nécessairement par une identité des lignes de délimitation qui résultent de leur application: ce qui est équitable pour les zones économiques exclusives ne le sera pas toujours pour le plateau continental . Cette dualité possible des lignes de délimitation est d'ailleurs susceptible d'engendrer des conflits de compétence difficiles à résoudre.) 【62】

　　有時相關國家已經劃定的大陸架邊界，不是位於等距離的位置。那麼，有這種可能，得到較小海底區域的國家，可能會堅持，在解決專屬經濟區邊界時取得相等的水域。例如澳洲和印尼之間1971年和1972年的大陸架邊界協定，把較大一部分的海底劃給了澳洲。後來，印尼提出覆蓋在海底上面的水域應該平等劃分的主張。兩國於是在1981年10月達成漁業監管和執行協定，該協定所建立的臨時性漁業線是一條中間線，它將澳洲海底上面的某些水域劃歸給印尼管轄。同樣地，對於寬廣大陸架的國家來說，當它們能夠根據大陸架制度對更多的海床享有主權權利時，很難想像它們會簡單地爲了實踐中的方便，而採用一條單一邊界，尤其是當重要的資源利益恰位於大陸架的邊緣時【63】。

　　澳洲與巴布亞新幾內亞之間有關托雷斯海峽(Torres Strait)的劃界條約，劃定了上覆水域漁業管轄分界線(漁區)和海底管轄區分界線(大陸架)【64】。該條約最爲突出的特點是，它所劃定的兩條線並不完全一

62　Caflisch, L. (1985) , La Delimitation des espaces marins entre etats dont les cotes se font face ou sont adjacentes, In René-Jean Dupuy & Daniel Vignes ed., *Traité du Nouveau Droit de la MER*,Paris,Econornica ;Bruxelles,Bruylant, p.426.

63　袁古潔(2001)，《國際海洋劃界的理論與實踐》，北京：法律出版社，頁47。

64　H. Burmasher (April 1982), The Torres Strait Treaty: Ocean Boundary Delimitation by Agreement, *AJIL*, pp.321-349.

致，在相當一部分區域內，兩者是完全不同的兩條界線。事實上雙方劃定了4種分界線：1、有關島嶼和沙洲的領海周邊界線；2、海底管轄區界線；3、漁業管轄區界線；4、保護區界線。在托雷斯海峽的西部由A點至E點，該兩條線是重合的。其次，E點至G點的雷斯海峽區域，則劃定了兩條完全不同的界線【65】。「由於該地區的地貌形狀，海床線的延伸從基線量起，超過了200浬。反之，漁業管轄權的邊界線終止在200浬的地方【66】。」事實上，「經濟區劃界完全不必考慮到自然延伸的問題；而大陸架劃界則不同，必須考慮其海底構造和資源的問題，特別是必須考慮自然延伸的問題【67】。」

二、比例性(proportionality)

比例性作為大陸架劃界的重要因素在國際司法和仲裁實踐中已經得到一致的肯定。中、日、韓三國在大陸架劃界問題上也應反映相關各國的海岸線長度之間的合理比例。中國大陸地處歐亞陸塊東側，國土遼闊，海岸線漫長，在東海海域具備較長的海岸線，加上東海南側的臺灣，其海岸線的長度也一併計入。日本則是一個島國，韓國處於朝鮮半島的東南端日韓兩國的海岸線較短，面臨東海一側的海岸線長度與中國相差較大，在進行大陸架劃界時，如不予考慮，可能會導致不公平的劃界結果。

成比例方法是指在海岸線長度明顯不等的沿海國之間劃定海域疆界線時，使用等距離線或中間線方法劃出的一條臨時疆界線，在劃界

65　李毅(2005)，〈論澳巴海洋邊界劃分方法之特色及其對中日東海海域劃界之借鑒意義〉，《東北亞論壇》，第14卷，第3期，頁30。

66　H. Burmasher (April 1982), The Torres Strait Treaty: Ocean Boundary Delimitation by Agreement, *AJIL,* Vol.76, p.333.

67　李毅(2005)，〈論澳巴海洋邊界劃分方法之特色及其對中日東海海域劃界之借鑒意義〉，《東北亞論壇》，第14卷，第3期，頁33。

區域的有關國家海岸線長度比率和劃歸各方的海域面積的比率之間，將產生很大程度的歪曲效果(distortion)。這被認爲是不公平的。因此，需要對臨時疆界線進行適當調整，以便鄰接劃界區域的有關國家海岸線長度的比率和劃歸各方的海域面積的比率之間，有一個適當的、合理的比例關係【68】。

　　成比例方法的特點如下：(1)成比例方法是在公平原則的基本要求下的方法，該方法是儘量保證在按照公平原則劃分海域時，在歸屬於有關國家的海域的範圍與各自海岸線的長度之間應當有合理的比例。(2)成比例方法只是劃界過程中的具體操作上的方法，只是檢驗劃界結果是否公平的一種手段。(3)成比例方法單獨不能構成劃界的一種方法，它需要與其他方法結合起來才能發揮在海域劃界方面公平結果的檢驗作用。(4)成比例方法與海岸線長度的關係十分密切，直接使用與海岸微觀地理特徵緊密相連，這與國際法院在海域劃界的判決中十分強調沿岸地理的作用有關。在英法大陸架劃界案中，仲裁國際法庭對成比例方法作用表述爲，在總體（或宏觀地理）關係中，確定一項特殊地理特徵是否會對一項可以被視爲是公平的劃界（如中間線）產生不符合比例的效果。這樣把成比例方法與微觀地理特徵聯繫起來，作爲對特定地理特徵的歪曲效果以及不公平效果的範圍從宏觀上來進行評價的標準。(5)成比例關係可以通過數字比率來體現【69】。

　　由於適用接近比例性方法而產生的劃界結果取決於當事國海岸線的長度，因此，以什麼標準來測量海岸線的長度成爲一個主要問題。一般認爲海岸線長度可依如下不同方法和標準來測量：

68　沈文周主編(2003)，《海域劃界技術方法》，北京：海洋出版社，頁138-139。

69　沈文周主編(2003)，《海域劃界技術方法》，北京：海洋出版社，頁139。

(1)依海岸線自然長度來測量，即測量海岸曲線的自然長度，在河流入海口處劃出封口線，只計算封口線的長度。

(2)依海岸線的一般走向來測量。有兩種方法：第一，沿海岸劃出一系列和海岸線一般走向相一致的直線，測量這些直線的長度並以此作為海岸線的長度；第二，依照一定的標準沿海岸劃出一系列直線線段的連線，例如以海岸彎曲不超過一定的公里數為限，在彎曲兩端劃出一條直線作為封口線，直線線段的連線長度即為海岸線的長度。

(3)以臨海面（coastal front）來測量。即在劃出海岸線一般走向時只計算面臨劃界海域的海岸長度，在遇有水曲時不計算水曲的長度，而僅計算水曲封口線的長度【70】。

1969年北海大陸架劃界案，國際法院表示：「符合公平原則進行的劃界，必須在屬於每個國家的大陸架區域範圍，與依照海岸一般方向測算的海岸線長度之間，呈現出合理的關係。」(le rapport raisonnable qu'une délimitation opérée conformément à des principes équitables devrait faire apparaître entre l'étendue des zones de plateau continental relevant de chaque Etat et la longueur de son littoral mesurée suivant la direction générale de celui-ci.)【71】

接近比例性關係是可以通過數學比率來體現的。1982年突尼西亞和利比亞大陸架劃界案中，法院注意到，利比亞海岸線的長度，不考慮小灣、小港和環礁湖，從塔公尺拉角到艾季迪爾角約為85公里。以同樣的方法測量突尼西亞海岸的長度，把傑爾巴島當作一個海角，從

---

70 周健(1998)，《島嶼主權和海洋劃界--國際法案例選評》，北京：測繪出版社，頁340-341。

71 L'affaire du Plateau continental de la Mer du Nord, *C.I.J., Rapports* 1969, paras.99-101.

艾季迪爾角到凱布迪耶角約爲420公里。利比亞和突尼西亞之間的比例關係爲約31：69。利比亞海岸線是一條由塔公尺拉角到阿傑迪爾角的直線，突尼西亞的海岸線是由凱布迪耶角到加貝斯灣最西頭一點的直線及從那一點起到艾季迪爾角的另一條直線構成，兩者之間的比例關係爲34：66。法院以此爲基礎對劃歸兩國的大陸架區域是否符合公平原則的要求進行檢驗，而劃歸兩國的大陸架區域之間的比例爲：利比亞40；突尼西亞60。法院認爲，「這個結果……滿足了比例標準作爲公平的一方面的所有要求[72]。」(圖四)

　　1984年國際法院特別法庭於美加緬因灣(Gulf of Main)地區海洋劃界案，即認定美國海岸線長度，由鱈魚角(Cape Cod)肘部測算至伊莉莎白角(Cape Elizabeth)，再由此延伸計算到美加陸地國界的尾端，海岸線長度共約284浬。加國海岸線，則由國界終點算至新布倫斯威克(New-Brunswick)，然後由此跨越海灣至對岸斯科西亞(Nova Scotia)半島上的相對點，再測算至布萊爾島並拉到黑貂角(Cape Sable)，全部總長度約爲206浬，美加在本案之海岸線長度比例爲1.38：1[73]，再加上加屬海豹島獲劃界半效力之調整而成爲1.32：1，本案比例性因素之作用最爲明顯[74](圖五)。

　　國際法庭還指出：「考慮雙方有關海岸線的長度本身既不構成劃界的標準，也不構成劃界的方法……其主要是作爲一種手段檢查以其他標準爲基礎……」「海洋劃界當然不能只根據有關地區國家的海岸線長度，就直接對爭議區域依比例作出劃分，但是如果根據不同基礎

72　Continental Shelf (Tunisia/Libya), Judgment, *I.C.J. Reports* 1982, para. 131.

73　Delimitation of the Maritime Boundary in the Gulf of Maine Area, Judgment, *I.C.J. Reports* 1984, paras.221-2, pp.335-336.

74　袁古潔(2001)，《國際海洋劃界的理論與實踐》，北京：法律出版社，頁107。

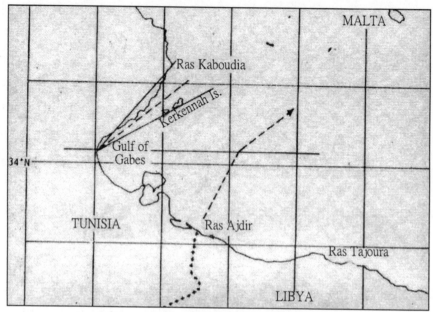

Figure4 ：Tunisia-Libya continental shelf boundary

圖四：突尼西亞－利比亞大陸礁層疆界。

資料來源：引自傅崐成(1992)，《國際海洋法：衡平劃界論》。

劃出的界線導致了與那些海岸線長度的實質性不均衡，這種情況就要求對劃界作出適當的修正，這一點同樣也是確定無疑的。」[75]

　　1985年幾內亞和幾內亞比索海洋劃界仲裁案。仲裁法庭表示，唯一有關的比例是每一個國家的海岸線長度與分配給它的區域的面積之間的比例。不應把接近比例性和分配相等同，但是仍應把接近比例性看作是一項原則。接近比例性規則不是一個僅建立在反映海岸線長度的數學基礎上的機械規則，應適當地考慮本案中的其他因素，以一種合理的方法來適用它[76]。

75　沈文周主編(2003)，《海域劃界技術方法》，北京：海洋出版社，頁144。

76　Arbitral Award 1985,in *U. N. ,R.I.A.A.*,Vol.19,para.118.

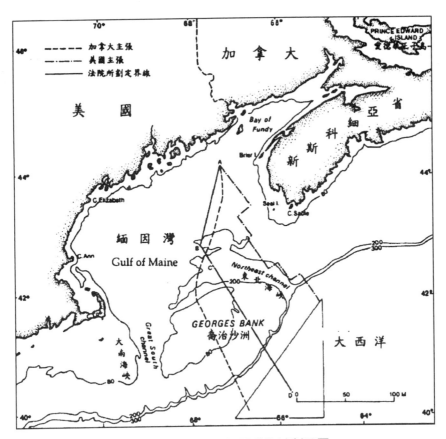

圖五：美國和加拿大緬因灣海域劃界圖。

資料來源：引自姜皇池，《國際海洋法》。

　　1985 年利比亞和馬爾他大陸架劃界案，法院以14：3票通過的判決中指出，「必須避免，在屬於沿岸國家大陸架區域的範圍，與依照海岸線一般方向測算的海岸相關部分長度間，有任何過度的不相稱」(the need to avoid in the delimitation any excessive disproportion between the extent of the continental shelf areas appertaining to the coastal State and the length of the relevant part of its coast, measured in the general direction of the coastlines.)【77】，比例性因素也列入法院考量的情勢因素之一。

　　爲計算海岸線長度之差距，法院需要準確地界定有關海岸。利比亞在口頭訴訟程序中認爲，它在劃界區域的海岸自艾季迪爾角至宰魯格角，長度爲192英里（約309公里）。馬爾他採用了直線基線，但沒有指出其海岸的那些部分應在劃界中予以考慮。法院認爲，馬爾他應予以考慮的有關海岸是從伊爾瓦爾迪亞角（Rasil-Wardija）至德利馬拉點（Delimara Point）部份，費爾弗拉礁岩應被排除在外，構成馬爾他有關海岸的是24英里（約38.6公里）的直線基線【78】。

　　法院首先把接近比例性作爲從「不得重塑自然」的公平原則引伸出來的一個非法律因素。並進一步指出：「把海岸線長度的比率本身作爲每一方可以向海達到的寬度和固有的大陸架區域而起著決定性作用(sell-determinative)的因素，就遠遠超出了比例性因素只是用來作爲對公平的檢驗的範疇了。」(......to use the ratio of coastal lengths as self-determinative of the seaward reach and area of continental shelf proper to each, is to go far beyond the use of proportionality as a test of equity.)【79】接近比例性不是獨立的權利淵源，也不是分配。假如像這樣應用比例性因素是正確的話，那就的確很難說還有任何其他考慮的餘地了，因爲它將既是享有大陸架權利的原則，又是把這原則付諸實施的方法……將成比例因素作爲一種方法，就其本身的地位而言，是缺乏國家實踐的支持的，也沒有得到公開發表的意見（尤其是在第三次聯合國海洋法會議發表的意見）以及在法理上的支持。國際法院它再強調指出：「岸線長度比例的運算只能作爲對以其它方法取得的結果的公平性的一種查

77　Continental Shelf (Libya/Malta), Judgment, *I.C.J. Reports* 1985, paras.76-78.

78　Continental Shelf (Libya/Malta), Judgment, *I.C.J. Reports* 1985, paras.67-68.

79　Ibid., *I.C.J. Reports* 1985, para.58.

核手段。」而且「對比例的合理程度的檢驗，是可以用來檢驗不論用什麼方法劃出的任何一種界線是否公平的辦法。」【80】顯而易見的，法院不願成比例性被等同成量化的數字。

　　本案由於存在著實際困難，國際法院沒有直接進行比率計算，但在劃界結果中體現了對成比例概念的充分考慮。國際法院指出雙方岸線長度比為11：89。國際法院將等距離線向馬爾他一側調整18'，中間線距馬爾他距離24'，使雙方所獲大陸架的份額為25：75，國際法庭也認為這一結果是公平的(圖六)。

　　1993年丹麥格陵蘭島和挪威揚馬延島海域劃界案，丹麥主張的200浬線和挪威主張的中間線之間所構成的重疊區域，自南向北劃劃分為三個區：最南端的是1區，恰巧是主要漁業區，根據法院的觀點，雙方當事國都應享有公平「接近資源」(l'accès aux ressources)漁區的權利，因此1區應被平等的劃分為兩部分，分屬丹麥和挪威。至於中間2區和最北3區的兩個區，就要根據海岸長度的差距作適當的公平調整，法院認為應適用公平原則，考慮到雙方當事國相關海岸長度的顯著差異，格陵蘭島海岸線長度504.3-524公里，揚馬延島長54.8-57.8公里，兩者存再顯著的差異。但法院最後的劃界線並沒有完全體現出它們之間的海岸線長度9：1的差距，而只表現為3：1【81】。

　　從先前的判決看，不能將接近比例的概念作為直接的、數學的適用之含義並不是完全摒棄數學計算，而是反對進行精確的數學計算並以這種計算為依據而直接進行劃界。但是，它仍然要求劃界應當使當事國的海岸線長度和歸屬於它們各自的海洋區域面積之間，保持一個

80　沈文周主編(2003)，《海域劃界技術方法》，北京：海洋出版社，頁142。

81　袁古潔(2001)，《國際海洋劃界的理論與實踐》，北京：法律出版社，頁134。

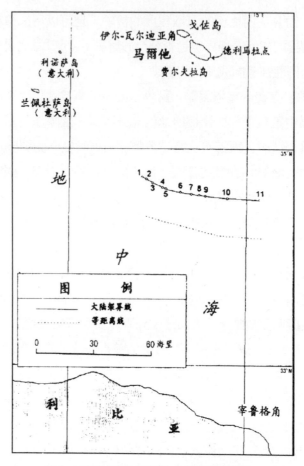

圖六：利比亞和馬爾他大陸架劃界圖。

資料來源：引自周健(1998)，《島嶼主權和海洋劃界》。

大致適當或合理的比例【82】。從本案的判決看來，國際法院並沒有做到
這一點。本案當事國間海岸長度的比率爲9：1，而按照法院所確定的
劃界線歸屬於各自的海域面積比率卻只爲3：1(圖七)。

82　沈文周主編(2003)，《海域劃界技術方法》，北京：海洋出版社，頁
　　148-149。

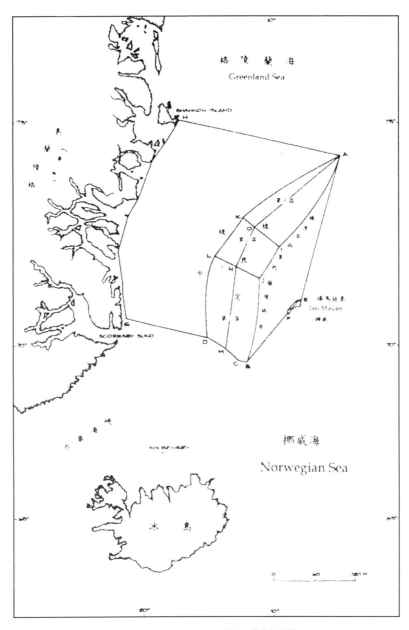

圖七：格陵蘭和揚馬延海域劃界圖。

資料來源：引自姜皇池，《國際海洋法》。

這一結果本身具有很大的任意性，對此法院也沒有作出任何適當的解釋。這一判決顯然對丹麥而言是非常不公平的，因爲格陵蘭島無論就其本身的重要性還是海岸線的長度等都遠遠超過了挪威的揚馬延島。丹麥籍法官費席爾認爲，將這一結果調整爲6：1對丹麥才是公平的。這一看法有其一定的道理，畢竟海岸線長度是一個完全可以進行具體的數學計算的客觀因素，在劃界中賦予這樣一個因素以應有的充分作用，可以減少在適用法律的過程中主觀性和任意性的影響。如此，方能夠更有效使海洋劃界的國際法具有更高、更好的可預見性【83】。從國家雙邊海洋劃界的實踐看，很難確切地說明接近比例性原則起了什麼樣的作用。從對一些實例的研究看，國家實踐(甚至國際司法案例)，對接近比例性原則的運用往往是主觀的、籠統的，而不是機械的、準確的【84】。

在東海北部的大陸架海域，相對應的兩側陸地海岸線，如果按照不計海岸線的自然彎曲部分，中國大陸一方的海岸線相對較長一些，而日本方面，如果將九州視爲大陸，相關的島嶼只取各島最大長度之和，不計島岸線的周長，那麼中日雙方海岸線長度的比例大致是中國的海岸線是日本海岸線長度的兩倍。

既然成比例性已成爲海洋法上的一項習慣法規則，國際法院在北海大陸架案中亦作出了系統性的論述，那麼中日兩國的大陸架劃界就應當考慮到海岸線長度的成比例因素。馬英九先生認爲：「中日相關海岸線長度之比，將要被用來評價嚴格適用某種特殊的劃界原則所可能導致的不公平，或者用來指導公平劃界應該達到的均衡範圍。」諾德霍爾特(Nordholt)也認爲：「中日東海北緯30度以南的大陸架劃界應

83　周健(1998)，《島嶼主權和海洋劃界--國際法案例選評》，北京：測繪出版社，頁316-317。

84　周健(1998)，《島嶼主權和海洋劃界--國際法案例選評》，北京：測繪出版社，頁342。

根據成比例原則。」【85】韓國學者白珍鉉也認為：「中日兩國在東海的海岸線長度之間的顯著差異，是大陸架劃界的相關因素。」【86】

　　成比例原則是近年來在海洋劃界中被廣泛使用的原則，使沿海國依海岸線長度與劃分之海域成比例分配。具體指一國大陸架面積與其海岸線長度應保持一定的比例關係，以體現大陸架劃界的公平，它實質上也體現了國際法院所認可的「陸地控制海洋」(the land dominates the sea)原則。除1984年美加緬因灣案，1985年利比亞和馬爾他大陸架劃界案，亦因兩國「海岸線長度」(the length of coastline)的「明顯不相稱」(considerable disparity)對比，對確定兩國間大陸架的界線發生重要作用。法院表示，由於兩國海岸線長度差距頗大，理當調整暫時中線，以使利比亞享有較大的大陸架。雖然法院認為此一調整不應憑藉著任何數學意見作成，應該根據整個劃界區的「整體地理環境」(general geographical context)，然而依照海岸線之相對長度作比例分配【87】，乃是大陸架劃界考量的因素之一又得到確認。

　　1992年法國與加拿大在密克隆(Miquelon)、聖皮耶(St. Pierre)劃界案中的處理也表明，海岸線長的應多分海域，小島則要少分海域。仲裁法庭認定「加拿大和法國都承認各自相關海岸線長度的顯著差別……加拿大的海岸線長度為455.6浬，法國為29.85浬，它們之間的比率為15.3：1。」【88】仲裁法庭借鑒接近比例性原則對初步劃定的分界線是

85　H. Schulte Nordholt(1985), Delimitation of the Continental Shelf in the East China Sea, *Netherlands International Law Review*, Vol.32, No.1, p.155.

86　Jin-Hyun Paik(1995), East Asia and the Law of the Sea, In James Crawford and Donald R. Rothwell ed., *The Law of the Sea in the Asian Pacific Region*, Martinus Nijhoff Pub., p.15.

87　廖文章(2006年1月)，〈島嶼在海洋劃界中效力的研究〉，大葉大學《研究與動態》，第13期，頁85-86。

88　Affaire de la Délimitation des espaces maritimes entre le Canada et la France, Décision du Tribunal du 10 juin 1992,in *Revue génerale de droit*

否能夠保證公平結果進行了檢驗。它直截了當地進行了比率計算。本案有關劃界區域的總面積爲63000平方浬，根據上述分界線劃歸於兩個當事國的海域分別是：加拿大得59434平方浬；聖皮耶和密克隆得3617平方浬，總計63051平方浬。兩者之間的關係是16.4：1，接近雙方海岸線長度之間的15.3：1的比率。由此，法庭認爲兩者之間沒有懸殊的差別，劃界達成了公平的結果【89】(圖八)。

中日兩國海岸線（浙江和福建的海岸線大大長於相向的日本琉球群島的海岸線）以及人口的相差懸殊，海域劃界時必須考慮到這些因素並顧及生存權與發展權。在具體劃分界線時，可考慮沿北緯30度把東海海域分成南北兩個區，在北區，由於中日兩國海岸線大體上相類似，因而在此區域可不排除適用等距離方法；在南區，如同趙理海先生的看法，個人以爲中國東海的海岸線長達900公里，而日本琉球群島面向東部的海岸線總長度僅爲380公里，比例約爲2.37：1。如果把成比例因素適用於此區，亦有謂比率約爲64.3%:35.7%【90】，即約1.8：1。按照成比例原則，雖不能即以數學推論中日在東海南區大陸架面積之比即爲 2.37：1，若參以1985年利比亞、馬爾他案，該案海岸線長度之比爲8：1，而馬爾他島(國)劃界效力爲四分之一，所獲大陸架之比爲利馬3.8：1，法院認爲已符合「比例檢驗」(proportionality test)，法官施書博(Schwebel)認爲：可以確信，法院根本沒有作明確的比例計算。它認爲當事國的相關海岸和所獲得的大陸架區域之間，就「大致估計」(broad assessment)而言，最後所劃的邊界線沒有造成明顯的不成比例，顯然比

international public,1992, para.33.

89　Affaire de la Délimitation des espaces maritimes entre le Canada et la France, Décision du Tribunal du 10 juin 1992,in *Revue génerale de droit international public*,1992, para.93.

90　趙理海(1996)，《海洋法問題研究》，北京：北京大學出版社，頁78。

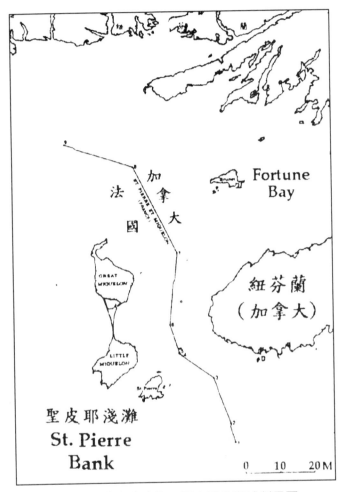

圖八：加拿大與密克隆、聖皮耶島海域劃界圖。

資料來源：引自姜皇池，《國際海洋法》。

例性因素作用並不明顯【91】。中日案若以1.185：1作爲日本可請求之高
限，再輔以自然延伸、人口懸殊比例等，再向日方調整，而以2.37：1

91　袁古潔(2001)，《國際海洋劃界的理論與實踐》，北京：法律出版
　　社，頁107。

爲中方請求之高限，在此二初步假想中線間之區塊協議出一條最終確定界限，其中線正巧亦爲約1.8：1之界限。若協議不出一條確定界限，則可以在該區成立共同開發區。中日雙方雖對共同開發制度的採用已有初步共識，但對具體的區域設定則有較大差距。中方主張應設在爭議區域內，即日方所謂的中間線以東至沖繩海槽軸線中方自然延伸終點。日方則主張設在橫跨中間線附近的海域。

既然中日之間的爭議海域爲日方的所謂「中間線」以東和中方所提出的沖繩海槽以西的海域，所以任何共同開發區的定位必須以該區域爲範圍。事實上，中國日前勘探開採的小春曉、殘雪、斷橋等油氣田，都位在日方單方所認定的中間線以西靠中方的一側(圖九)。

中方理所當然地認爲，這是沒有爭議的海域。對此，日方的理由是，儘管這些油氣在中方一側，但由於中方先行開採，可能透過「虹吸」現象吸取位於日方一側的油氣。但這個理由是站不住腳的，因爲它是以「中間線」爲依據的，在典型的海洋共同開發的案例中，的確存在根據公平原則來處理「虹吸」現象，但其前提是該油氣地層整個橫跨既定的大陸架邊界。中國認爲「中間線」和沖繩海槽之間的區域才是爭議區域，所以共同開發區必須定位於該區域【92】。

從東海已有的油氣資源勘探成果看，表明了東海東緣屬於原始大陸架邊緣的火山殘弧的背景，在此條件下東海盆地最有前景的油氣聚集區位於主要拗陷中心區的西翼，這個位置正是當前正在和將要開發的平湖至春曉油氣田一帶，該地帶不但完全屬於東海大陸架，而且即使按照中間線而言也是位於中國的一側【93】。具有良好油氣資源前景的海洋區無不受原始地質構造背景的控制，一種是原始大陸板塊背景上

92　江河(2006)，〈和平解決東海爭端法律研究〉，《法學評論》，第5期，頁88。

93　岳來群、甘克文(2004)，〈國際海上油氣勘探爭端及中日東海能源爭議的剖析〉，《國土資源情報》，第11期，頁10。

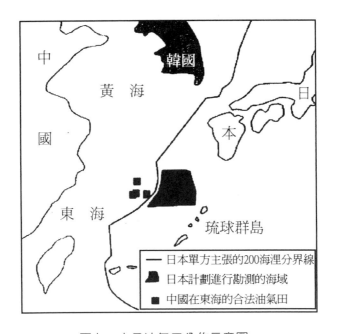

圖九：中日油氣田分佈示意圖。

資料來源：張耀光、劉鍇(2005)，〈東海油氣資源及中國、日本在東海大
　　　　　陸架劃界問題的研究〉，《資源科學》。

或邊緣的斷陷或稱爲衰亡裂谷盆地；另一種是被動大陸邊緣的進積三
角洲盆地【94】。

　　共同開發體制中，開發方案主要歸結爲以下三種：並行開發模
式、聯合開發模式和特別開發模式。前面兩種開發方式都屬於強制性
合資開發方案。而第三種模式則要求建立超國家管理機構，這種模式
下的聯合管理委員會具有很大的決策權，它行使著獨立的國家性權
力。就中日之間的政治關係和法律體系來說，東海爭端海域的共同開
發最好採取並行開發模式。並行開發模式是將確定的共同開發區劃分
爲兩塊，在每塊海域裡各方各自實施獨立的司法權和管轄權，這種司

94　岳來群、甘克文(2004)，〈國際海上油氣勘探爭端及中日東海能源爭
　　議的剖析〉，《國土資源情報》，第11期，頁11。

法管轄權可以避免法律適用上的衝突。如果彼此到對方管轄的海域裏開採，則應遵守對方的法律。

另根據《日韓共同開發協定》的歷史經驗，中日根據實際情況可以採取更爲特別的並行開發模式。首先，根據地理位置和地質狀況，可以把共同開發區劃分爲若干區域。然後，在利益均享和義務均攤的原則下，通過由雙方官員組成的聯合委員會來建立租讓權經營制。只有這樣才能擱置爭議、共同開發【95】。日本前駐聯合國大使谷口城也主張，雙方應加強合作，共同努力去構建亞洲共同體，爲了維護東亞的和平與安全，東海劃界問題上取得共識雖然有一定困難，但可以在制訂共同開發方案上謀求突破【96】。共同開發已成爲中日雙方都能接受的方案 。惟其時基於「單一地質構造」(a single geological structure)的考量，保持「礦藏的統一性」(the unity of deposit)，將是重要準則【97】。以上芻議或可作爲雙方之參考，無論如何中國在東海劃界中應分得的大陸架面積須超過日本乃是合理的、公平的 。

雖然在劃界問題上中日兩國之間分歧嚴重，但是只要雙方維持理性的態度，尊重專業及客觀事實(如中日是否同屬一陸塊)，劃界問題是不難解決的。日本一味強調「等距離線」，而中國過度賦予自然延伸的影響力，都並不能有利於問題的解決，只會使問題更加複雜化。雙方主張透過協商，惟協商不成時個人以爲應考慮同意適度使用專業及司法解決途徑，依公平原則及等距離法劃定大陸架界限。

朝鮮半島與中國大陸相連接，但由於朝鮮民主主義人民共和國(臺

95　江河(2006)，〈和平解決東海爭端法律研究〉，《法學評論》，第5期，頁88。

96　江河(2006)，〈和平解決東海爭端法律研究〉，《法學評論》，第5期，頁85。

97　廖文章 (2007)，〈海洋法上共同開發法律制度的形成和國家實踐〉，大葉大學《人文暨社會科學期刊》，第3卷，第2期，頁74。

灣一般稱北韓)地處中韓兩國之間，在地理位置上中國和韓國屬海岸相
向的國家。在海岸線的長度上，韓國由於其國土狹小，在東海北部一
側的海岸線長度相對於中國大陸的海岸線長度要小得多，成比例性同
樣是劃界應當予以考慮的相關因素之一。雖然在劃界原則上韓國持有
雙重的劃界標準，與中國的觀點有所區別，但是由於雙方之間不存在
領土的紛爭，又都主張「與相鄰或相向國家間的EEZ和大陸架劃界，
應在國際法的基礎上協議劃定。」這樣使得兩國今後的劃界談判有了
一個良好的基礎。所以兩國在進行劃界談判時，應考慮到所有相關情
況，按照公平原則劃定界限【98】。

三、基線問題

　　海域劃界(包括大陸架劃界)的內部界限是以領海「基線」(base
lines)為基準，基線對確定一國之大陸架範圍起了重要的作用。如果沿
海國竭力刻意將其領海基線確定得遠離陸地，就可能會損及其他國家
的利益，使相對國在大陸架劃界的談判中處於不利的起點。採用直線
基線，則沿海國基於該直線基線將擴張其管轄權，……當嚴格解釋其
適用情形，至少亦當排除僅有些微曲折之海岸。換言之，應該是極為
曲折之海岸始足該當【99】。惟國家實踐上沿海國縱使僅有稍微曲折之海
岸，仍有採用直線基線法之動機，具體個案上之拘束力十分有限。作
為直線基線的基點，國家常會選用離岸過遠之島嶼，是以釜底抽薪之
計，當是嚴格解釋「緊臨海岸」(immediate vicinity)一語，限制所得選用
之島嶼不能離岸過遠，即能避免此種過度偏離海岸一般方向之缺失。
此外，相關國家之行為亦屬重要，美國即曾針對其認為所謂違法主張

98　袁古潔(1999)，〈公平原則在海域劃界中的作用〉，《華南師範大學
　　學報》，第1期，頁20。

99　姜皇池(2004)，《國際海洋法》，台北：學林出版社，頁150。

的直線基線之案例，至2000年為止，共計對33個國家提出正式外交抗議，甚至有22次直接利用軍機或軍艦航行於遭直線基線劃入之海域，以表示抗議【100】。

　　美國政府認為，「海岸線極為曲折」必須滿足以下條件：存在三個以上相互鄰近的深的凹陷，每個凹陷的深度超過封閉其入口的直線基線長度的一半；而「緊接海岸有一系列島嶼」則意味著，島嶼必須遮蓋有關大陸海岸50%以上，且距離大陸海岸不得超過24浬。此外，用以測定海岸一般方向的線不得超過60浬，而每段基線的長度也不得超過24浬。然而，美國的這一標準明顯過於苛刻，因為被國際法院判定為並不違反國際法的挪威直線基線中最長的一段為45.5浬，遠遠超過24浬【101】。在採用直線基線的國家中，約有一半國家的一段或幾段基線超過了挪威最長的一段基線45.5浬，而緬甸1986年封閉馬達班灣（Gulf of Martaban）的基線長度竟長達222浬，其東部的三分之二偏離三角洲達60度【102】。越南1982年11月12日宣佈的從泰國灣到北部灣的基線直線包括了11個基點，基線長度從2浬到162浬，超過100浬的也有4段。

　　1951年的英國和挪威漁權案，國際法院研究了國際上推崇的劃定領海外部界限的兩種方法。它拒絕適用「平行線」方法（method of tracéparallel）方法，認為這不適合於在極為曲折的海岸線進行劃界。法院也拒絕適用英國建議的「圓弧法」（法文méthode de courbe tangente或英文method of arcs of circles），因為這種方法在國際法上並不具有強

100　J. Ashley Roach & Robert W. Smith(2000), Straight Baselines: The Need for a Universally Applied Norm, *Ocean Development & International Law*, Vol. 31, pp.47-48.

101　高健軍(2004)，《中國與國際海洋法》，北京：海洋出版社，頁37。

102　J. Ashley Roach & Robert W. Smith(2000), Straight Baselines: The Need for a Universally Applied Norm, *Ocean Development & International Law*, Vol. 31, p.58.

制性。法院確認，領海帶必須沿海岸一般走向劃定的原則是確定所劃定的領海是否有效的一個標準。作爲這一原則的運用，一些國家認爲必須使用直線基線的方法。這些做法在國際上並沒有遭到其他國家原則上的反對。因此，法院認爲，可在低潮線上選擇合適的點作爲領海基點，用幾何方法來確定低潮線，低潮線和海岸之間可保持適當的距離【103】。

　　法院在分析研究挪威海岸的實際情況及其特點後，指出挪威海岸線極爲曲折，緊接海岸有一系列島嶼。世界上其他許多地區，在陸地和海洋之間存在著明顯的自然分界線。但在挪威海岸這一帶並不是如此。挪威的「堡礁」(skjaergaard)和挪威大陸實際上是構成一個整體，其中間的水域構成挪威的內水。從整體上看，真正的海岸線應該是沿陸地領土組成部分包括島嶼外延劃定的一條線。在考慮挪威海岸地理條件的特點後，法院得出的結論是，既然挪威大陸西部爲島礁所環繞，而這些島礁構成陸地領土整體的一部分，挪威真正的海岸就在島嶼的外延，在劃定挪威領海的外部界線時，應從島嶼外延的低潮線起算。法院確認，1935年挪威國王赦令中規定在劃定漁區的方法和以直線基線劃定領海外部界線的方法都不違反國際法【104】。

　　法院確認劃定領海和領海基線屬於沿海國的主權，可以通過其國內法來進行，但是，由於它同時涉及沿海國以外其他國家的利益，因此其效力則取決於國際法。法院說，「劃定海洋區域總是具有國際性的一面；它不能僅僅取決於沿海國在國內法中所表達的意志。雖然劃界本身必然是一項單方面的行爲，因爲只有沿海國有資格這樣做，但劃界對於其他國家的有效性則取決於國際法【105】。」

103　*I.C.J. Reports* 1951, pp.129-130.

104　*I.C.J. Reports* 1951, p.132.

105　*I.C.J. Reports* 1951, p.132.

法院認爲，從國際法的角度看，關於領海固有性質的基本考慮爲劃界提供了一些準則，這些準則可作爲法院作出判決的依據。它們是：（1）領海對陸地領域有密切的依附性，是陸地賦予沿海國擁有其海岸外水域的權利。由此產生的原理是，爲保證劃界符合實際需要和滿足當地的要求，應允許一國有必要的自由，同時基線的劃定應不至於大幅度地偏離海岸的一般走向。（2）一定海域和將它們分割的陸地構成之間存在著或多或少密切的聯繫，選擇基線所涉及的真正問題是，如何使位於這些基線以內的海域與陸地領域有足夠密切的聯繫並使其受內水制度的支配。這一規則可適用於海灣，也可適用於像挪威那樣不規則的海岸【106】。

　　至於挪威的領海基線是否偏離海岸線一般走向的問題，法院認爲，英國的指責主要是涉及挪威在斯韋霍爾塔水道（Svaerholthavet）、洛普水道（Lopphavet）和韋斯特峽灣（Vestfjord）的三段基線，斯韋霍爾塔水道含蓋一個由兩個寬廣的峽灣所組成的盆地，具有海灣的性質。在洛普水道，基線和海岸之間的差別不足以構成對海岸線一般走向的偏離。此外，挪威還以歷史性權利爲依據，在17世紀挪威曾給予其臣民以在此海域捕魚和捕鯨的專屬特權。由此，法院認爲洛普水道完全位於挪威主權的範圍內。至於韋斯特峽灣，其基線與海岸之間的差別是無足輕重的，完全可以由沿海國自行決定【107】。

　　這一判決在國際法的歷史上佔有特殊的重要地位。勞特派特稱之爲「國際法院判決的帶有普遍性案件中最有意義的案件之一【108】。」在國際法院這一判決的啓發下，直線基線方法被類推運用於劃定遠洋

106　*I.C.J. Reports 1951*,p.132.

107　*I.C.J. Reports* 1951,pp.141-143.

108　H. Lauterpacht（1956), *The Development of the International Law by the International Court*, London, Stevens & Sons, p.33.

群島，特別是群島國的領海基線，由此產生1982年《公約》所確認的群島國、群島水域和群島基線等國際法的新概念。1951年的英國和挪威漁權案，除了直線基線方法確認外，判決還確認了一些重要的法律原則，例如：劃定領海基線「不應在任何明顯的程度上偏離海岸的一般走向」，同時「基線內的海域必須充分接近陸地領土，使其受內水制度的支配。」

　　日、韓兩國島嶼眾多，在確定本國領海基線時均採用直線基線法。日本的《領海及毗連區法》第二條規定：「基線係指在低潮線、直線基線及灣口、灣內、河口連接之直線……。」韓國也採用直線基線連接從南到西海岸島嶼的最外緣，均選擇離岸較遠島嶼作為基點，如此將會影響海洋劃界的客觀性(圖十)。

　　《公約》中對直線基線的劃定有詳細的規定，在劃定大陸架外部界限的同時，應當對大陸架的內部起始界限進行一個客觀的測量，以保證劃界的公正性。日、韓的直線基線可能會影響將來的大陸架劃界，對中國不利。在大陸架劃界上，除了劃界方法的重視外，起點的公平亦應給予同等的重視，否則起點的不公平，將導致最後劃界結果的不公平，日韓公告之直線基線圖亦值投入研究指出其不當擴張之部份。只是，較為諷刺的是中方大陸及台灣所公佈之基線圖，皆亦同遭美方表示反對，似乎各國總是嘗試儘可能擴大本身海域的管轄範圍。美國即於1996年8月21日，針對中國的直線基線劃法提出抗議，美國表示：中國的海岸線並非全然極為曲折、彎曲、切入，亦非有一系列島嶼緊接海岸。因此，國際法並不允許以直線基線圖作為劃定中國沿岸基線之唯一方法。基此，美方認為中國1992年領海法第三條第三款(有關直線基線劃法)是無國際法根據的【109】。另美國學者如瓦倫西亞(Mark

---

109　State Department telegram 96 State 181478, delivered August 21, 1996.
　　　引自J. Ashley Roach & Robert W. Smith(2000), Straight Baselines:

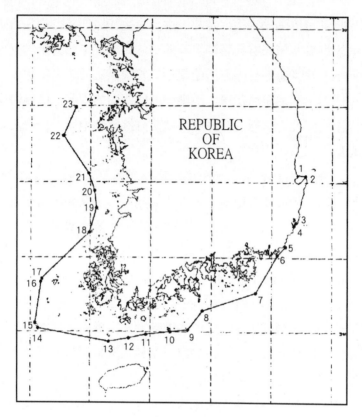

REPUBLIC
OF
KOREA

圖十：南韓直線基線圖。

資料來源：編引自Chang Kyun Kim, Issues and Disputes on the Delimitation of the Exclusive Economic Zone(EEZ) Between Korea and Japan, and Between Korea and China.

J. Valencia)、羅敘(J. Ashley Roach)以及羅伯特‧史密斯(Robert W. Smith)等人，對我台灣採用以直線基線為主之混合基線劃法也提出質疑。羅敘與史密斯指出，台灣所公佈的22個基點當中，只有7個是在台灣本島的海岸。台灣本島係由包括澎湖、綠島、蘭嶼和七星岩共11個海岸外

The Need for a Universally Applied Norm, *Ocean Development & International Law*, Vol. 31, pp.47-80.

島嶼以直線基線段連成之領海基線測算12浬的領海寬度，採用正常基線的只有棉花嶼、彭佳嶼、花嶼以及小蘭嶼。鑒於台灣之海岸既非極為曲折、彎曲、切入，沿岸也沒有一系列緊接島嶼之存在，因此，羅敦與史密斯認為，我採用直線基線劃法很難被認為與國際法規定不牴觸【110】。而大陸對全中國百分之百地採用直線基線，台灣則實施正常基線與直線基線並用的混合基線法，比例大約是百分之二十對百分之八十左右【111】，兩部內容不盡相同的領海法也將埋下未來適用上的難題。

四、島嶼的作用【112】

關於釣魚島的主權歸屬問題，日本著名歷史學家井上清教授在其《釣魚島：歷史與主權》一書中表示：「中國和琉球的國境在赤尾嶼和久公尺島之間，釣魚群島不是琉球的領土，也不是無主地，而是中國的領土。」【113】至於主權歸屬爭端和島嶼劃界效力誰優先處理的問題。儘管島嶼的主權爭端和島嶼在劃界中的效力，是兩個不同的法律問題。從理論上講，解決領土主權的歸屬是完成劃界的前提，從而應先於劃界解決；但實際上，不解決有關島嶼在劃界中的效力問題，就要解決領土主權爭議，這在政治上是否可行是值得懷疑的。這就是為什麼會有眾多的案例是同時解決主權爭端和劃界爭端，而不是先解決主權問題，之後再進行劃界的協議了。有時國家間表面上爭執的是島

110　J. Ashley Roach & Robert W. Smith, Ibid., p.65.

111　胡念祖(1997)，《海洋政策：理論與實務研究》，台北：五南圖書出版公司，頁273-274。

112　參廖文章(2006年1月)，〈島嶼在海洋劃界中效力的研究〉，大葉大學《研究與動態》，第13期，頁85-86。

113　[日本]井上清(1997)，《釣魚島：歷史與主權》，賈俊琪、於偉譯，寧燕平校，中國社會科學出版社，頁37。

嶼的主權，但實質上卻是看重島嶼所帶來的海洋權利。那麼，如果能夠將後者從前者中剝離出去，即達成在劃界中忽略爭議島嶼效力的共識，就不但可以反過來為解決主權爭端創造條件。甚至可以在不解決領土主權爭端的情況下首先實現劃界，從而避免主權爭端對劃界所造成的阻礙【114】。

在日韓兩國間的日本海海域上有一個小島「獨島」(Dokdo，或稱竹島)，對該島嶼的歸屬問題雙方長期爭論不下。西元512年，朝鮮半島的新羅王朝佔據過它並定名為「德島」，此後一直以德島相稱。1905年日俄戰爭後，日本政府透過島根縣發佈告示，把竹島劃歸島根並於第二年向「大韓帝國」通告。「大韓帝國」當時處於日本軍事脅迫下，沒有作出相應的反應。日本政府以當時「大韓帝國」沒有抗議為根據，聲稱竹島是日本固有領土。1952年1月18日，李承晚總統發表「海洋主權宣言」把德島歸於韓國。1954年，日本政府通告韓國，竹島是日本領土，雙方對竹島的歸屬發生爭執。竹島爭端存在於日韓之間，與中國沒有直接的關係，但是竹島問題的處理，特別是竹島對於日韓兩國大陸架劃界上它並未用作基點，這將會對中日兩國在東海南部的釣魚島問題及其他島嶼的劃界作用問題的解決提供一定的參考意見。

2004年6月30日生效的中越《領海、專屬經濟區和大陸架劃界協定》中，白龍尾島(Ile Bach-long-vi)原名夜鶯島、浮水洲，位於北部灣中越兩國中間線附近靠越南的一側，距離越南最近領土38浬。該島東西長3公里，南北寬1.6公里，面積超過4平方公里，海拔53公尺，島上有人居住。如果以白龍尾島作為劃分中間線的基點，則越南將多獲得1700平方浬的海域，鑒於該島的地理位置屬於中區島，面積不

114　高健軍(2004)，《中國與國際海洋法》，北京：海洋出版社，頁114-115。

大【115】，在劃界中亦僅享有12浬領海及3浬的EEZ和大陸架，此更是值得東海劃界參考。

　　日本方面企圖以男女群島和鳥島作爲基點與我國平分東海海域，無論從法理上講還是從國際實踐上看，都是站不住腳的。日本學者中內清文曾指出，「尖閣諸島並不真正適合於人類居住……這些島嶼只是對於其周圍的可能是巨大的石油儲藏而言才是有價值的……將其作爲劃定大陸架界線的基點，從而產生出對石油儲藏和各自的經濟利益份額的權利，似乎並不是公平的【116】。」諾德霍爾特也指出：「不論釣魚島獲得何種領土地位，它對決定東中國海大陸架邊界線的影響如果不是沒有的話，也將是很小的【117】。」

　　1977年的英法大陸架案，否定海峽列島(Channel Islands，比釣魚島列嶼大30倍)在大陸架劃界中的效力，只給予了它12浬的領海。「英吉利海峽兩岸當事國雙方本土海岸線大致上平等，在不考慮海峽列島本身的情況下，上述平等關係所導致的海峽大陸架在地理關係上是平等的。」但是，「如果在大陸架劃界中，使靠近法國海岸的這些英國島嶼的存在發揮充分作用，它們將明顯地使本來可以屬於法國的大陸架地區大大地減少。在法庭初步看來，這一事實本身就是一種會產生不公平的情況，需要一種在一定程度上能對這種不公平加以糾正的劃界方法。」法庭還指出，從條約法角度而言，「靠近法國海岸的海峽列島構成一種特殊情況，這種特殊情況爲另外一種劃界提供了依據，而

115　高健軍(2004)，《中國與國際海洋法》，北京：海洋出版社，頁129-130。

116　[日本]中內清文(1980)，〈東中國海和日本海的劃界問題〉，載《國外法學》，第4期，頁54。

117　H. Schulte Nordholt(1985), Delimitation of the Continental Shelf in the East China Sea, *Netherlands International Law Review*, Vol.32, No.1, p.155.

不是英國所建議的中間線【118】。」

　　法庭從兩國擁有的海岸線長度大體相等、兩國對大陸架的關係大致相似出發，以「接近比例性」概念來衡量錫利群島在劃定一直延伸至1000公尺等深線的等距離線時是否產生了歪曲效果。法庭認為，必須注意的另一點是「兩國海岸側向關係及大陸架自那些海岸向海擴展的距離【119】。」法庭指出，科尼什半島和錫利群島較之不列塔尼半島及韋桑島更遠地向海洋方向伸入大西洋，這個地理事實是一個產生歪曲效果的因素，即錫利群島的位置構成一種特殊情況。這一特殊情況的存在「在客觀上證明排除嚴格的中間線而以另外一條線來劃界是有道理的【120】。」法庭指出，這裏「公平原則的作用不是造成處理上的絕對平等，而是適當地減輕一些地理特徵在劃界中所產生的不公平效果【121】。」由此，法庭給予接近比例性原則以有限的作用，即在宏觀的地理背景下，糾正微觀地理特徵可能造成的歪曲效果。

　　法庭確認，在本案中，英法兩國是共處於同一個大陸架的國家。因此，在共處同一個大陸架的情況下，自然延伸原則的含義僅僅是，雙方有爭議的大陸架地區不是一個國家陸地領土的自然延伸，而是兩個國家陸地領土的共同自然延伸。兩個國家對構成其共同自然延伸的大陸架擁有同等的權利依據。對此，用法庭的話說，「這個結論說明問題而沒有解決問題【122】。」因此，在共處一個大陸架的情況下，自然延伸原則在劃界中的作用不是絕對的，而是有限的。所謂有限作用就是說，自然延伸原則依然構成當事國雙方對大陸架主權的權利依據

118　Arbitral Award 1977, in *U. N., R.I.A.A.*, Vol.15, para.196.

119　Arbitral Award 1977, in *U. N., R.I.A.A.*, Vol.15, para.244.

120　Arbitral Award 1977, in *U. N., R.I.A.A.*, Vol.15, para.244.

121　Arbitral Award 1977, in *U. N., R.I.A.A.*, Vol.18, para.251.

122　Arbitral Award 1977, in *U. N., R.I.A.A.*, Vol.18, para.79.

和法律基礎，但是在確定分界線走向和位置時，它基本上是不產生任何作用的【123】。

1982年的突尼西亞、利比亞案僅賦予克肯納群島(Kerkennah Islands，比釣魚臺列嶼大二十六倍)半效力；1984年的緬因灣案僅賦予海豹島(Seal Island)及泥島(Mud Island)半效力(此二島面積與釣魚臺列嶼面積相若，但距岸近、有人居、且主權無爭執)；1985年的利比亞、馬爾他大陸礁層案判定馬爾他的無人小島菲爾弗拉島(Filfla)不能作為劃界基點，該島獲得零效力。綜合比較之下，邏輯上的結論為：釣魚島列嶼不應具有劃界效力【124】。

關於島嶼在海洋劃界的效力問題，1974年在第三次聯合國海洋法會議期間的加拉加斯會議上，日本代表在發言中認為：「相鄰或相向國家間的大陸架劃界，……除一定特殊情況外，應使用等距離方法。這一觀點依照先例是十分正當的，特別是島嶼及小島，其大小和位置等因素，應和大陸的陸地部分有著同樣的作用，對大陸架的劃界發生法律效力。」在日本九州西南部海域上，存有許多的島嶼，日本認為男女群島和鳥島應作為其和韓國劃分大陸架的等距離線的基礎。由於這兩個島嶼距離日本海岸線較遠，依此方法劃界對韓國十分不利，自然遭到反對，但是韓國的領海基線由於海岸線曲折，周圍島嶼羅列眾多，因此採用直線基線法，而作為「基點」(base points)的部份島嶼距離海岸較遠，這也成為日韓雙方爭議的一個原因。所以是否賦予島嶼以劃界的效力，雙方應當嚴格依照《公約》規定的精神，從各自領海基線的確定上開始，認真進行探討有關島嶼在劃界上的效力，以達到公平的結果。

123　周健(1998)，《島嶼主權和海洋劃界--國際法案例選評》，北京：測繪出版社，頁138。

124　馬英九(1986)，《從新海洋法論釣魚台列嶼與東海劃界問題》，台北：正中書局，頁155、160。

在劃分東海大陸架問題上涉及到臺灣。臺灣於1998年頒佈了《專屬經濟海域及大陸礁層法》，規定「大陸礁層爲領海以外，依其陸地領土自然延伸至大陸邊外緣之海底區域」，「與相鄰或相向國家間之專屬經濟海域或大陸礁層重疊時，其分界線依衡平原則，以協定方式劃定之。」臺灣曾參加 1958年的《大陸架公約》，並在1970年批准該條約時對第六條作出保留。（一）海岸毗鄰及（或）相向之兩個以上國家，其大陸礁層劃界之規定，應符合其國家領土自然延伸原則；（二）就劃定中華民國之大陸礁層界限而言，應不考慮岩礁和小島。臺灣和大陸在大陸架劃界上看法接近。

六十年代，艾默利報告發表後，臺灣就開始考慮探勘近海油氣資源，並劃定一批租讓區，與日本要求的區域有很大重疊。1970年12月21日，臺灣曾與日本、韓國一起在日本東京舉行「海洋開發研究聯合委員會」，決定對臺灣省及其附屬島嶼海域和鄰近中國和朝鮮的大陸架海底石油資源進行調查開發。後來由於中國大陸的反對等多方面原因，臺灣退出與韓、日的聯合開發計畫。臺灣在對待東海大陸架劃界和油氣資源問題上，堅決反對日本在中方大陸架上劃定油氣資源租讓區，與中國大陸的立場是一致的。

第五節 小 結

自然延伸原則作爲大陸架定義的根本，公平原則則是大陸架劃界的基本原則。這兩項原則已是大陸架法律制度產生以來，經過劃界的理論和實踐兩方面的驗證，並已取得國際社會公認的地位。中國在大陸架劃界問題上一直堅持這兩項原則，這是符合東海大陸架的實際狀況和中方本身的國家利益的。中國在和日韓進行大陸架劃界時，也

應當始終不渝地堅持自然延伸原則和公平原則。如此，才能在劃界問題處理中處於有利的地位，更好地解決其他所面臨的諸如是否共大陸架，海槽、岸線長度比、島嶼等問題【125】。

　　自然延伸原則係根據地質學上大陸架是國家陸地領土向海下的自然延伸，海下陸架和陸地在形態和地理上構成一個單一體的自然事實，因而從法律上確認海底區域，實際上可以被視爲該沿海國已經享有統治權領土的一部分，從而理所當然地屬於沿海國的管轄範圍。1969年的北海大陸架劃界案，國際法院也作此表示：......leave as much as possible to each Party all those parts of the continental shelf that constituted a natural prolongation of its land territory.【126】自然延伸原則是國家對大陸架的主權權利的根據，這種權利是從國家主權引伸出來的，是國家主權的一種表現。可見，自然延伸原則是大陸架法律制度賴以存在的基礎，它體現的是一種天然歸屬的公平。這意謂，沿海國根據對其陸地領土的主權，並作爲沿海國爲了探勘和開發自然資源的目的對其大陸架行使主權權利的擴展，對於構成其陸地領土自然延伸到海中或海下的大陸架區域的權利，事實上(ipso facto)並自始(ab initio)就存在，這是一種「固有權利」(inherent right)。

　　大陸架「劃界」(delimitation)不是(共同)「分配」(apportionment)，劃界是確立原則上已經屬於沿海國的區域的疆界，而不是「重新」(de novo)確定該區域【127】。也就是要將本來就屬於某一國家的大陸架明確地劃歸該國所有。衡平原則不能「重塑自然」(refashioning nature)，不能使一個未靠海之國家亦擁有大陸架，或使一個海岸線較長之國家擁

125　許森安(2001)，〈東海大陸架劃界問題之我見〉，《海洋開發與管理》，第1期，頁49。

126　*I.C.J. Reports* 1969,paras. 83-101.

127　趙理海(1996)，《海洋法問題研究》，北京：北京大學出版社，頁65。

有與海岸線較短之國家相同之大陸架區域；對於自然之不平等並非衡平原則所能改變或救濟【128】。

　　至於或謂大陸架劃界正在出現朝著距離方法發展的趨勢，很可能會影響或減少自然延伸原則的重要性。趙理海先生認為這種說法完全是對《公約》的片面理解。根據《公約》第76條第1款規定，「沿海國的大陸架包括其領海以外依其陸地領土的全部自然延伸。」這表明沿海國對大陸架行使主權權利是以它對其陸地領土主權為依據的，強調自然延伸原則是大陸架制度賴以存在的基礎。至於第76條第1款後半部分提到的200浬界線，實為照顧大陸架寬度不足200浬的沿海國利益而規定的，同樣是在追求一種公平的劃界結果。況且這項規定是有條件的，是從屬於不妨礙自然延伸原則的實施【129】。在北海大陸架的判決中，國際法院非常明確地將自然延伸置於首位，指出「決定性的正是延伸這個概念。」國際法院認為，沿海國大部分的大陸架是靠近其大陸的，但不能以「鄰近性」(proximity)作為大陸架劃界的標準。海底區域不一定僅以鄰近的理由而屬於某個國家，也不能以鄰近性來確定它的邊界。大陸架的法律基礎是自然延伸，不是鄰近性。某塊海底區域如果不是最鄰近的國家的自然延伸，即使很靠近該沿海國，也不能成為該國的大陸架。國際法院還指出：「公平並不要求一個沒有通海道的國家應當分配給大陸架區域，否則就可能發生把一個擁有廣闊海岸線的國家同一個擁有有限海岸線的國家的情況等量齊觀的問題。平等是被看作在同一水準上，而不是公平能夠得到補償的這樣的自然不平等【130】。」

128　陳荔彤(2002)，〈海域劃界法則與實踐〉，收錄於《海洋法論》，台北：元照出版公司，頁301。

129　趙理海(1996)，《海洋法問題研究》，頁67。

130　趙理海(1996)，《海洋法問題研究》，頁61。

　　因此，衡量大陸架劃界公平與否的標準，是看是否把一個國家的陸地領土自然延伸的部分原原本本劃歸給了該國。這是大陸架的地理特性使然，也是在追求一種地理上的公平。

　　從大陸架學說中的地位上講，自然延伸原則是整個大陸架制度的根本原則，而公平原則僅僅是大陸架「劃界」的基本原則。從根本上說，公平原則的基礎也是自然延伸原則。此外，從概念上講，自然延伸表明的是大陸架同陸地、國家對大陸架的權利和國家領土主權之間的那種自然和法律的聯繫；而公平原則所表明的是大陸架劃界時所應遵循的規則和根據這些規則所應做出的考慮。

　　公平原則不能作抽象的解釋，必須把公平原則與可能取得公平結果的原則和規則密切聯繫起來。原因在於，大陸架的劃界與複雜多樣的海域狀況及其他因素密切相關，例如海岸曲折變化、海底地質構造、島嶼分佈位置，以及各種歷史因素等。然而，從如此紛繁複雜的個案中概括出一條唯一的固定不變的具體的劃界規則和方法是不切實際的。很明顯，公平原則與自然延伸原則具有統一性，是相互補充的關係，而不是互相排斥或互相限制的關係。

　　以上中方強而有力的論點，惟在EEZ制度的出現，特別東海海域寬度又不足400浬情形下，EEZ制度的出現對自然延伸原則有否影響?具體的影響力道又如何? 日本的海洋法學者水上千之在《日本與海洋法》中也認為，「EEZ制度是否對海底區域的界限劃定帶來影響，對海底區域的界限劃定究竟帶來什麼樣的影響，這就成為一個懸而未決的問題，對此應當予以重視。」這確實是另一個值得深入探討的課題，可能也是東海海域劃界問題解決的根本所在或無法解決的癥結所在。

　　(本章初稿分二次刊載於2008年1月大葉大學《研究與動態》第十七期及2008年5月大葉大學《通識教育學報》創刊號第一期)

第 肆 章

台灣遭ICCAT制裁：論公海漁業法律制度演變

第一節 引 言

　　總部設在西班牙馬德里市，1969年成立的大西洋鮪類養護國際委員會（International Commission for the Conservation of Atlantic Tunas-ICCAT），於2005年11月年會決議制裁台灣。未來想要除掉台灣的漁業惡名，則相關國際海洋漁業法規定的了解恐怕是第一個必要的步驟。

　　台灣是遠洋漁業大國，更在鮪魚業高居世界第二位，然而我們卻從來不是國際規範的創造者反而是破壞者。在世界各個漁區台灣都不是受到尊敬的對手，這是很可悲的，要重返國際社會，台灣應該要謙卑學習。而部分學者的研究批評指出，漁業署主管遠洋漁業事務的人員，沒有法律、外語的專業訓練，代表團又輕視法政，外交部亦未能參與籌劃、談判。簡單說，台灣雖有一流的遠洋捕撈船隊，卻是搭配三流的「養殖式外交」【1】。終於因政府無法配合國際保育趨勢控管漁獲量，延繩釣鮪船業者最後付出減船、減「配額」（quota）的代價。胡念祖教授批評仍有少數業者扮出一臉無辜狀，問「為何商船可以有外籍，漁船就不可以掛外國旗?」，其實商船只是海上的「運輸工具」，而漁船卻是會減損公海或他國經濟海域內生物資源總量的「生產工具」。此時對比我國政府領導人經常自詡台灣是「海洋立國」，鼓吹人民面向海洋、擁抱海洋，然而台灣漁船卻在海上超捕濫漁，政府放縱不管。終於造就了這項國際漁業史上最嚴厲的制裁，顯示國際對我鮪魚船懸掛他國旗幟即「權宜旗」（flags of convenience-FOC）、和總體漁業管理能力已忍無可忍。

　　「大目鮪」（bigeye tuna）是一種高度洄游、分佈甚廣、經濟價值

1　《中國時報》，2006年1月9日A6版。

頗高的魚類，在日本常被製成生魚片，市場需求量大。ICCAT第19屆年會結束，會中決議台灣2006年大西洋大目鮪漁獲配額減少七成，由14900噸降至4600噸，鮪釣船數由76艘減為15艘，嚴重衝擊台灣的遠洋漁業，且2006年11月的年會將再檢討台灣改善情形。42國及地區、500多位漁業官員及業者參與的ICCAT其2005年年會在西班牙舉行，台灣公海捕魚問題是會議的焦點之一。日本指控台灣魚船在公海非法超量捕魚，並提案將台灣的大目鮪、南與北大西洋劍旗魚、東大西洋與地中海黑鮪之漁獲全部歸零，並禁止向台灣進口。形成了老饕大宗消費者控訴辛苦違法生產者的諷刺畫面，其實日本冷凍大目鮪進口國中台灣排名第一，佔了總量近五成之多2001年佔48.6%（圖一）。

　　後美國提出修正案，改為只限縮大目鮪配額為零。最後大會決議台灣2006年大西洋大目鮪配額減為4600噸：即60艘「長鰭鮪」（albacore）漁船混獲1300噸，15艘大目鮪專業漁船個別配額220噸共3300噸。另42艘漁船必須完全停航，其餘轉捕撈其他魚種。此外，大

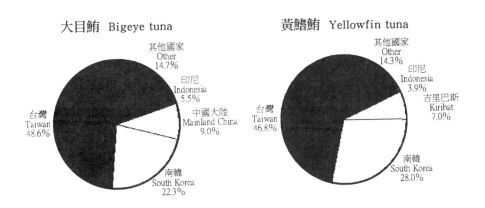

圖一：2001年日本冷凍大目鮪及黃鰭鮪主要進口國，Main origins of Japanese frozen bigeye and yellowfin tuna imports, in 2001。

資料來源：編改自http://www.ofdc.org.tw/catchstatus/05/2001-tuna.pdf, p.41.

會附帶決議，要求台灣強化漁業管理，包括：15艘大西洋大目鮪作業專業漁船派駐「觀察員」（observer）其涵蓋率須爲100%；不得海上轉載，須定期至指定兩個港口「開普敦」（Cape Town）及「拉斯」（Las Palmas）接受檢查；個別配額用罄必須返回母港等【2】。

　　ICCAT在各國際鮪魚組織中是發展最久、規範最嚴格的；制裁案極可能引發2005年底至2006年中的中西太平洋漁業委員會（WCPFC）、美洲熱帶鮪魚協會（IATTC）及印度洋鮪魚委員會（IOTC），也對台灣祭出制裁措施。參與會議的台灣代表高聖惕教授表示，日本還計畫在二〇〇七年邀集所有區域性漁業組織在日本開會，研商各國際漁業管理組織規範，均比照ICCAT的高標準，對違法超捕、洗魚的國家，採全面貿易制裁措施；日本此舉擺明是針對台灣而來，若台灣未來一年無法落實ICCAT的要求，又不透過外交管道與日本溝通，台灣漁業將全面瓦解。且台灣僅爲合作的「非會員國」，在大會中無發言權，更沒有說「NO」的權利，現在唯一能做的，就是全力達成要求，在2006年的年會中翻身。

　　公海捕魚自由是指，在國際法的限制下，任何國家或其國民都有權在公海上自由捕魚，而不受其他國家的阻礙，也就是說，公海上的漁業是對一切國家開放的【3】。在國際習慣法中，公海捕魚一直被認爲是公海自由的一個主要內容。著名的「白令海海豹仲裁案」確認了這一自由，這是由於英美兩國之間關於美國逮捕在其領海以外白令海上獵捕海豹（seals）的英國船舶的爭議而引起的。裁決駁回了美國認爲它有權力對公海上的英國船舶執行目的在於養護瀕於危境的海豹品種的主張。不過該案引人注目的是，捕魚自由和需要實施養護之間的矛

2　決議案http://www.ofdc.org.tw/fishserv/File/Rule/ICCAT-Resolutions-C/C-05-02.pdf,中華民國對外漁業合作發展協會網站，上網檢視日期：2006年2月19日。

3　魏敏主編(1989)，《海洋法》，北京：法律出版社，頁199。

盾，這是牽動整個20世紀繼續不斷的一系列發展和變化的關鍵【4】。

　　公海捕魚自由給人類社會帶來的問題日益顯露，由於各國只重視漁業資源的開發，而不重視其養護，使公海捕魚活動處於一種掠奪式的、無秩序的開發狀態。海洋「生態系統」（ecosystem）遭到破壞，海洋漁業資源因捕撈強度過大、利用過度而面臨枯竭。這一狀況引起了國際社會的關注，第二次世界大戰結束時，1945年9月《杜魯門公告》宣佈美國有權控制其領海以外的公海中未界定區域的漁業活動。此後，拉丁美洲各國相繼仿效，有的國家甚至宣稱對鄰接其領海的公海漁業有無界限限制的控制權【5】。1947年，在倫敦召開的國際會議也把如何解決「過度捕撈」（overfishing）問題作為其主題。國際社會已普遍認識到捕魚自由給人類社會造成的負面影響，加強海洋生態環境保護，建立海洋新秩序，已成為共同的呼聲。在此背景下，國際社會開始著手制訂國際公約，對捕魚自由加以限制。除聯合國主持召開的三次海洋法會議對此做出了突出的貢獻外。近年來，國際社會的漁業管理朝由簡到繁、由原則到具體、由定性到定量的趨勢發展，以下我們將分別對這些漁業公約和文件進行研究。

第二節　1958年《公海公約》和《捕魚與養護公海生物資源公約》

　　1958年第一次聯合國海洋法會議通過了兩個公約:《公海公約》（Convention on the High Seas）和《捕魚與養護公海生物資源公約》

4　詹寧斯、瓦茨修訂(1998)，《奧本海國際法》第一卷第二分冊，中國大百科全書出版社，頁182。

5　William T. Burke(1994),*The New International Law of Fisheries*, Oxford : Clarendon Press, pp.6-8.

（Convention on Fishing and Conservation of the Living Resources on the High Seas）。《公海公約》第2條規定，所有國家均有行使包括捕魚自由在內的公海自由權利，但應「適當顧及」（due regard）其他國家行使公海自由的利益，對公海漁業僅作了上述簡單限制的規定，但它以國際公約的形式成文化確認了國際習慣法中的公海捕魚自由原則，使之成爲公海漁業法律制度的基礎。

《捕魚與養護公海生物資源公約》是人類歷史上第一個關於公海漁業的全球性國際公約。其第1條規定，所有國家均有權讓其國民在公海捕魚，但應受以下限制:其條約義務、沿岸國利益和權利、養護公海「生物資源」（living resources）的規定。上述三種具體的限制，使《公海公約》第2條規定的「適當顧及」的內容更爲具體化。該公約制訂的目的是爲了確保對公海生物資源進行充分的保護，以避免進行「過度開發」（over-exploitation），但公約並未獲得國家們的普遍接受，一方面由於其部分內容缺乏平等合作的基礎，過多地強調沿海國的利益，爲多數遠洋捕魚國所抵制；另一方面是公約過於強調資源利用，缺少必要的養護措施，難以被強調資源保護的國家所認同【6】。

第三節 1982年《聯合國海洋法公約》（以下簡稱《公約》）

一、1982年《公約》的主要內容

在進行第三次聯合國海洋法會議時，即上世紀七十年代中期，至

6　王靈(1998)，《公海漁業法律制度的新發展》，中國政法大學博士論文，頁18。

200海浬以外海域進行的捕魚活動相對來說較少，公海漁業制度沒有受到多大關注。由此，1958年《公海公約》和《捕魚與養護公海生物資源公約》的許多條款幾乎未經討論就被直接搬到《非正式單一協商稿》（Informal Single Negotiation Text -ISNT）中，並最終被採納爲1982年《公約》的正式條文。因此，《公約》有關公海漁業的規定基本上是承襲了1958年兩個公約的內容。

　　長久以來，公海捕魚自由仍是六大公海自由（指航行、飛航、舖設海底電纜和管線、建造人工島和其他設施、漁捕、科學研究）之一，《公約》關於公海捕魚的基本制度仍未改變。但同時《公約》的一系列規定表明，傳統的公海捕魚自由是受到限制的[7]。根據公約第87條規定，所有國家均享有在公海捕魚的自由。但這一自由是受到有關公海生物資源養護和管理條款限制的。第117條規定，所有國家均有義務爲各該國國民採取，或與其他國家合作採取養護公海生物資源的必要措施。第119條規定，各國有義務採取措施，在各種有關環境和經濟因素的限制下，使捕撈魚種的數量「維持在或恢復到」（maintain or restore）能夠生產「最高可持續產量」（maximum sustainable yield-MSY）的水平；確保與所捕撈魚種有關聯或依賴的魚種的數量維持在或恢復到其繁殖不會受嚴重威脅的水平以上；交換有關養護魚類種群的資訊。第119條還規定，這些措施必須基於可得到的「最佳科學證據」（the best scientific evidence available），以及環境和經濟因素，包括發展中國家的特殊要求、「捕魚方式」（fishing patterns）、「種群的相互依存」（interdependence of stocks）以及任何一般建議的國際最低標準，強調在確定「可捕量」（allowable catch）和制訂其他養護措施時，要考慮所有這些因素和標準。

7　Shigeru Oda(2003),*Fifty Years of the Law of the Sea*, Kluwer Law International, p.605.

此外，《公約》還指出，傳統的公海捕魚自由是以特殊的義務爲前提的。其116條指出公海捕魚自由是受到國家條約義務和沿海國權利、義務和利益限制的。第63條第2款和第64條規定，沿海國和公海捕魚國基於共同利益有義務養護「跨界魚類」（straddling fish stocks）和「高度洄游魚類」（highly migratory fish stocks）。這些條款指出，這種共同利益包括公海捕魚國的利益，也包括在其「專屬經濟區」（exclusive economic zone-EEZ）出現這些魚類種群的沿海國的利益。遠洋捕魚國的利益是基於所有國家均享有的公海捕魚自由【8】，沿海國的利益則是基於它們對EEZ內資源的「主權權利」（sovereign rights）【9】。

二、《聯合國海洋法公約》存在的問題

《公約》雖然規定了公海跨界和高度洄游魚種養護和管理的合作框架，對公海捕魚自由作了限制，但並未就其性質和適用方法做出具體、明確的規定。在缺乏有效監督和控制機制的公海漁業中，這些養護和合作義務主要是靠捕魚國及其漁民以自律的方式來履行。因此，公約規定的這些原則性養護和合作義務對公海捕魚活動的約束是非常有限的。其次，對公海上的漁船實行「船旗國」（flag state）專屬管轄原則而缺乏公海執行機制是公約的另一個缺陷。當船旗國對在公海上懸掛其旗幟的漁船不願或沒有能力行使管轄的情況下，公海捕魚就處於一種幾乎完全不受約束的狀態。雖然公約有專門條款規定國家管轄海域以外魚種的養護和管理措施，但遠洋捕魚國和沿海國的義務通常

8　參見《聯合國海洋法公約》第116條。

9　參見《聯合國海洋法公約》第56條。

沒有受到EEZ之外可執行的管理機制的制約【10】。

第四節 1982年《聯合國海洋法公約》以後的發展

　　1982年《公約》之後，國際漁業法律制度經歷了一系列發展和演變，其中既包括「硬法」（hard law），也包括「軟法」（soft law）。硬法指具有法律約束力的協定，要求締約國按照其規定行為，是各國之間協商的產物，與習慣國際法一起構成具有法律約束力的國際法體系。軟法指不具約束力的政府間會議的多邊宣言。雖然不具約束力，但軟法也是各國磋商的產物，具有重要意義，其反映的國際共識和一般原則經過發展將來可能會被納入條約之中。事實上，作為硬法的條約其發展過程常是以軟法演變而來的，以下將分硬法、軟法兩類介紹之【11】。

一、硬法（hard law）

(一)1995年協定

　　1982年《公約》承認200海浬EEZ內沿海國對生物資源的主權權利，200海浬以外的公海按照習慣海洋法是由「捕魚自由」制度支配

10　E. Meltzer(1994), Global Overview of Straddling and Highly Migratory Fish Stocks: The Nonsustainable Nature of High Seas Fisheries, *Ocean Development & International Law*, Vol.25, p.256.

11　Lawrence Juda (2002), Rio Plus Ten :The Evolution of International Marine Fisheries Governance, *Ocean Development & International Law*,Vol.33, p.116.

的。對於跨界和高度洄游魚種，許多國家認爲《公約》沒有充分解決這一個問題。雖然其相關條款要求各國進行合作以養護和管理EEZ外的魚種，但由於執法機制的缺乏使得建立公海漁業合作機制成爲迫切的需要。

1992年聯合國環境與發展會議要求聯大召開跨界和高度洄游魚種會議，評估其養護和管理方面存在的問題，審議加強國家間合作的措施，並就促進1982年《公約》有關跨界和高度洄游魚種條款的執行提出建議。聯大在第49次會議上通過了相關決議【12】。

1995年8月4日，透過三年談判，六次會議協商一致通過了《執行1982年12月10日聯合國海洋法公約有關養護和管理跨界和高度洄游魚類種群規定的協定》。1995年協定爲《公約》確立的跨界漁業法律制度做出了重要貢獻，其於同年12月4日開放簽署，並於2002年11月11日馬爾他交存批准書後30日即2002年12月11日正式生效。達到了以下目標:執行1982年《公約》的相關條款、爲公約規定的養護義務賦予了具體內容、指明進行養護的方式、方法和措施【13】。1995年協定的主要成就在於做出了有關規定，使1982年《公約》確立的養護和管理跨界和高度洄游魚類的一般原則能夠得以執行，同時協定也增加了一些新的理念和具體措施。它標記著公海捕魚自由時代的完全結束。

1.1995年協定的主要內容

1995年協定包括了漁業資源養護和管理的所有方面，由序言、十三部分正文以及兩個附件構成。序言指出起草的原因及其致力於解

12　General Assembly Resolution No.47/192.

13　André Tahindro(1997) ,Conservation and Management of Transboundary Fish Stocks: Comments in Light of the Adoption of the 1995 Agreement for the Conservation and Management of Straddling Fish Stocks and Highly Migratory Fish Stocks, *Ocean Development & International Law*,Vol.28, p.49

決的問題:如公海漁業在許多方面存在的不足、生物資源過度利用、漁業投資過大等。協定強調各國之間進行國際合作，確保「跨界魚類種群和高度洄游魚類種群的長期養護和可持續利用」，締約國要「負責任地開展漁業活動」。此外，還要避免對海洋環境造成不利影響，「維持海洋生態系統的完整」。

　　第2條規定了目標，即「通過有效執行公約有關規定以確保跨界魚類種群和高度洄游魚類種群的長期養護和可持續利用」。第3條規定了適用範圍，即國家管轄地區外跨界和高度洄游魚種的養護和管理，但考慮到跨界魚類的統一性，協定也適用於國家管轄範圍內這些魚種的養護和管理。

　　第5條規定，爲養護和管理跨界和高度洄游魚種，沿海國和公海捕魚國應採取措施，確保這些魚種的「長期可持續能力」（long-term sustainability）並促進「最適度利用」（optimum utilization）的目標。它們也應確保這些措施所基於的是可得到的最佳科學證據，目的是在包括發展中國家的特別需要在內的各種「有關的環境和經濟因素」（relevant environmental and economic factors）的限制下，使種群維持在或恢復到能夠產生最高持續產量的水平，並考慮到捕魚方式、種群的相互依存及任何普遍建議的分區域、區域或全球的國際最低標準。此外，各國還應採取一些具體行動，如：適用預防性做法；評估捕魚、其他人類活動及環境因素對目標種群和屬於同一生態系統的物種或從屬目標種群或與目標種群相關的物種的影響；必要時對屬於同一生態系統的物種或從屬目標種群或與目標種群相關的物種制定養護和管理措施，以保持或恢復這些物種的數量，使其高於物種的繁殖不會受到嚴重威脅的水平；採取措施，在切實可行的情況下，包括發展和使用有選擇性的、對環境無害和成本效益高的「漁具」（fishing gears）和捕魚技術，以儘量減少污染、廢棄物、遺棄漁具所致的資源損耗量、

非目標種群的捕獲量及對相關或從屬種群特別是瀕於滅絕物種的影響；保護海洋環境的「生物多樣性」（biodiversity）；採取措施防止或消除漁撈過度和捕魚能力過大的問題，並確保漁獲努力量不高於與漁業資源的可持續利用的相稱水平；考慮到個體漁民和自給性漁民的利益；及時收集和共用完整而準確的捕魚活動資料，包括附件列出的船隻位置、目標種群和非目標種群的捕獲量和漁獲努力量，以及國家和國際研究方案所提供的資料；促進並進行科學研究和發展適當技術以支助漁業養護和管理；進行「有效的監測、管制和監督」（effective monitoring 、control and surveillance），以實施和執行養護和管理措施。除上述之外，沿海國和公海捕魚國應該採取一致措施，養護和管理國家管轄範圍內外的跨界和高度洄游魚種。

2.1995年協定的主要原則

(1)預防性做法的適用

《公約》通過時，預防性做法或預防性原則的概念尚未形成。但二十世紀八十年代以來，這一概念被廣泛包括在為保護陸地和海洋環境而制訂的國家和地區法律文件之中。1992年《里約環境與發展宣言》（Rio Declaration）指出：「為了保護環境，各國應根據本國的能力，廣泛適用預防措施。遇有嚴重或不可逆轉損害的威脅時，不得以缺乏科學充分的證據為理由，延遲採取「符合成本效益的措施」（cost-effective measures）防止環境惡化」。在過去的十年裏，預防性原則在國際環境保護法中已被普遍接受為一項基本原則。由於《公約》中所規定的最高可持續產量（MSY）實在是一個沒有進一步定義的粗略概念，因此更使得「預警方法」（precautionary approach）或「預警原則」（precautionary principle）成為令人重視的國際漁業管理手

段【14】。」「MSY即是一個理論的水平，能夠允許於某一季節在某一漁場捕魚的數量標準，且能永續的捕魚【15】。」

　　1995年協定也認可了預防性做法在漁業管理中的作用【16】。其第6條規定，各締約國應「廣泛適用預防性做法，養護、管理和利用跨界魚類和高度洄游魚類，以保護海洋生物資源和保全海洋環境。」「缺乏足夠的科學資訊不應作為推遲或不採取養護和管理措施的理由」。預防性做法強調應有較好的科學資料，但同時也強調管理行為不能等到所有資訊都得到之後再採取。由於世界漁業技術能力的迅猛發展以及現代船隊高度流動的特點，過度捕撈的問題也快速惡化，是傳統的管理措施所無法遏制的。在這種背景下，如果等收集分析了所有資訊後再做出決定，對防止某些重要魚種的大規模損害來說可能就為時已晚了。

　　在「南方金槍魚案」（the Southern Bluefin Tuna Cases）中，澳洲、紐西蘭控訴日本即「根據預防原則，有關各國捕撈南方金槍魚時應加以約束，不得採取有可能使種群枯竭的單方面行動」。雖然日本主張「試驗性捕魚」行為，並反駁稱:其目的是要消除該魚類種群的不確定性；目前並沒有造成該種群不可恢復的危機。但國際海洋法法庭仍於1999年8月27日判定以下「臨時措施」（provisional measures）：三方不得擴大事態、不得做出不利南方金槍魚的行為和「試驗捕魚」規劃、督促各方立即恢復談判等【17】。

14　傅崑成(2004)，〈國際漁業管理法中的預警方法或預警原則〉，《海洋法專題研究》，廈門：廈門大學出版社，頁97-98。

15　陳荔彤(2002)，〈國際漁業法律制度之研究〉，《海洋法論》，台北：元照出版社，頁114。

16　Lawrence Juda, *supra note 11*, p.112.

17　施通池(2001)，〈從南方金槍魚案看國際漁業爭端的解決方式〉，《中國水產》第4期，頁23。

協定第6條要求各國採取以下步驟，以執行預防性措施:取得和共用可獲得的最佳科學資料，並採用關於處理危險和不明確因素的改良技術，以改進養護和管理漁業資源的決策行動；適用附件二所列的準則並根據可獲得的最佳科學資料確定特定物種的參考點，及在逾越參考點時應採取的行動；考慮種群的生物和地理特點，以及捕魚活動的環境和社會經濟影響；特定資料收集和研究方案，以評估捕魚對環境的影響，保護特別關切的生境。

爲便於操作，附件二規定了適用預防性參考點的準則。預防性參考點是通過議定的科學程式推算得出的估計數值，該數值代表資源和漁業的狀況，可用爲漁業管理的標準。協定規定有兩種參考點可以使用，「極限參考點」（limit reference points）和「目標參考點」（target reference points）。根據極限參考點制定界限，以便將捕撈量限制於種群可產生最高可持續產量的安全生物限度內。目標參考點用以滿足管理目標。協定要求利用這些參考點來觸發事先議定的養護和管理行動。漁業戰略目標就是要維持或恢復被捕撈種群的數量，和在必要時相關或從屬種群的數量，使其水平符合原來議定的預防性參考點，也就是說，要確保預防性參考點不被逾越，對逾越參考點的種群要採取恢復措施。當有足夠資料允許就該種群開展新漁業或試捕性漁業時，採取特別預防措施的必要性也在1995年協定中得到承認。協定規定，在這種情形下，各國應「儘快制定審慎的養護和管理措施」，對長期可持續能力的影響進行評估前始終生效。預防性辦法也適用於「自然現象」（natural phenomenon）引起的緊急情況，如其可能對魚類種群產生「重大的不利影響」（significant adverse impact），各國應採取緊急措施，以確保捕魚活動不致使這種不利的影響更趨惡化【18】。

(2)養護和管理措施的「互不牴觸原則」（the principle of compatibility）

18　參見1995年協定第6條。

　　跨越國家管轄區內外的跨界和高度洄游魚種，約占世界海洋漁業產量的百分之20，是公海漁業的主要捕撈對象[19]。因此，各國應在公海和國家管轄海域採取互不抵觸（一致）的措施，以確保整體養護和管理跨界和高度洄游魚種。為此目的，沿海國和公海捕魚國有義務進行合作，以便達成互不抵觸的措施。

　　為達到互不抵觸的目的，各國應考慮以下因素，包括：按照1982年《公約》第61條規定，沿海國在EEZ內對兩個魚種的養護和管理措施；沿海國和公海捕魚國通過的措施；「分區域或區域」（subregional or regional）漁業組織對同一魚種通過的措施；考慮到種群的「生物統一性」（biological unity）和其他生物特徵及魚類的分佈、漁業和有關區域的地理特徵之間的關係，包括種群在國家管轄地區內出現和被捕撈的程度；沿海國和在公海捕魚的國家各自對有關種群的依賴程度；這些措施對整體海洋生物資源造成的影響。

　　協定第7條還規定，如果未能在合理時間內就互不抵觸的措施達成合意，任何相關國家可援引第八部分規定的「解決爭端程序」（the procedures for the settlement of disputes），相關國家應盡力做出實際的臨時安排。如果就這種安排也無法達成協議，任何相關國家可為取得臨時措施提出爭端。一方面，沿海國要定期向其他相關國家通報他們就其國家管轄地區內跨界和高度洄游魚種制定的措施；另一方面，公海捕魚國也應定期向相關國家通報他們為管制懸掛本國旗幟，在公海捕撈這些種群的船隻的活動而制定的措施。

　　專屬經濟區制度的一個根本缺陷在於，人為割裂了海洋自然生態系統的統一性，互不抵觸原則在很大程度上彌補了這一缺陷[20]。跨

19　周忠海、孫炳輝(2004)，〈國際漁業制度——與我國的漁業管理與法律〉，《國際海洋法論文集》(一)，北京：海洋出版社，頁222。

20　王靈，同註6，頁151。

界和高度洄游魚種可能同時出現在EEZ以內和以外，因此在國家管轄海域捕撈可能會影響EEZ以外的海域如公海，反之亦然。如果在EEZ和在公海訂立的同種的跨界和高度洄游魚種的養護管理制度不一致或相互衝突，勢必會影響其效果。如1989年聯大44/225號有關大型「流網」（driftnet）捕魚決議指出的：「當海洋生物資源在沿海國EEZ以外的公海過度捕撈之後，可能會對EEZ內的同類資源產生不利影響」。因此，漁業管理應覆蓋整個種群分佈的區域，所有相關國家的管理措施應該協調一致。

　　1995年協定雖然只是一個執行性文件，但它的影響力是不可低估的。最重大的意義就在於，爲沿海國和公海捕魚國履行對跨界和高度洄游魚種的養護和管理義務，而進行國家間的合作設置了一個有力的、具有可操作性的機制[21]。特別其第21條第1款給與沿海國登臨並檢查外國船舶的權力，此一「相互登船檢查」（cross boarding and inspection）權若對比過去在公海上的船舶其管轄權基本上專屬船旗國本身，雖然本條款也成爲各個國家和地區管轄衝突的主要來源之一，但確也是傳統國際海洋法上一個新的且重要的突破[22]。

(二)1993年《促進公海漁船遵守國際養護和管理措施協定》

　　國際漁業管理中普遍存在著一個問題，即一些區域漁業組織所制定的漁業養護和管理措施只對其成員國產生拘束力，而不能約束非成員國，因此一些成員國的漁船改掛其他國家的旗幟，從而規避管制。「更換旗幟」（re-flagging）歷來是國際漁業管理中的一個棘手問題，嚴重影響了各種漁業養護和管理措施的效力。1993年11月「聯合國糧

21　慕亞平、江穎(2005)，〈從「公海捕魚自由」原則的演變看海洋漁業管理制度的發展趨勢〉，載《中國海洋法學評論》第1期，頁75。

22　傅崑成(2004)，〈非法捕魚與潛在的國家和地區管轄衝突--台灣的觀點〉，《海洋法專題研究》，廈門：廈門大學出版社，頁131。

農組織」（UN Food and Agriculture Organization -FAO）第27屆大會通過了《促進公海漁船遵守國際養護和管理措施協定》（又稱《掛旗協定》）。加強船旗國的管理責任，防止漁船通過懸掛方便旗或任意改掛船旗來規避養護和管理公海生物資源的措施。要求各國對懸掛其旗幟的漁船進行有效的管轄和控制，並對違反協定的漁船採取措施，包括拒絕授予、中止或撤銷公海捕撈權。該協定賦予船旗國責任的概念以實質性的內容呈現，完成了聯合國環境與發展會議的部分要求【23】。其通過之後，公海漁船「捕撈許可證」（fishing permits）制度逐漸成為一種趨勢。

二、軟法（soft law）

(一)1995年《負責任漁業行為準則》（Code of conduct for responsible fisheries）

　　1995年10月，FAO大會通過了《負責任漁業行為準則》（以下簡稱「《準則》」）。《準則》雖不具有強制性的法律拘束力，但它以包括《公約》在內的有關國際法規為基礎（有法律拘束力），較為全面地反映了負責任漁業問題的各個方面，對漁業管理做出普遍的指導。由於漁業活動是全世界人類現代及未來的糧食、就業、娛樂、貿易及經濟福祉的來源，所謂「負責任漁業」，是指進行漁業活動並非可任意為之，而是應以一種負責的態度為之【24】。

　　《準則》的宗旨是根據有關的國際協定，並考慮有關的生物學、

23　David A. Balton(1996)，Strengthening the Law of the Sea：The New Agreement on Straddling Fish Stocks and Highly Migratory Fish Stocks, *Ocean Development & International Law*,Vol.27, p.132.

24　黃異(2000)，《海洋秩序與國際法》，台北：學林出版社，頁439-440。

技術、社會、經濟、環境和商業方面的情況，確定負責任捕魚和漁業活動的原則。《準則》呼籲各國、區域漁業組織和非政府組織共同努力，以保護漁業資源:改善人類利用漁業資源的管理，以避免過度開發導致對魚種的損害；鼓勵海洋環境保護，以使漁業資源可持續發展。《準則》強調利用最佳科學證據的必要性，要求使用預防性做法，包含以生態為基礎的觀點，鼓勵使用對環境有利的漁具和捕魚方式以及要求各國加入區域漁業「組織和安排」（organization and arrangement）。各國應阻止或減少過度捕魚量，確保捕魚量符合漁業資源的可持續利用。

各國可在自願的基礎上應用本《準則》，當《準則》中的部份內容已包括在有關國家間的協定中，則該部分內容對這些當事國具有法律約束力。《準則》的範圍是全球性的，其中的原則和標準適用於所有漁業。不少區域漁業組織在制定管理措施和規定時，均參考本《準則》。它可作為參考性文件，幫助各國確立或改善開展負責任漁業所要求的法律框架和制訂國家的執行法律。許多沿海國在EEZ內對外國漁業的管理也以該《準則》的內容為起碼的標準。

(二)2001年聯合國糧農組織全球行動計畫

全球行動計畫是FAO於2001年以《準則》為基礎制訂的不具有法律約束力的文件，其由四部分組成:管理漁業捕撈、養護和管理鯊魚、減少延繩釣中誤捕海鳥、非法、未報告和無管制的（illegal、unreported and unregulated-IUU）」捕魚問題【25】。該全球行動計畫針對的是過度捕撈對世界漁業資源的過度利用，並對魚種造成了損害。要求國家、區域和全球層面上對漁業捕撈進行評估，並不遲於2005年制訂各國計畫，以有效管理各國和國際水域內的漁業捕撈。在此過程中，各國應

25　See http:www.fao.org.

減少和取消導致過度捕撈的經濟補貼，並通過區域組織進行合作，確保有效地管理漁業捕撈。此外，各國應向FAO報告其管理情況。

四部分中最重要和最具政治敏感性的是關於IUU捕魚活動的行動計畫。「非法捕魚」指違反國內法或國際法的漁業活動，這通常是由於缺乏意願或執法能力造成的。「未報告的捕魚」指未對有關國家主管部門或區域漁業組織報告漁獲量或者是進行了誤報。「無管制的捕魚」指在沒有管理機制的區域進行捕撈，或者捕撈方式與該國根據國際法承擔的養護義務不一致。此外，還指不屬於區域漁業組織成員的國家的漁船進行的捕撈。總之，這些捕魚行為對魚類的可持續利用和有效的管理造成了損害【26】。」據FAO統計，「IUU捕魚活動」占世界總捕撈量的30%【27】。和《準則》一樣，關於「IUU捕魚活動」的全球行動計畫是一個全面、具體和具有深遠意義的文件，呼籲各國和區域漁業組織採取行動，規定了船旗國、沿海國和港口國的作用。船旗國應對在公海上進行捕魚的漁船發放許可證，以使其遵守國際公約和國內法律規定。沿海國要在其EEZ打擊IUU捕魚活動，拒絕有IUU捕魚紀錄的船隻在其水域作業。如果有明確證據證明船隻進行了IUU的捕魚活動，港口國應拒絕該船在港口轉運漁獲，並向船旗國通報。此外，行動計畫還鼓勵通過市場措施解決IUU捕魚問題，呼籲各國根據國際法採取措施封閉IUU捕魚的市場。雖然行動計畫是不具法律約束力的軟法，但其規定對世界漁業資源的養護有著深遠意義，從國際漁業法律制度的發展趨勢來看，這些規定有可能被吸納入具有法律約束力的條約之中。

26　Lawrence Juda , *supra note 11*, p.119.

27　FAO, New International Plan of Action Targets : Illegal、Unreported and Unregulated Fishing,www.fao.org., Press Release.

第五節　產權制度(the institution of property rights)

「產權制度」(institution of property rights)對社會是重要的，因為它為人們的節儉行為提供了激勵，它迫使人們承擔自我決策的後果。換言之，產權使人們能夠享受節儉(帶來)的獎賞。種瓜得瓜，種豆得豆⋯⋯如果一種資源產生的收益超出了所有成本，那麼，它就是一顆「搖錢樹」，人們就願意為獲得使用它的權利而支付。如果使用權可轉讓，那麼，市場價格大於零就是對資源對社會具有價值以及對私人具有價值這一假定情形的支持。不能產生淨收益的產權對人們是沒有價值的，此類產權也就必然難以存留於世。存留下來的權利確實具有價值，是對資源正在為社會作出貢獻的一種證明。(the institution of property rights has stature in society because it generates incentives for people to behave economically. It forces them to bear the consequences of their own decisions. Put another way, property rights enable people to enjoy the rewards of being economical. As people sow, so shall they reap⋯.If a resource generates revenues in excess of full costs, it is a 'money machine' and people will be willing to pay for the right to have access to it. If the right of access is marketable, then a positive market price for it supports a presumptive case that the resource has social value as well as value to private persons. Property rights which do not generate net (of costs) revenues have no value to people and will wither away. Maintained rights do have value and are evidence that the resource is making a social contribution.) [28]

---

28 Neher, P.A., R. Arnason, and N. Mollett (eds.) (1989), *Rights-Based*

　　運用同樣的經濟學方法，聯合國糧農組織2002年同樣將產權問題視爲全球漁業的一大議題，並指出：「自20世紀50年代以來，關心捕撈業管理的經濟學家們已經意識到資源利用規則創設激勵和參與反應，這些規則和激勵可對漁業的長期狀態產生重大影響。在大多數漁業中，資源利用管制失效可導致如下情形：漁獲努力量達到浪費社會資源和過度利用魚類資源的水平。人們日益認識到，這一管理問題的部分矯正方法在於設計出適當的野生種群利用權；而漁業行政管理者也越來越關注，如何才能使各種類型的漁業參與者享用明晰的權利……財產以及與財產相關聯的權利之基本概念並不複雜，所謂「產權」是一組權利束，這些權利同時賦予持有者以特權和責任。」(since the 1950s, economists concerned with the management of capture fisheries have been aware that the rules for access to resources create incentives and participatory responses, and that these rules and incentives can have a fundamental effect on the long-term status of fisheries. In most fisheries, ineffective strategies for regulating access can lead to simulations where the level of fishing effort wastes society's resources and overexplpoits species. There is a growing realization that part of the remedy to this management problem lies in designing appropriate access rights to wild stocks, and fishery administrators are now increasingly considering how to provide explicit rights of various sorts to fisheries participants　The basic concept of property and the rights associated with property is a simple. So-called property rights are bundles of entitlements that confer both privileges and responsibilities.) [29]

Fishing, Dordrecht, The Nethelands: Kluwer Academic Publishers.

29　FAO 2000. The State of World Fisheries and Aquaculture 2000. Food and Agriculture Organization, Rome.轉引自慕永通(2004)，〈市場理性、產權與海洋生物資源管理——兼析美國北太平洋漁業私有化之邏輯〉，《中國海洋大學學報》(社會科學版)，第6期，頁106。

在最近發表的引起了較大反響的一部專著中，美國學者Susan Hanna也表達了類似的觀點。她指出：「過度捕撈之所以不斷發生，不是因為人們貪婪、懦弱或過於浪漫，而是因為這樣做是理性的。當特定漁業對任何人都是開放的時候，就無法保證今天未被捕走的一條魚，明天還會在那兒游來游去。事實上，它極有可能被其他漁民補走。既然如此，為什麼你自己不捕它呢？如果明天、下一週或者明年將發生什麼是高度不確定的，那麼，又有誰會為漁業的長期可持續性而投資呢？這種投資是不理性的，唯一的理性選擇是為魚而競爭，儘早捕撈和經常捕撈，建造一艘能將所有競爭者淘汰出局的漁船。這正是自由准入機制內含的激勵。魚明天是否還會在那兒？漁民對這一問題的不確定性、捕撈經濟學以及魚類種群的自然變異，三者以一種對資源有害的方式相互作用著。政府管理捕撈行為的努力無法駕馭這一動態過程。讓漁業對所有人開放，這樣做往往用心良苦，這是一種很公平、使所有人都能共享捕魚機會的企圖。但是，不管這一目標多麼高尚，自由捕魚的結果卻既不公平，也無利可圖。正如本書清楚表明的，一個自由准入的漁業將吸引太多的漁船，太多的捕魚人，太大的捕撈能力，最終結果只能是一個遭到了過度捕撈的漁業」。(the reason that overfishing continues is not because people are greedy, weak, or overly romantic but because it is a rational thing to do. When a fishery is open to anyone, there is no assurance that a fish not caught today will be around tomorrow. In fact, it will probably be caught by someone else. So why not catch it yourself? Why invest in the long-term sustainability of the fishery if what happens tomorrow or next week or next year is highly uncertain? It's not rational. The only rational thing to do is to race for the fish, to fish early and often, and to build a boat that will out-fish competitors. That is the incentive of open access. The uncertainty among fishermen about whether fish will be there tomorrow interacts with the economics of fishing and the natural variability of fish populations in a way that is destructive of the resource. Attempts by the government to manage fishing behavior are inadequate to control these dynamics. Leaving fisheries open to anyone is often done with the best of intentions. It is an attempt to be fair to all and to share the opportunity of fishing. But despite this noble goal, the outcome of open access fishing is neither fair nor profitable. As this book clearly demonstrates, an open access fishery will attract too many boats, too many people, and too much fishing power. The result is an overfished fishery.) [30]

第六節　漁業管理措施

正如Hardin(1968)的「共有財產悲劇」(the tragedy of the commons)範例所揭示的一樣，假如共有資源的利用處於自由准入狀態，那麼，個別漁民之理性決策的集中效果必然導致整體的非理性結局 [31]。

漁業業管理諸措施及其分類方法：將資源生物量和生產力維持在理想水平唯一可能機制是，通過控制魚的捕獲數量、捕獲時間、捕獲規格和年齡來控制捕撈死亡量。控制捕撈死亡量的方法有很多種，每一方法對捕撈死亡量的控制多具有不同的效率，對漁民具有不同的影

30　Hanna, S.S. (1999), *Foreword to Fish, Markets, and Fishermen: The economics of Overfishing*, by Suzanne Iudicello, Michale Weber, and Robert Wieland. Washington, D. C. : Center for Marine Conservation and Island Press, pp.9-11.

31　Hardin, G. 1968. The tragedy of the commons[J].*Science*.1968, 162: 1243-48.轉引自慕永通(2004)，〈個別可轉讓配額理論的作用機理與制度優勢研究〉，《中國海洋大學學報》(社會科學版)，第2期，頁10。

響，在監測、控制和監督以及漁業管理的其他方面的可行性也各不相同。特定階段的漁獲總量取決於魚類在捕撈區域內的集群程度、所投入的漁獲努力量大小以及所採用的漁具之捕撈效率。這一關係表明，可運用許多方法控制漁獲總量，以達到控制種群捕撈死亡量的目的。無論採用何種管理措施，應首先決定是自由准入(即自由入漁)還是有限准入(即限制入漁)，應盡量避免捕撈能力過剩，因爲捕撈能力超過長期需要通常將導致漁業資源的過度利用，因此限制捕撈能力是必要的，但應確保限制過程的公平與公正。到目前爲止，在全球範圍內還沒有形成一個統一的漁業管理措施分類方法。籠統地講，學者們一般傾向於採用以下兩種分類方法：

一、根據管理措施學科的分類法

根據管理措施的學科來源和政策著力點的不同，將漁業管理措施劃分爲生物學方法、經濟學方法和社會學方法。根據管理措施旨在直接解決自由准入問題還是由自由准入所派生出來的問題，經濟學方法可進一步劃分成直接法和間接法(表一)。

二、糧農組織分類法：即技術措施、投入控制和產出控制(表二)。

對於大多數漁業，確保漁業種群可持續利用的最有效機制是限制因捕撈或其他原因所造成的魚類繁殖群體的死亡數量和保護重要的魚類生境免遭破壞。用於控制捕撈強度的兩種基本手段是投入控制(input controls)和產出控制(output controls)【32】。

32　Food and Agriculture Organization. FAO 1997. Technical Guidelines for Responsible Fisheries-4: Fisheries Management [M].FAO, Rome.

表一：漁業管理方法分類一

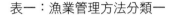

```
                          ┌─────────────┐
                          │  漁業管理方法  │
                          └─────────────┘
         ┌───────────────────┼───────────────────┐
         ▼                   ▼                   ▼
```

生物學方法	經濟學方法	社會學方法
例如：限制最小網目、最小上岸規格、性別、漁具限制、總可捕量和禁漁期制度，設立禁漁區和幼體保護區等。	直接法：直接限定漁船的海上工作日、漁船馬力數、漁船容量和捕撈許可證制度等。 間接法：個別漁船配額（IVQ_s）、個別配額（IQ_s）、社區開發配額（CDQ_3）、個別可轉讓配額（ITQ_3）等。	例如：共同管理、基於社區的管理等。

資料來源：慕永通(2006)，《漁業管理—以基於權利的管理為中心》，頁122。

表二：漁業管理方法分類二

投入控制	產出控制	技術措施
許可證制度	總可捕量制度	上岸規格和性別限制
個別漁獲努力量	配額個別配額制度	禁漁區和禁漁期
漁具和漁船限制	個別漁船配額制度	幼體保護區

資料來源：慕永通(2006)，《漁業管理—以基於權利的管理為中心》，頁122。

　　下面將按表二的分類方法來分別介紹各種漁業管理措施的主要特徵與制度效果。

(一)技術措施

包括漁具限制、禁漁期和禁漁區，主要目的在於通過影響漁具的捕撈效率來達到限制特定漁獲努力量的捕撈產量。技術措施試圖制約個別捕撈單元或整個船隊的投入和產出關係。其中，漁獲物上岸規格和性別選擇性措施限定允許捕獲和上岸的魚的性別與規格，禁漁期和禁漁區(time and area closures或者說closed times and areas，包括幼體保護區)則對捕撈單元的作業時間和空間予以限定。

(二)投入控制(input controls)

「投入控制」通過限制漁業的人工和資本投入總量來間接控制漁獲總量，例如，具體規定捕撈作業時間，限制可以使用的漁具種類和數量等，海洋捕撈業管理目前所採取的捕撈許可證制度、禁漁區和禁漁期制度就屬於投入控制的範疇。

投入控制包括許可證制度、個別漁獲努力量配額制度以及漁具和漁船限制措施。此類措施旨在通過直接控制漁獲努力量來達到間接控制漁業產出的目的。一般而言，漁業投入比產出更易於監控。投入控制限制捕撈的要素投入，包括限定捕撈許可證的發放數量(即限制捕撈單元的數量)、個別努力量配額(individual effort quotas，IEQs，即限定漁具數量或使用漁具的時間)、漁具和漁船限制(gear and vessel restrictions，即限定每一捕撈單元的規模和其他因子)。投入控制的一個主要特點是需要控制的投入種類的範疇很廣，而漁民為迴避政府規章的約束往往採取「投入替代」(即用不受管制的投入品替代受管制的投入品)策略，從而使此種管理措施不僅無法實現預期的政策目標，反而增加了漁民的作業成本[33]。

33　慕永通(2006)，《漁業管理—以基於權利的管理為中心》，青島：中國海洋大學出版社，頁121-122。

(三)產出控制(output controls)

產出控制包括總可捕量制度、個別(可轉讓)配額制度和個別漁船配額制度三大類，旨在通過直接限制「總漁獲量」，從而避免與規定和實施適當的技術措施和漁獲努力量有關的問題。產出控制限定整個漁船的產出水平和(或)個別捕撈單元(例如個別漁民、個別漁船或個別漁業公司)每一航次和(或)特定時間範圍內的產出水平。這些措施包括總可捕量(TACs)、個別配額(IQs)和漁船漁獲量限制(vessel catch limits)。

總可捕量規定了特定目標種類、特定作業漁場和在特定時間範圍允許捕撈的最大數量。個別配額直接規定個別捕撈單位(例如個別漁民、個別漁船或個別漁業公司)獲准捕撈的數量，其總合不超出總可捕量。漁船漁獲量制度限制一個捕撈單元每一航次或較短一段時間範圍(例如一星期)內的漁獲量，但並不一定對捕撈單元或航次的數量予以限制。是產出控制也有問題，主要是與漁業監測和監督相關。許多國家的大多數漁業都運用上述兩種或兩種以上的措施來管理其漁業【34】。

「產出控制」試圖通過限制可捕獲的魚的條數或重量來直接控制漁獲量，捕撈限額制度就屬於這一類型。產出控制的一般方法是，首先確定每個目標種類當年的可捕量，一旦達到該可捕量，該年度對該種類的捕撈作業即告結束。顯然，ITQs制度屬於產出控制的範疇。ITQs的基本概念是首先把「總可捕量」 (TACs)劃分成較小的單元，再把它們分配給各別漁業生產單位，包括個別漁民、個別漁船、個別捕撈公司、個別漁村或其他各種組織，並允許各別漁業生產單位在法律許可範圍內自由買賣、租出或租用配額，其目的是使配額所有者能夠更加靈活的安排捕撈作業活動。

ITQs制度的基本概念比較簡單，從構成個別可轉讓配額這一概念

34　慕永通(2006)，《漁業管理—以基於權利的管理為中心》，青島：中國海洋大學出版社，頁123。

的三個詞彙中，即個別(individual)、可轉讓(transferable)和配額(quota)就可以把握其本質。

1.個別

配額個別化的主要目的在於改變「遊戲規則」及其內含的激勵機制，即將「誰最先捕到歸誰所有」這一傳統捕撈規則轉變為「誰該捕多少就捕多少」，從而形成新的能夠從根本上消除漁民的競爭性捕撈心理。使漁民從「獵魚者」轉變為「牧魚者」這樣一種制度環境。

2.可轉讓

ITQs制度允許配額持有者們在政策許可的範圍內自由決定是否轉讓或出租所擁有的配額，或者是否租用他人的配額。由於配額是可轉讓的，漁民就能根據自身需要，按照最有利的方式來安排作業規模和時間以及選定作業漁場。

3.配額

確定出各年度最佳捕撈死亡總量，以此作為當年的總可捕量，然後將總可捕量劃分為較小的單元，分配給各個具體的漁業生產單位。配額一般是以總可捕量的百分比來表示的，每一配額持有者只擁有每年收獲與其配額數量相當的漁獲物的權利。

實際應用情形，各種不同的術語。例如，國際海洋開發理事會(ICES 1997)在解釋ITQs時，用「個別」這個詞代表擁有配額的個別漁民、個別漁船、個別社區、個別企業或個別其他形式的集體組織。同時，該委員會還認為，「配額」既可用產出單位來表示，例如可捕撈多少噸或多少條魚，也可用投入單位來表示，例如可使用多少漁具【35】。

35　ICES Report of Study Group on the Management Performance of Individual Transferable Quotas (ITQ) Systems [R]. ICES CM 1997/H:2. Ref. Assess, G.J. 1997

　　冰島為世界上最早引入ITQs的國家。由於長期的濫捕，冰島近海的漁業資源不斷衰退，1976年冰島首先在鯡(Herring)漁業中運用了ITQs，此後又相繼在毛鱗魚(Capelin)、龍蝦(Lobster)、扇貝(Scallops)等漁業中實施了ITQs。至1991年，冰島的漁業管理中已全面推行了ITQs。伴隨ITQs的實施，冰島的捕撈強度得到了有效控制，1997年的漁船數量比1991年下降了25%，漁船總載重量也維持在1.20x105t的水平，從而使漁業資源得到較好的養護。

　　紐西蘭是世界上實施ITQs非常成功的國家之一。1986年紐西蘭開始全面實施該制度，目前已在笛鯛(Snapper)、藍鱈(Blue cod)、牙鮃(Flatfish)、蛇鯖(Barracouta)、大西洋胸棘鯛(Orange roughy)、魷魚(Squid)、大螯蝦(Rock lobster)和南方扇貝(Southern scallops)等32種主要魚種中實行了ITQs[36]。

第七節　小　結

　　雖然區域國際漁業組織頗多，且其管理成效之評價仍存負面，如最高可捕量之高估、未能通盤考量魚類種群之整體性，常僅考量單一魚類種群，忽略相關連和依賴魚種、可靠之資料與數據取得不易……等[37]。然而畢竟對國際漁業資源採取越來越嚴格限制和監控的養護與管理措施是無法抵擋的必然浪潮。值此台灣受ICCAT制裁之際，我們只有真心的接受，沒有任何藉口，並確實履行規定。本文的介紹和研究，期望台灣上自政府機構、官員再至漁業企業者、工作者以及相關學術研究單位和研究者，下至所有國民都應具有此合乎世界潮流的環

36　郭文路、黃碩琳、曹世娟(2002年8月)，〈個體可轉讓配額制度在漁業管理中的運用分析〉，《海洋通報》，第21卷，第4期，頁75。

37　姜皇池(2004)，《國際海洋法》，台北：學林出版社，頁1043。

保思維。當我們在食用生魚片及在鼓勵漁業協助拍賣鮪魚時，希望那都是合理的路徑所得，而不是形同海洋掠食海盜行徑的戰利品。台灣既自詡是海洋立國，則如何確實落實相關規定並宣導教育海洋環保保育觀念，恐怕是一條必走的道路。

而在政府體制、人力資源整合上也應有正確的觀念，對此胡念祖教授指出:政府高層或軍方一直將「走私、偷渡」認爲是影響「國家安全」的重大問題，並由「軍事防衛」的心態出發，欲藉軍事手段在「海岸線」上有所作爲。事實上，這些由海上而來的「海域問題」係因海域法律秩序不彰而生，而非軍事性威脅而來；所以，爲解決這些問題，吾人需要的是充實海域執法力量，振作海域執法體制，以整飭海域法律秩序，而非以軍事力量在海岸線上進行「防衛」。顯然「海域」才是重點而不應退縮至「岸際」，這也才符合當今國際海洋法的權力空間配置體系。

回想台灣經歷了陸地本土的土石流，我們更不該把這土石流也搬到海上去。行政院2000年修訂「永續發展策略綱領」，其前言便強調「永續發展的意義係滿足當代的需要，同時不損及後代子孫滿足其本身需要的發展【38】。」雖然日前（2005年12月）WCPFC開會我們躲過了制裁【39】，但以後呢?而十五名官派觀察員，也在2006年新年前夕，飛到開普敦登上十五艘延繩釣鮪漁船出海作業，要除掉台灣海上的惡名，落實永續發展的理念、整合政府體制和人力資源、紮實宣導及教育相關海洋環保保育的觀念和規定，顯然台灣真正的挑戰才開始呢。

（本章初稿刊載於2006年2月師範大學政治學研究所《政治學學報》第六期）

38　王冠雄(2003)，《南海諸島爭端與漁業共同合作》，台北：秀威資訊科技股問有限公司，頁140。

39　《中國時報》，2005年12月17日。

附 件

聯合國海洋法公約

聯合國海洋法公約
UNITED NATIONS CONVENTION ON THE LAW OF THE SEA

序 言

　　本公約締約各國，本著以互相諒解和合作的精神解決與海洋法有關的一切問題的願望，並且認識到本公約對於維護和平、正義和全世界人民的進步作出重要貢獻的歷史意義，注意到自從一九五八年和一九六○年在日內瓦舉行了聯合國海洋法會議以來的種種發展，著重指出了需要有一項新的可獲一般接受的海洋法公約，意識到各海洋區域的種種問題都是彼此密切相關的，有必要作爲一個整體來加以考慮，認識到有需要通過本公約，在妥爲顧及所有國家主權的情形下，爲海洋建立一種法律秩序，以便利國際交通和促進海洋的和平用途，海洋資源的公平而有效的利用，海洋生物資源的養護以及研究、保護和保全海洋環境，考慮到達成這些目標將有助於實現公正公平的國際經濟秩序，這種秩序將照顧到全人類的利益和需要，特別是發展中國家的特殊利益和需要，不論其爲沿海國或內陸國，希望以本公約發展一九七○年十二月十七日第2749(XXV)號決議所載各項原則，聯合國大會在該決議中莊嚴宣佈，除其他外，國家管轄範圍以外的海床和洋底區域及其底土以及該區域的資源爲人類的共同繼承財產，其勘探與開發應爲全人類的利益而進行，不論各國的地理位置如何，相信在本公約中所達成的海洋法的編纂和逐漸發展，將有助於按照《聯合國憲章》所載的聯合國的宗旨和原則鞏固各國間符合正義和權利平等原則的和平、安全、合作和友好關係，並將促進全世界人民的經濟和社會方面的進展，確認本公約未予規定的事項，應繼續以一般國際法的規則和原則爲准據，經協議如下：

第一部分　用語

第一條　用語和範圍

1. 爲本公約的目的："區域"是指國家管轄範圍以外的海床和洋底及其底土。"管理局"是指國際海底管理局。"'區域'內活動"是指勘探和

開發 "區域" 的資源的一切活動。 "海洋環境的污染" 是指：人類直接或間接把物質或能量引入海洋環境，其中包括河口灣，以致造成或可能造成損害生物資源和海洋生物、危害人類健康、妨礙包括捕魚和海洋的其他正當用途在內的各種海洋活動、損壞海水使用品質和減損環境優美等有害影響。(a) "傾倒" 是指：從船隻、飛機、平臺或其他人造海上結構故意處置廢物或其他物質的行為；故意處置船隻、飛機、平臺或其他人造海上結構的行為。(b) "傾倒" 不包括：船隻、飛機、平臺或其他人造海上結構及其裝備的正常操作所附帶發生或產生的廢物或其他物質的處置，但為了處置這種物質而操作的船隻、飛機、平臺或其他人造海上結構所運載或向其輸送的廢物或其他物質，或在這種船隻、飛機、平臺或結構上處理這種廢物或其他物質所產生的廢物或其他物質均除外；並非為了單純處置物質而放置物質，但以這種放置不違反本公約的目的為限。

2. "締約國" 是指同意受本公約拘束而本公約對其生效的國家。本公約比照適用於第三〇五條第1款(b)、(c)、(d)、(e)和(f)項所指的實體，這些實體按照與各自有關的條件成為本公約的締約國，在這種情況下， "締約國" 也指這些實體。

第二部分 領海和毗連區 TERRITORIAL SEA AND CONTIGUOUS ZONE

■第一節 一般規定

第二條　領海及其上空、海床和底土的法律地位

1. 沿海國的主權及於其陸地領土及其內水以外鄰接的一帶海域，在群島國的情形下則及於群島水域以外鄰接的一帶海域，稱為領海。
2. 此項主權及于領海的上空及其海床和底土。
3. 對於領海的主權的行使受本公約和其他國際法規則的限制。

Art. 2 Legal status of the territorial sea, of the air space over the territorial sea and of its bed and subsoil

1. The sovereignty of a coastal State extends, beyond its land territory and internal waters and, in the case of an archipelagic State, its archipelagic waters, to an adjacent belt of sea, described as the territorial sea.
2. This sovereignty extends to the air space over the territorial sea as well as to its

bed and subsoil.

3. The sovereignty over the territorial sea is exercised subject to this Convention and to other rules of international law.

■第二節 領海的界限SECTION 2. LIMITS OF THE TERRITORIAL SEA

第三條 領海的寬度

每一國家有權確定其領海的寬度，直至從按照本公約確定的基線量起不超過十二海裏的界限為止。

Art. 3 Breadth of the territorial sea

Every State has the right to establish the breadth of its territorial sea up to a limit not exceeding 12 nautical miles, measured from baselines determined in accordance with this Convention.

第四條 領海的外部界限

領海的外部界限是一條其每一點同基線最近點的距離等於領海寬度的線。

Art. 4 Outer limit of the territorial sea

The outer limit of the territorial sea is the line every point of which is at a distance from the nearest point of the baseline equal to the breadth of the territorial sea.

第五條 正常基線

除本公約另有規定外，測算領海寬度的正常基線是沿海國官方承認的大比例尺海圖所標明的沿岸低潮線。

Art. 5 Normal baseline

Except where otherwise provided in this Convention, the normal baseline for measuring the breadth of the territorial sea is the low-water line along the coast as marked on large-scale charts officially recognized by the coastal State.

第六條 礁石

在位於環礁上的島嶼或有岸礁環列的島嶼的情形下，測算領海寬度的基線是沿海國官方承認的海圖上以適當標記顯示的礁石的向海低潮線。

第七條 直線基線

1. 在海岸線極為曲折的地方，或者如果緊接海岸有一系列島嶼，測算領海寬度的基線的劃定可採用連接各適當點的直線基線法。

2. 在因有三角洲和其他自然條件以致海岸線非常不穩定之處，可沿低潮線

向海最遠處選擇各適當點,而且,儘管以後低潮線發生後退現象,該直線基線在沿海國按照本公約加以改變以前仍然有效。

3. 直線基線的劃定不應在任何明顯的程度上偏離海岸的一般方向,而且基線內的海域必須充分接近陸地領土,使其受內水制度的支配。

4. 除在低潮高地上築有永久高於海平面的燈塔或類似設施,或以這種高地作為劃定基線的起訖點已獲得國際一般承認者外,直線基線的劃定不應以低潮高地為起訖點。

5. 在依據第1款可以採用直線基線法之處,確定特定基線時,對於有關地區所特有的並經長期慣例清楚地證明其為實在而重要的經濟利益,可予以考慮。

6. 一國不得採用直線基線制度,致使另一國的領海同公海或專屬經濟區隔斷。

Art. 7 Straight baselines

1. In localities where the coastline is deeply indented and cut into, or if there is a fringe of islands along the coast in its immediate vicinity, the method of straight baselines joining appropriate points may be employed in drawing the baseline from which the breadth of the territorial sea is measured.

2. Where because of the presence of a delta and other natural conditions the coastline is highly unstable, the appropriate points may be selected along the furthest seaward extent of the low-water line and, notwithstanding subsequent regression of the low-water line, the straight baselines shall remain effective until changed by the coastal State in accordance with this Convention.

3. The drawing of straight baselines must not depart to any appreciable extent from the general direction of the coast, and the sea areas lying within the lines must be sufficiently losely linked to the land domain to be subject to the regime of internal waters.

4.Straight baselines shall not be drawn to and from low-tide elevations, unless lighthouses or similar installations which are permanently above sea level have been built on them or except in instances where the drawing of baselines to and from such elevations has received general international recognition.

5.Where the method of straight baselines is applicable under paragraph 1, account may be taken, in determining particular baselines, of economic interests peculiar to the region concerned, the reality and the importance of which are clearly evidenced by long usage.

6. The system of straight baselines may not be applied by a State in such a manner as to cut off the territorial sea of another State from the high seas or an exclusive economic zone.

第八條　內水

1. 除第四部分另有規定外，領海基線向陸一面的水域構成國家內水的一部分。

2. 如果按照第七條所規定的方法確定直線基線的效果使原來並未認為是內水的區域被包圍在內成為內水，則在此種水域內應有本公約所規定的無害通過權。

第九條　河口

如果河流直接流入海洋，基線應是一條在兩岸低潮線上兩點之間橫越河口的直線。

第十條　海灣

1. 本條僅涉及海岸屬於一國的海灣。

2. 為本公約的目的，海灣是明顯的水曲，其凹入程度和曲口寬度的比例，使其有被陸地環抱的水域，而不僅為海岸的彎曲。但水曲除其面積等於或大於橫越曲口所劃的直線作為直徑的半圓形的面積外，不應視為海灣。

3. 為測算的目的，水曲的面積是位於水曲陸岸周圍的低潮標和一條連接水曲天然入口兩端低潮標的線之間的面積。如果因有島嶼而水曲有一個以上的曲口，該半圓形應劃在與橫越各曲口的各線總長度相等的一條線上。水曲內的島嶼應視為水曲水域的一部分而包括在內。

4. 如果海灣天然入口兩端的低潮標之間的距離不超過二十四海裏，則可在這兩個低潮標之間劃出一條封口線，該線所包圍的水域應視為內水。

5. 如果海灣天然入口兩端的低潮標之間的距離超過二十四海裏，二十四海裏的直線基線應劃在海灣內，以劃入該長度的線所可能劃入的最大水域。

6. 上述規定不適用於所謂"歷史性"海灣，也不適用於採用第七條所規定的直線基線法的任何情形。

Art. 10 Bays

1. This article relates only to bays the coasts of which belong to a single State.

2. For the purposes of this Convention, a bay is a well-marked indentation whose penetration is in such proportion to the width of its mouth as to contain land-locked waters and constitute more than a mere curvature of the coast. An indentation shall not, however, be regarded as a bay unless its area is as large as, or larger than, that of the semi-circle whose diameter is a line drawn across the mouth of that indentation.

3. For the purpose of measurement, the area of an indentation is that lying between the low-water mark around the shore of the indentation and a line joining the low-water mark of its natural entrance points. Where, because of the presence of islands, an indentation has more than one mouth, the semi-circle shall be drawn on a line as long as the sum total of the lengths of the lines across the different mouths. Islands within an indentation shall be included as if they were part of the water area of the indentation.

4. If the distance between the low-water marks of the natural entrance points of a bay does not exceed 24 nautical miles, a closing line may be drawn between these two low-water marks, and the waters enclosed thereby shall be considered as internal waters.

5. Where the distance between the low-water marks of the natural entrance points of a bay exceeds 24 nautical miles, a straight baseline of 24 nautical miles shall be drawn within the bay in such a manner as to enclose the maximum area of water that is possible with a line of that length.

6. The foregoing provisions do not apply to so-called "historic" bays, or in any case where the system of straight baselines provided for in article 7 is applied.

第十一條　港口

爲了劃定領海的目的，構成海港體系組成部分的最外部永久海港工程視爲海岸的一部分。近岸設施和人工島嶼不應視爲永久海港工程。

第十二條　泊船處

通常用於船舶裝卸和下錨的泊船處，即使全部或一部位于領海的外部界限以外，都包括在領海範圍之內。

第十三條　低潮高地

1. 低潮高地是在低潮時四面環水並高於水面但在高潮時沒入水中的自然形

成的陸地。如果低潮高地全部或一部與大陸或島嶼的距離不超過領海的寬度，該高地的低潮線可作爲測算領海寬度的基線。

2. 如果低潮高地全部與大陸或島嶼的距離超過領海的寬度，則該高地沒有其自己的領海。

Art. 13 Low-tide elevations

1. A low-tide elevation is a naturally formed area of land which is surrounded by and above water at low tide but submerged at high tide. Where a low-tide elevation is situated wholly or partly at a distance not exceeding the breadth of the territorial sea from the mainland or an island, the low-water line on that elevation may be used as the baseline for measuring the breadth of the territorial sea.

2. Where a low-tide elevation is wholly situated at a distance exceeding the breadth of the territorial sea from the mainland or an island, it has no territorial sea of its own.

第十四條　確定基線的混合辦法

沿海國爲適應不同情況，可交替使用以上各條規定的任何方法以確定基線。

第十五條　海岸相向或相鄰國家間領海界限的劃定

如果兩國海岸彼此相向或相鄰，兩國中任何一國在彼此沒有相反協議的情形下，均無權將其領海伸延至一條其每一點都同測算兩國中每一國領海寬度的基線上最近各點距離相等的中間線以外。但如因歷史性所有權或其他特殊情況而有必要按照與上述規定不同的方法劃定兩國領海的界限，則不適用上述規定。

Art. 15 Delimitation of the territorial sea between States with opposite or adjacent coasts

Where the coasts of two States are opposite or adjacent to each other, neither of the two States is entitled, failing agreement between them to the contrary, to extend its territorial sea beyond the median line every point of which is equidistant from the nearest points on the baselines from which the breadth of the territorial seas of each of the two States is measured. The above provision does not apply, however, where it is necessary by reason of historic title or other special circumstances to delimit the territorial seas of the two States in a way which is at variance therewith.

第十六條　海圖的地理座標表

1. 按照第七、第九和第十條確定的測算領海寬度的基線，或根據基線劃定的界限，和按照第十二和第十五條劃定的分界線，應在足以確定這些線的位置的一種或幾種比例尺的海圖上標出。或者，可以用列出各點的地理座標並注明大地基準點的表來代替。
2. 沿海國應將這種海圖或地理座標表妥爲公佈，並應將各該海圖和座標表的一份副本交存于聯合國秘書長。

■第三節 領海的無害通過 A分節適用於所有船舶的規則
第十七條 無害通過權
在本公約的限制下，所有國家，不論爲沿海國或內陸國，其船舶均享有無害通過領海的權利。

第十八條 通過的意義
1. 通過是指爲了下列目的，通過領海的航行：
   (a)穿過領海但不進入內水或停靠內水以外的泊船處或港口設施；或(b)駛往或駛出內水或停靠這種泊船處或港口設施。
2. 通過應繼續不停和迅速進行。通過包括停船和下錨在內，但以通常航行所附帶發生的或由於不可抗力或遇難所必要的或爲救助遇險或遭難的人員、船舶或飛機的目的爲限。

Art. 18 Meaning of passage
1. Passage means navigation through the territorial sea for the purpose of:
   (a) traversing that sea without entering internal waters or calling at a roadstead or port facility outside internal waters; or(b) proceeding to or from internal waters or a call at such roadstead or port facility.
2. Passage shall be continuous and expeditious. However, passage includes stopping and anchoring, but only in so far as the same are incidental to ordinary navigation or are rendered necessary by force majeure or distress or for the purpose of rendering assistance to persons, ships or aircraft in danger or distress.

第十九條 無害通過的意義
1. 通過只要不損害沿海國的和平、良好秩序或安全，就是無害的。這種通過的進行應符合本公約和其他國際法規則。
2. 如果外國船舶在領海內進行下列任何一種活動，其通過即應視爲損害沿海國的和平、良好秩序或安全：

(a)對沿海國的主權、領土完整或政治獨立進行任何武力威脅或使用武力，或以任何其他違反《聯合國憲章》所體現的國際法原則的方式進行武力威脅或使用武力；(b)以任何種類的武器進行任何操練或演習；(c)任何目的在於搜集情報使沿海國的防務或安全受損害的行爲；(d)任何目的在於影響沿海國防務或安全的宣傳行爲；(e)在船上起落或接載任何飛機；(f)在船上發射、降落或接載任何軍事裝置；(g)違反沿海國海關、財政、移民或衛生的法律和規章，上下任何商品、貨幣或人員；(h)違反本公約規定的任何故意和嚴重的污染行爲；(i)任何捕魚活動；(j)進行研究或測量活動；(k)任何目的在於干擾沿海國任何通訊系統或任何其他設施或設備的行爲；(l)與通過沒有直接關係的任何其他活動。

Art. 19 Meaning of innocent passage

1. Passage is innocent so long as it is not prejudicial to the peace, good order or security of the coastal State. Such passage shall take place in conformity with this Convention and with other rules of international law.

2. Passage of a foreign ship shall be considered to be prejudicial to the peace, good order or security of the coastal State if in the territorial sea it engages in any of the following activities:

(a) any threat or use of force against the sovereignty, territorial integrity or political independence of the coastal State, or in any other manner in violation of the principles of international law embodied in the Charter of the United Nations;(b) any exercise or practice with weapons of any kind;(c) any act aimed at collecting information to the prejudice of the defence or security of the coastal State;(d) any act of propaganda aimed at affecting the defence or security of the coastal State;(e) the launching, landing or taking on board of any aircraft;(f) the launching, landing or taking on board of any military device;(g) the loading or unloading of any commodity, currency or person contrary to the customs, fiscal, immigration or sanitary laws and regulations of the coastal State;(h) any act of wilful and serious pollution contrary to this Convention;(i) any fishing activities;(j) the carrying out of research or survey activities;(k) any act aimed at interfering with any systems of communication or any other facilities or installations of the coastal State;(l) any other activity not having a direct bearing on passage.

第二十條　潛水艇和其他潛水器

在領海內，潛水艇和其他潛水器，須在海面上航行並展示其旗幟。

Art. 20 Submarines and other underwater vehicles

In the territorial sea, submarines and other underwater vehicles are required to navigate on the surface and to show their flag.

第二十一條　沿海國關於無害通過的法律和規章

1. 沿海國可依本公約規定和其他國際法規則，對下列各項或任何一項制定關於無害通過領海的法律和規章：(a)航行安全及海上交通管理；(b)保護助航設備和設施以及其他設施或設備；(c)保護電纜和管道；(d)養護海洋生物資源；(e)防止違犯沿海國的漁業法律和規章；(f)保全沿海國的環境，並防止、減少和控制該環境受污染；(g)海洋科學研究和水文測量；(h)防止違犯沿海國的海關、財政、移民或衛生的法律和規章。

2. 這種法律和規章除使一般接受的國際規則或標準有效外，不應適用於外國船舶的設計、構造、人員配備或裝備。

3. 沿海國應將所有這種法律和規章妥為公佈。

4. 行使無害通過領海權利的外國船舶應遵守所有這種法律和規章以及關於防止海上碰撞的一切一般接受的國際規章。

Art. 21 Laws and regulations of the coastal State relating to innocent passage

1. The coastal State may adopt laws and regulations, in conformity with the provisions of this Convention and other rules of international law, relating to innocent passage through the territorial sea, in respect of all or any of the following:

   (a) the safety of navigation and the regulation of maritime traffic;(b) the protection of navigational aids and facilities and other facilities or installations;(c) the protection of cables and pipelines;(d) the conservation of the living resources of the sea;(e) the prevention of infringement of the fisheries laws and regulations of the coastal State;(f) the preservation of the environment of the coastal State and the prevention, reduction and control of pollution thereof;(g) marine scientific research and hydrographic surveys;(h) the prevention of infringement of the customs, fiscal, immigration or sanitary laws and regulations of the coastal State.

2. Such laws and regulations shall not apply to the design, construction, manning

or equipment of foreign ships unless they are giving effect to generally accepted international rules or standards.

3. The coastal State shall give due publicity to all such laws and regulations.

4. Foreign ships exercising the right of innocent passage through the territorial sea shall comply with all such laws and regulations and all generally accepted international regulations relating to the prevention of collisions at sea.

第二十二條　領海內的海道和分道通航制

1. 沿海國考慮到航行安全認為必要時，可要求行使無害通過其領海權利的外國船舶使用其為管制船舶通過而指定或規定的海道和分道通航制。

2. 特別是沿海國可要求油輪、核動力船舶和載運核物質或材料或其他本質上危險或有毒物質或材料的船舶只在上述海道通過。

3. 沿海國根據本條指定海道和規定分道通航制時，應考慮到：(a)主管國際組織的建議；(b)習慣上用於國際航行的水道；(c)特定船舶和水道的特殊性質；和(d)船舶來往的頻繁程度。4.沿海國應在海圖上清楚地標出這種海道和分道通航制，並應將該海圖妥為公佈。

Art. 22 Sea lanes and traffic separation schemes in the territorial sea

1. The coastal State may, where necessary having regard to the safety of navigation, require foreign ships exercising the right of innocent passage through its territorial sea to use such sea lanes and traffic separation schemes as it may designate or prescribe for the regulation of the passage of ships.

2. In particular, tankers, nuclear-powered ships and ships carrying nuclear or other inherently dangerous or noxious substances or materials may be required to confine their passage to such sea lanes.

3. In the designation of sea lanes and the prescription of traffic separation schemes under this article, the coastal State shall take into account:
   (a) the recommendations of the competent international organization;(b) any channels customarily used for international navigation;(c) the special characteristics of particular ships and channels; and(d) the density of traffic.

4. The coastal State shall clearly indicate such sea lanes and traffic separation schemes on charts to which due publicity shall be given.

第二十三條　外國核動力船舶和載運核物質或其他本質上危險或有毒物質的船舶

外國核動力船舶和載運核物質或其他本質上危險或有毒物質的船舶，在行使無害通過領海的權利時，應持有國際協定爲這種船舶所規定的證書並遵守國際協定所規定的特別預防措施。

Art. 23 Foreign nuclear-powered ships and ships carrying nuclear or other inherently dangerous or noxious substances

Foreign nuclear-powered ships and ships carrying nuclear or other inherently dangerous or noxious substances shall, when exercising the right of innocent passage through the territorial sea, carry documents and observe special precautionary measures established for such ships by international agreements.

第二十四條　沿海國的義務

1. 除按照本公約規定外，沿海國不應妨礙外國船舶無害通過領海，尤其在適用本公約或依本公約制定的任何法律或規章時，沿海國不應：(a)對外國船舶強加要求，其實際後果等於否定或損害無害通過的權利；或(b)對任何國家的船舶、或對載運貨物來往任何國家的船舶或對替任何國家載物的船舶，有形式上或事實上的歧視。

2. 沿海國應將其所知的在其領海內對航行有危險的任何情況妥爲公佈。

第二十五條　沿海國的保護權

1. 沿海國可在其領海內採取必要的步驟以防止非無害的通過。

2. 在船舶駛往內水或停靠內水外的港口設備的情形下，沿海國也有權採取必要的步驟，以防止對准許這種船舶駛往內水或停靠港口的條件的任何破壞。

3. 如爲保護國家安全包括武器演習在內而有必要，沿海國可在對外國船舶之間在形式上或事實上不加歧視的條件，在其領海的特寫區域內暫時停止外國船舶的無害通過。這種停止僅應在正式公佈後發生效力。

第二十六條　可向外國船舶徵收的費用

1. 對外國船舶不得僅以其通過領海爲理由而徵收任何費用。

2. 對通過領海的外國船舶，僅可作爲對該船舶提供特寫服務的報酬而徵收費用。徵收上述費用不應有任何歧視。

■B分節　適用於商船和用於商業目的的政府船舶的規則

第二十七條　外國船舶上的刑事管轄權

1. 沿海國不應在通過領海的外國船舶上行使刑事管轄權，以逮捕與在該船

舶通過期間船上所犯任何罪行有關的任何人或進行與該罪行有關的任何調查，但下列情形除外：(a)罪行的後果及于沿海國；(b)罪行屬於擾亂當地安寧或領海的良好秩序的性質；(c)經船長或船旗國外交代表或領事官員請求地方當局予以協助；或(d)這些措施是取締違法販運麻醉藥品或精神調理物質所必要的。

2. 上述規定不影響沿海國爲在駛離內水後通過領海的外國船舶上進行逮捕或調查的目的而採取其法律所授權的任何步驟的權利。

3. 在第1和第2兩款規定的情形下，如經船長請求，沿海國在採取任何步驟前應通知船旗國的外交代表或領事官員，並應便利外交代表或領事官員和船上乘務人員之間的接觸。遇有緊急情況，發出此項通知可與採取措施同時進行。

4. 地方當局在考慮是否逮捕或如何逮捕時，應適當顧及航行的利益。

5. 除第十二部分有所規定外或有違犯按照第五部分制定的法律和規章的情形，如果來自外國港口的外國船舶僅通過領海而不駛入內水，沿海國不得在通過領海的該船舶上採取任何步驟，以逮捕與該船舶駛進領海前所犯任何罪行有關的任何人或進行與該罪行有關的調查。

Art. 27 Criminal jurisdiction on board a foreign ship

1. The criminal jurisdiction of the coastal State should not be exercised on board a foreign ship passing through the territorial sea to arrest any person or to conduct any investigation in connection with any crime committed on board the ship during its passage, save only in the following cases:

(a) if the consequences of the crime extend to the coastal State;(b) if the crime is of a kind to disturb the peace of the country or the good order of the territorial sea;(c) if the assistance of the local authorities has been requested by the master of the ship or by a diplomatic agent or consular officer of the flag State; or(d) if such measures are necessary for the suppression of illicit traffic in narcotic drugs or psychotropic substances.

2. The above provisions do not affect the right of the coastal State to take any steps authorized by its laws for the purpose of an arrest or investigation on board a foreign ship passing through the territorial sea after leaving internal waters.

3. In the cases provided for in paragraphs 1 and 2, the coastal State shall, if the master so requests, notify a diplomatic agent or consular officer of the flag State

before taking any steps, and shall facilitate contact between such agent or officer and the ship's crew. In cases of emergency this notification may be communicated while the measures are being taken.

4. In considering whether or in what manner an arrest should be made, the local authorities shall have due regard to the interests of navigation.

5. Except as provided in Part XII or with respect to violations of laws and regulations adopted in accordance with Part V, the coastal State may not take any steps on board a foreign ship passing through the territorial sea to arrest any person or to conduct any investigation in connection with any crime committed before the ship entered the territorial sea, if the ship, proceeding from a foreign port, is only passing through the territorial sea without entering internal waters.

第二十八條　對外國船舶的民事管轄權

1. 沿海國不應為對通過領海的外國船舶上某人行使民事管轄權的目的而停止其航行或改變其航向。

2. 沿海國不得為任何民事訴訟的目的而對船舶從事執行或加以逮捕，但涉及該船舶本身在通過沿海國水域的航行中或為該航行的目的而承擔的義務或因而負擔的責任，則不在此限。

3. 第2款不妨害沿海國按照其法律為任何民事訴訟的目的而對在領海內停泊或駛離內水後通過領海的外國船舶從事執行或加以逮捕的權利。

Art. 28 Civil jurisdiction in relation to foreign ships

1. The coastal State should not stop or divert a foreign ship passing through the territorial sea for the purpose of exercising civil jurisdiction in relation to a person on board the ship.

2. The coastal State may not levy execution against or arrest the ship for the purpose of any civil proceedings, save only in respect of obligations or liabilities assumed or incurred by the ship itself in the course or for the purpose of its voyage through the waters of the coastal State.

3. Paragraph 2 is without prejudice to the right of the coastal State, in accordance with its laws, to levy execution against or to arrest, for the purpose of any civil proceedings, a foreign ship lying in the territorial sea, or passing through the territorial sea after leaving internal waters.

■C分節　適用於軍艦和其他用於非商業目的的政府船舶的規則

第二十九條　軍艦的定義

爲本公約的目的，"軍艦"是指屬於一國武裝部隊、具備辨別軍艦國籍的外部標誌、由該國政府正式委任並名列相應的現役名冊或類似名冊的軍官指揮和配備有服從正規武裝部隊紀律的船員的船舶。

第三十條　軍艦對沿海國法律和規章的不遵守

如果任何軍艦不遵守沿海國關於通過領海的法律和規章，而且不顧沿海國向其提出遵守法律和規章的任何要求，沿海國可要求該軍艦立即離開領海。

第三十一條　船旗國對軍艦或其他用於非商業目的的政府船舶所造成的損害的責任

對於軍艦或其他用於非商業目的的政府船舶不遵守沿海國有關通過領海的法律和規章或不遵守本公約的規定或其他國際法規則，而使沿海國遭受的任何損失或損害，船旗國應負國際責任。

第三十二條　軍艦和其他用於非商業目的的政府船舶的豁免權

■A分節和第三十及第三十一條所規定的情形除外，本公約規定不影響軍艦和其他用於非商業目的的的政府船舶的豁免權。

■第四節　毗連區
第三十三條　毗連區

1. 沿海國可在毗連其領海稱爲毗連區的區域內，行使爲下列事項所必要的管制：(a)防止在其領土或領海內違犯其海關、財政、移民或衛生的法律和規章；(b)懲治在其領土或領海內違犯上述法律和規章的行爲。

2. 毗連區從測算領海寬度的基線量起，不得超過二十四海裏。

第三部分　用於國際航行的海峽

■第一節　一般規定
第三十四條　構成用於國際航行海峽的水域的法律地位

1. 本分部所規定的用於國際航行的海峽的通過制度，不應在其他方面影響構成這種海峽的水域的法律地位，或影響海峽沿岸國對這種水域及其上空、海床和底土行使其主權或管轄權。

2. 海峽沿岸國的主權或管轄權的行使受本部分和其他國際法規則的限制。

第三十五條　本部分的範圍

本部分的任何規定不影響：(a)海峽內任何內水區域，但按照第七條所規定的方法確定直線基線的效果使原來並未認為是內水的區域被包圍在內成為內水的情況除外；(b)海峽沿岸國領海以外的水域作為專屬經濟區或公海的法律地位；或(c)某些海峽的法律制度，這種海峽的通過已全部或部分地規定在長期存在、現行有效的專門關於這種海峽的國際公約中。

第三十六條　穿過用於國際航行的海峽的公海航道或穿過專屬經濟區的航道

如果穿過某一用於國際航行的海峽有在航行和水文特徵方面同樣方便的一條穿過公海或穿過專屬經濟區的航道，本部分不適用於該海峽；在這種航道中，適用本公約其他有關部分其中包括關於航行和飛越自由的規定。

■第二節　過境通行

第三十七條　本節的範圍

本節適用於在公海或專屬經濟區的一個部分和公海或專屬經濟區的另一部分之間的用於國際航行的海峽。

第三十八條　過境通行權

1. 在第三十七條所指的海峽中，所有船舶和飛機均享有過境通行的權利，過境通行不應受阻礙；但如果海峽是由海峽沿岸國的一個島嶼和該國大陸形成，而且該島向海一面有在航行和水文特徵方面同樣方便的一條穿過公海，或穿過專屬經濟區的航道，過境通行就不應適用。

2. 過境通行是指按照本部分規定，專為在公海或專屬經濟區的一個部分和公海或專屬經濟區的另一部分之間的海峽繼續不停和迅速過境的目的而行使航行和飛越自由。但是，對繼續不停和迅速過境的要求，並不排隊在一個海峽沿岸國入境條件的限制下，為駛入、駛離該國或自該國返回的目的而通過海峽。

3. 任何非行使海峽過境通行權的活動，仍受本公約其他適用的規定的限制。

第三十九條　船舶和飛機在過境通行時的義務

1. 船舶和飛機在行使過境通行權時應：(a)毫不遲延地通過或飛越海峽；(b)不對海峽沿岸國的主權、領土完整或政治獨立進行任何武力威脅或使用武力，或以任何其他違反《聯合國憲章》所體現的國際法原則的方式進行武力威脅或使用武力；(c)除因不可抗力或遇難而有必要外，不從事其

繼續不停和迅速過境的通常方式所附帶發生的活動以外的任何活動；(d)
遵守本部分的其他有關規定。

2. 過境通行的船舶應：(a)遵守一般接受的關於海上安全的國際規章、程式
   和慣例，包括《國際海上避碰規則》；(b)遵守一般接受的關於防止、減
   少和控制來自船舶的污染的國際規章、程式和慣例。

3. 過境通行的飛機應：(a)遵守國際民用航空組織制定的適用於民用飛機的
   《航空規則》；國有飛機通常應遵守這種安全措施，並在操作時隨時適
   當顧及航行安全；(b)隨時監聽國際上指定的空中交通管制主管機構所分
   配的無線電頻率或有關的國際呼救無線電頻率。

第四十條　研究和測量活動

外國船舶，包括海洋科學研究和水文測量的船舶在內，在過境通行時，非
經海峽沿岸國事前准許，不得進行任何研究或測量活動。

第四十一條　用於國際航行的海峽內的海道和分道通航制

1. 依照本部分，海峽沿岸國可于必要時為海峽航行指定海道和規定分道通
   航制，以促進船舶的安全通過。

2. 這種國家可于情況需要時，經妥為公佈後，以其他海道或分道通航制替
   換任何其原先指定或規定的海道或分道通航制。

3. 這種海道和分道通航制應符合一般接受的國際規章。

4. 海峽沿岸國在指定或替換海道或在規定或替換分道通航制以前，應將提
   議提交主管國際組織，以期得到採納。該組織僅可採納同海峽沿岸國議
   定的海道和分道通航制，在此以後，海峽沿岸國可對這些海道和分道通
   航制予以指定、規定或替換。

5. 對於某一海峽，如所提議的海道或分道通航制穿過該海峽兩個或兩個以
   上沿岸國的水域，有關各國應同主管國際組織協商，合作擬訂提議。

6. 海峽沿岸國應在海圖上清楚地標出其所指定或規定的一切海道和分道通
   航制，並應將該海圖妥為公佈。

7. 過境通行的船舶應尊重按照本條制定的適用的海道和分道通航制。

第四十二條　海峽沿岸國關於過境通行的法律和規章

1. 在本節規定的限制下，海峽沿岸國可對下列各項或任何一項制定關於通
   過海峽的過境通行的法律和規定：(a)第四十一條所規定的航行安全和海
   上交通管理；(b)使有關在海峽內排放油類、油污廢物和其他有毒物質的
   適用的國際規章有效，以防止、減少和控制污染；(c)對於漁船，防止捕

魚，包括漁具的裝載；(d)違反海峽沿岸國海關、財政、移民或衛生的法律和規章，上下任何商品、貨幣或人員。

2. 這種法律和規章不應在形式上或事實上在外國船舶間有所歧視，或在其適用上有否定、妨礙或損害本節規定的過境通行權的實際後果。

3. 海峽沿岸國應將所有這種法律和規章妥為公佈。

4. 行使過境通行權的外國船舶應遵守這種法律和規章。

5. 享有主權豁免的船舶的船旗國或飛機的登記國，在該船舶或飛機不遵守這種法律和規章或本部分的其他規定時，應對海峽沿岸國遭受的任何損失和損害負國際責任。

第四十三條　助航和安全設備及其他改進辦法以及污染的防止、減少和控制

海峽使用國和海峽沿岸國應對下列各項通過協定進行合作：(a)在海峽內建立並維持必要的助航和安全設備或幫助國際航行的其他改進辦法；和(b)防止、減少和控制來自船舶的污染。

第四十四條　海峽沿岸國的義務

海峽沿岸國不應妨礙過境通行，並應將其所知的海峽內或海峽上空對航行或飛越有危險的任何情況妥為公佈。過境通行不應予以停止。

■第三節　無害通過

第四十五條　無害通過

1. 按照第二部分第三節，無害通過制度應適用於下列用於國際航行的海峽：(a)按照第三十八條第1款不適用過境通行制度的海峽；或(b)在公海或專屬經濟區的一個部分和外國領海之間的海峽。

2. 在這種海峽中的無害通過不應予以停止。

第四部分　群島國

第四十六條　用語

為本公約的目的：(a)"群島國"是指全部由一個或多個群島構成的國家，並可包括其他島嶼；(b)"群島"是指一群島嶼，包括若干島嶼的若干部分、相連的水域或其他自然地形，彼此密切相關，以致這種島嶼、水域和其他自然地形在本質上構成一個地理、經濟和政治的實體，或在歷史上已被視為這種實體。

Art. 46 Use of terms

For the purposes of this Convention:(a) "archipelagic State" means a State constituted wholly by one or more archipelagos and may include other islands;(b) "archipelago" means a group of islands, including parts of islands, interconnecting waters and other natural features which are so closely interrelated that such islands, waters and other natural features form an intrinsic geographical, economic and political entity, or which historically have been regarded as such.

第四十七條　群島基線

1. 群島國可劃定連接群島最外緣各島和各幹礁的最外緣各點的直線群島基線，但這種基線應包括主要的島嶼和一個區域，在該區域內，水域面積和包括環礁在內的陸地面積的比例應在一比一至九比一之間。
2. 這種基線的長度不應超過一百海裏。但圍繞任何群島的基線總數中至多百分之三可超過該長度，最長以一百二十五海裏爲限。
3. 這種基線的劃定不應在任何明顯的程度上偏離群島的一般輪廓。
4. 除在低潮高地上築有永久高於海平面的燈塔或類似設施，或者低潮高地全部或一部與最近的島嶼的距離不超過領海的寬度外，這種基線的劃定不應以低潮高地爲起訖點。
5. 群島國不應採用一種基線制度，致使另一國的領海同公海或專屬經濟區隔斷。
6. 如果群島國的群島水域的一部分位於一個直接相鄰國家的兩個部分之間，該鄰國傳統上在該水域內行使的現有權利和一切其他合法利益以及兩國間協定所規定的一切權利，均應繼續，並予以尊重。
7. 爲計算第1款規定的水域與陸地的比例的目的，陸地面積可包括位於島嶼和環礁的岸礁以內的水域，其中包括位於陡側海台周圍的一系列灰岩島和幹礁所包圍或幾乎包圍的海台的那一部分。
8. 按照本條劃定的基線，應在足以確定這些線的位置的一種或幾種比例尺的海圖上標出。或者，可以用列出各點的地理座標並注明大地基準點的表來代替。
9. 群島國應將這種海圖或地理座標表妥爲公佈，並應將各該海圖或座標表的一份副本交存于聯合國秘書長。

Art. 47 Archipelagic baselines

1. An archipelagic State may draw straight archipelagic baselines joining the outermost points of the outermost islands and drying reefs of the archipelago provided that within such baselines are included the main islands and an area in

which the ratio of the area of the water to the area of the land, including atolls, is between 1 to 1 and 9 to 1.

2. The length of such baselines shall not exceed 100 nautical miles, except that up to 3 per cent of the total number of baselines enclosing any archipelago may exceed that length, up to a maximum length of 125 nautical miles.

3. The drawing of such baselines shall not depart to any appreciable extent from the general configuration of the archipelago.

4. Such baselines shall not be drawn to and from low-tide elevations, unless lighthouses or similar installations which are permanently above sea level have been built on them or where a low-tide elevation is situated wholly or partly at a distance not exceeding the breadth of the territorial sea from the nearest island.

5. The system of such baselines shall not be applied by an archipelagic State in such a manner as to cut off from the high seas or the exclusive economic zone the territorial sea of another State.

6. If a part of the archipelagic waters of an archipelagic State lies between two parts of an immediately adjacent neighbouring State, existing rights and all other legitimate interests which the latter State has traditionally exercised in such waters and all rights stipulated by agreement between those States shall continue and be respected.

7. For the purpose of computing the ratio of water to land under paragraph 1, land areas may include waters lying within the fringing reefs of islands and atolls, including that part of a steep-sided oceanic plateau which is enclosed or nearly enclosed by a chain of limestone islands and drying reefs lying on the perimeter of the plateau.

8. The baselines drawn in accordance with this article shall be shown on charts of a scale or scales adequate for ascertaining their position. Alternatively, lists of geographical coordinates of points, specifying the geodetic datum, may be substituted.

9. The archipelagic State shall give due publicity to such charts or lists of geographical coordinates and shall deposit a copy of each such chart or list with the Secretary-General of the United Nations.

第四十八條　領海、毗連區、專屬經濟區和大陸架寬度的測算

領海、毗連區、專屬經濟區和大陸架的寬度，應從按照第四十七條劃定的群島基線量起。

第四十九條　群島水域、群島水域的上空、海床和底土的法律地位

1. 群島國的主權及於按照第四十七條劃定的群島基線所包圍的水域，稱為群島水域，不論其深度或距離海岸的遠近如何。

2. 此項主權及於群島水域的上空、海床和底土，以及其中所包含的資源。

3. 此項主權的行使受本部分規定的限制

4. 本部分所規定的群島海道通過制度，不應在其他方面影響包括海道在內的群島水域的地位，或影響群島國對這種水域及其上空、海床和底土以及其中所含資源行使其主權。

Art. 49 Legal status of archipelagic waters, of the air space over archipelagic waters and of their bed and subsoil

1. The sovereignty of an archipelagic State extends to the waters enclosed by the archipelagic baselines drawn in accordance with article 47, described as archipelagic waters, regardless of their depth or distance from the coast.

2. This sovereignty extends to the air space over the archipelagic waters, as well as to their bed and subsoil, and the resources contained therein.

3. This sovereignty is exercised subject to this Part.

4. The regime of archipelagic sea lanes passage established in this Part shall not in other respects affect the status of the archipelagic waters, including the sea lanes, or the exercise by the archipelagic State of its sovereignty over such waters and their air space, bed and subsoil, and the resources contained therein.

第五十條　內水界限的劃定

群島國可按照第九、第十和第十一條，在其群島水域內用封閉線劃定內水的界限。

第五十一條　現有協定、傳統捕魚權利和現有海底電纜

1. 在不妨害第四十九條的情形下，群島國應尊重與其他國家間的現有協定，並應承認直接相鄰國家在群島水域範圍內的某些區域內的傳統捕魚權利和其他合法活動。行使這種權利和進行這種活動的條款和條件，包括這種權利和活動的性質、範圍和適用的區域，經任何有關國家要求，應由有關國家之間的雙邊協定予以規定。這種權利不應轉讓給第三國或其國民，或與第三國或其國民分享。

2. 群島國應尊重其他國家所鋪設的通過其水域而不靠岸的現有海底電纜。群島國於接到關於這種電纜的位置和修理或更換這種電纜的意圖的適當通知後，應准許對其進行維修和更換。

第五十二條　無害通過權

1. 在第五十三條的限制下並在不妨害第五十條的情形下，按照第二部分第三節的規定，所有國家的船舶均享有通過群島水域的無害通過權。

2. 如為保護國家安全所必要，群島國可在對外國船舶之間在形式上或事實上不加歧視的條件下，暫時停止外國船舶在其群島水域特定區域內的無害通過。這種停止僅應在正式公佈後發生效力。

Art. 52 Right of innocent passage

1. Subject to article 53 and without prejudice to article 50, ships of all States enjoy the right of innocent passage through archipelagic waters, in accordance with Part II, section 3.

2. The archipelagic State may, without discrimination in form or in fact among foreign ships, suspend temporarily in specified areas of its archipelagic waters the innocent passage of foreign ships if such suspension is essential for the protection of its security. Such suspension shall take effect only after having been duly published.

第五十三條　群島海道通過權

1. 群島國可指定適當的海道和其上的空中航道，以便外國船舶和飛機繼續不停和迅速通過或飛越其群島水域和鄰接的領海。

2. 所有船舶和飛機均享有在這種海道和空中航道內的群島海道通過權。

3. 群島海道通過是指按照本公約規定，專為在公海或專屬經濟區的一部分和公海或專屬經濟區的另一部分之間繼續不停、迅速和無障礙地過境的目的，行使正常方式的航行和飛越的權利。

4. 這種海道和空中航道應穿過群島水域和鄰接的領海，並應包括用作通過群島水域或其上空的國際航行或飛越的航道的所有正常通道，並且在這種航道內，就船舶而言，包括所有正常航行水道，但無須在相同的進出點之間另設同樣方便的其他航道。

5. 這種海道和空中航道應以通道進出點之間的一系列連續不斷的中心線劃定，通過群島海道和空中航道的船舶和飛機在通過時不應偏離這種中心線二十五海裏以外，但這種船舶和飛機在航行時與海岸的距離不應小於

海道邊緣各島最近各點之間的距離的百分之十。

6. 群島國根據本條指定海道時，爲了使船舶安全通過這種海道內的狹窄水道，也可規定分道通航制。

7. 群島國可于情況需要時，經妥爲公佈後，以其他的海道或分道通航制替換任何其原先指定或規定的海道或分道通航制。

8. 這種海道或分道通航制應符合一般接受的國際規章。

9. 群島國在指定或替換海道或在規定或替換分道通航制時，應向主管國際組織提出建議，以期得到採納。該組織僅可採納同群島國議定的海道和分道通航制；在此以後，群島國可對這些海道和分道通航制予以指定、規定或替換。

10.群島國應在海圖上清楚地標出其指定或規定的海道中心線和分道通航制，並應將該海圖妥爲公佈。

11.通過群島海道的船舶應尊重按照本條制定的適用的海道和分道通航制。

12.如果群島國沒有指定海道或空中航道，可通過正常用於國際航行的航道，行使群島海道通過權。

Art. 53 Right of archipelagic sea lanes passage

1. An archipelagic State may designate sea lanes and air routes thereabove, suitable for the continuous and expeditious passage of foreign ships and aircraft through or over its archipelagic waters and the adjacent territorial sea.

2. All ships and aircraft enjoy the right of archipelagic sea lanes passage in such sea lanes and air routes.

3. Archipelagic sea lanes passage means the exercise in accordance with this Convention of the rights of navigation and overflight in the normal mode solely for the purpose of continuous, expeditious and unobstructed transit between one part of the high seas or an exclusive economic zone and another part of the high seas or an exclusive economic zone.

4. Such sea lanes and air routes shall traverse the archipelagic waters and the adjacent territorial sea and shall include all normal passage routes used as routes for international navigation or overflight through or over archipelagic waters and, within such routes, so far as ships are concerned, all normal navigational channels, provided that duplication of routes of similar convenience between the same entry and exit points shall not be necessary.

5. Such sea lanes and air routes shall be defined by a series of continuous axis lines from the entry points of passage routes to the exit points. Ships and aircraft in archipelagic sea lanes passage shall not deviate more than 25 nautical miles to either side of such axis lines during passage, provided that such ships and aircraft shall not navigate closer to the coasts than 10 per cent of the distance between the nearest points on islands bordering the sea lane.

6. An archipelagic State which designates sea lanes under this article may also prescribe traffic separation schemes for the safe passage of ships through narrow channels in such sea lanes.

7. An archipelagic State may, when circumstances require, after giving due publicity thereto, substitute other sea lanes or traffic separation schemes for any sea lanes or traffic separation schemes previously designated or prescribed by it.

8. Such sea lanes and traffic separation schemes shall conform to generally accepted international regulations.

9. In designating or substituting sea lanes or prescribing or substituting traffic separation schemes, an archipelagic State shall refer proposals to the competent international organization with a view to their adoption. The organization may adopt only such sea lanes and traffic separation schemes as may be agreed with the archipelagic State, after which the archipelagic State may designate, prescribe or substitute them.

10. The archipelagic State shall clearly indicate the axis of the sea lanes and the traffic separation schemes designated or prescribed by it on charts to which due publicity shall be given.

11. Ships in archipelagic sea lanes passage shall respect applicable sea lanes and traffic separation schemes established in accordance with this article.

12. If an archipelagic State does not designate sea lanes or air routes, the right of archipelagic sea lanes passage may be exercised through the routes normally used for international navigation.

第五十四條　船舶和飛機在通過時的義務，研究和測量活動，群島國的義務以及群島國關於群島海道通過的法律和規定

第三十九、第四十、第四十二和第四十四各條比照適用於群島海道通過。

第五部分 專屬經濟區

第五十五條 專屬經濟區的特定法律制度

專屬經濟區是領海以外並鄰接領海的一個區域，受本部分規定的特定法律制度的限制，在這個制度下，沿海國的權利和管轄權以及其他國家的權利和自由均受本公約有關規定的支配。

Art. 55 Specific legal regime of the exclusive economic zone

The exclusive economic zone is an area beyond and adjacent to the territorial sea, subject to the specific legal regime established in this Part, under which the rights and jurisdiction of the coastal State and the rights and freedoms of other States are governed by the relevant provisions of this Convention.

第五十六條 沿海國在專屬經濟區內的權利、管轄權和義務

1. 沿海國在專屬經濟區內有：(a)以勘探和開發、養護和管理海床上覆水域和海床及其底土的自然資源(不論為生物或非生物資源)為目的的主權權利，以及關於在該區內從事經濟性開發和勘探，如利用海水、海流和風力生產能等其他活動的主權權利；(b)本公約有關條款規定的對下列事項的管轄權：人工島嶼、設施和結構的建造和使用；海洋科學研究；　海洋環境的保護和保全；(c)本公約規定的其他權利和義務。

2. 沿海國在專屬經濟區內根據本公約行使其權利和履行其義務時，應適當顧及其他國家的權利和義務，並應以符合本公約規定的方式行事。

3. 本條所載的關於海床和底土的權利，應按照第六部分的規定行使。

Art. 56 Rights, jurisdiction and duties of the coastal State in the exclusive economic zone

1. In the exclusive economic zone, the coastal State has:(a) sovereign rights for the purpose of exploring and exploiting, conserving and managing the natural resources, whether living or non-living, of the waters superjacent to the seabed and of the seabed and its subsoil, and with regard to other activities for the economic exploitation and exploration of the zone, such as the production of energy from the water, currents and winds;(b) jurisdiction as provided for in the relevant provisions of this Convention with regard to:(i) the establishment and use of artificial islands, installations and structures;(ii) marine scientific research;(iii) the protection and preservation of the marine environment;(c) other rights and duties provided for in this Convention.2. In exercising its rights and performing

its duties under this Convention in the exclusive economic zone, the coastal State shall have due regard to the rights and duties of other States and shall act in a manner compatible with the provisions of this Convention.3. The rights set out in this article with respect to the seabed and subsoil shall be exercised in accordance with Part VI.

第五十七條　專屬經濟區的寬度

專屬經濟區從測算領海寬度的基線量起，不應超過二百海裏。

Art. 57 Breadth of the exclusive economic zone

The exclusive economic zone shall not extend beyond 200 nautical miles from the baselines from which the breadth of the territorial sea is measured.

第五十八條　其他國家在專屬經濟區內的權利和義務

1. 在專屬經濟區內，所有國家，不論爲沿海國或內陸國，在本公約有關規定的限制下，享有第八十七條所指的航行和飛越的自由，鋪設海底電纜和管道的自由，以及與這些自由有關的海洋其他國際合法用途，諸如同船舶和飛機的操作及海底電纜和管道的使用有關的並符合本公約其他規定的那些用途。

2. 第八十八至第一一五條以及其他國際法有關規則，只要與本部分不相抵觸，均適用於專屬經濟區。

3. 各國在專屬經濟區內根據本公約行使其權利和履行其義務時，應適當顧及沿海國的權利和義務，並應遵守沿海國按照本公約的規定和其他國際法規則所制定的與本部分不相抵觸的法律和規章。

第五十九條　解決關於專屬經濟區內權利和管轄權的歸屬的衝突的基礎

在本公約未將在專屬經濟區內的權利或管轄權歸屬于沿海國或其他國家而沿海國和任何其他一國或數國之間的利益發生衝突的情形下，這種衝突應在公平的基礎上參照一切有關情況，考慮到所涉利益分別對有關各方和整個國際社會的重要性，加以解決。

第六十條　專屬經濟區內的人工島嶼、設施和結構

1. 沿海國在專屬經濟區內應有專屬權利建造並授權和管理建造、操作和使用：(a)人工島嶼；(b)爲第五十六條所規定的目的和其他經濟目的的設施和結構；(c)可能干擾沿海國在區內行使權利的設施和結構。

2. 沿海國對這種人工島嶼、設施和結構應有專屬管轄權，包括有關海關、

財政、衛生、安全和移民的法律和規章方面的管轄權。

3. 這種人工島嶼、設施或結構的建造，必須妥爲通知，並對其存在必須維持永久性的警告方法。已被放棄或不再使用的任何設施或結構，應予以撤除，以確保航行安全，同時考慮到主管國際組織在這方面制訂的任何爲一般所接受的國際標準。這種撤除也應適當地考慮到捕魚、海洋環境的保護和其他國家的權利和義務。尚未全部撤除的任何設施或結構的深度、位置和大小應妥爲公佈。

4. 沿海國可于必要時在這種人工島嶼、設施和結構的周圍設置合理的安全地帶，並可在該地帶中採取適當措施以確保航行以及人工島嶼、設施和結構的安全。

5. 安全地帶的寬度應由沿海國參照可適用的國際標準加以確定。這種地帶的設置應確保其與人工島嶼、設施或結構的性質和功能有合理的關聯；這種地帶從人工島嶼、設施或結構的外緣各點量起，不應超過這些人工島嶼、設施或結構周圍五百公尺的距離，但爲一般接受的國際標準所許可或主管國際組織所建議者除外。安全地帶的範圍應妥爲通知。

6. 一切船舶都必須尊重這些安全地帶，並應遵守關於在人工島嶼、設施、結構和安全地帶附近航行的一般接受的國際標準。

7. 人工島嶼、設施和結構及其周圍的安全地帶，不得設在對使用國際航行必經的公認海道可能有干擾的地方。

8. 人工島嶼、設施和結構不具有島嶼地位。它們沒有自己的領海，其存在也不影響領海、專屬經濟區或大陸架界限的劃定。

第六十一條　生物資源的養護

1. 沿海國應決定其專屬經濟區內生物資源的可捕量。

2. 沿海國參照其可得到的最可靠的科學證據，應通過正當的養護和管理措施，確保專屬經濟區內生物資源的維持不受過度開發的危害。在適當情形下，沿海國和各主管國際組織，不論是分區域、區域或全球性的，應爲此目的進行合作。

3. 這種措施的目的也應在包括沿海漁民社區的經濟需要和發展中國家的特殊要求在內的各種有關的環境和經濟因素的限制下，使捕撈魚種的數量維持在或恢復到能夠生產最高持續產量的水準，並考慮到捕撈方式、種群的相互依存以及任何一般建議的國際最低標準，不論是分區

域、區域或全球性的。

4. 沿海國在採取這種措施時，應考慮到與所捕撈魚種有關聯或依賴該魚種
   而生存的魚種所受的影響，以便使這些有關聯或依賴的魚種的數量維持
   在或恢復到其繁殖不會受嚴重威脅的水準以上。

5. 在適當情形下，應通過各主管國際組織，不論是分區域、區域或全球性
   的，並在所有有關國家，包括其國民獲准在專屬經濟區捕魚的國家參加
   下，經常提供和交換可獲得的科學情報、漁獲量和漁撈努力量統計，以
   及其他有關養護魚的種群的資料。

Art. 61 Conservation of the living resources

1. The coastal State shall determine the allowable catch of the living resources in its exclusive economic zone.

2. The coastal State, taking into account the best scientific evidence available to it, shall ensure through proper conservation and management measures that the maintenance of the living resources in the exclusive economic zone is not endangered by over-exploitation. As appropriate, the coastal State and competent international organizations, whether subregional, regional or global, shall cooperate to this end.

3. Such measures shall also be designed to maintain or restore populations of harvested species at levels which can produce the maximum sustainable yield, as qualified by relevant environmental and economic factors, including the economic needs of coastal fishing communities and the special requirements of developing States, and taking into account fishing patterns, the interdependence of stocks and any generally recommended international minimum standards, whether subregional, regional or global.

4. In taking such measures the coastal State shall take into consideration the effects on species associated with or dependent upon harvested species with a view to maintaining or restoring populations of such associated or dependent species above levels at which their reproduction may become seriously threatened.

5. Available scientific information, catch and fishing effort statistics, and other data relevant to the conservation of fish stocks shall be contributed and exchanged on a regular basis through competent international organizations, whether subregional, regional or global, where appropriate and with participation by all States

concerned, including States whose nationals are allowed to fish in the exclusive economic zone.

第六十二條　生物資源的利用

1. 沿海國應在不妨害第六十一條的情形下促進專屬經濟區內生物資源最適度利用的目的。

2. 沿海國應決定其捕撈專屬經濟區內生物資源的能力。沿海國在沒有能力捕撈全部可捕量的情形下，應通過協定或其他安排，並根據第4款所指的條款、條件、法律和規章，准許其他國家捕撈可捕量的剩餘部分，特別顧及第六十九和第七十條的規定，尤其是關於其中所提到的發展中國家的部分。

3. 沿海國在根據本條准許其他國家進入其專屬經濟區時，應考慮到所有有關因素，除其他外，包括：該區域的生物資源對有關沿海國的經濟和其他國家利益的重要性，第六十九和第七十條的規定，該分區域或區域內的發展中國家捕撈一部分剩餘量的要求，以及儘量減輕其國民慣常在專屬經濟區捕魚或曾對研究和測定種群做過大量工作的國家經濟失調現象的需要。

4. 在專屬經濟區內捕魚的其他國家的國民應遵守沿海國的法律和規章中所制訂的養護措施和其他條款和條件。這種法律和規章應符合本公約，除其他外，並可涉及下列各項：(a)發給漁民、漁船和捕撈裝備以執照，包括交納規費和其他形式的報酬，而就發展中的沿海國而言，這種報酬可包括有關漁業的資金、裝備和技術方面的適當補償；(b)決定可捕魚種，和確定漁獲量的限額，不論是關於特定種群或多種種群或一定期間的單船漁獲量，或關於特定期間內任何國家國民的漁獲量；(c)規定漁汛和漁區，可使用漁具的種類、大小和數量以及漁船的種類、大小和數目；(d)確定可捕魚類和其他魚種的年齡和大小；(e)規定漁船應交的情報，包括漁獲量和漁撈努力量統計和船隻位置的報告；(f)要求在沿海國授權和控制下進行特定漁業研究計畫，並管理這種研究的進行，其中包括漁獲物抽樣、樣品處理和相關科學資料的報告；(g)由沿海國在這種船隻上配置觀察員或受訓人員；(h)這種船隻在沿海國港口卸下漁獲量的全部或任何部分；(i)有關聯合企業或其他合作安排的條款和條件；(j)對人員訓練和漁業技術轉讓的要求，包括提高沿海國從事漁業研究的能力；(k)執行程式。

216

5. 沿海國應將養護和管理的法律和規章妥爲通知。

第六十三條　出現在兩個或兩個以上沿海國專屬經濟區的種群或出現在專屬經濟區內而又出現在專屬經濟區外的鄰接區域內的種群

1. 如果同一種群或有關聯的魚種的幾個種群出現在兩個或兩個以上沿海國的專屬經濟區內，這些國家應直接或通過適當的分區域或區域組織，設法就必要措施達成協議，以便在不妨害本部分其他規定的情形下，協調並確保這些種群的養護和發展。

2. 如果同一種群或有關聯的魚種的幾個種群出現在專屬經濟區內而又出現在專屬經濟區外的鄰接區域內，沿海國和在鄰接區域內捕撈這種種群的國家，應直接或通過適當的分區域或區域組織，設法就必要措施達成協議，以養護在鄰接區域內的這些種群。

Art. 63 Stocks occurring within the exclusive economic zones of two or more coastal States or both within the exclusive economic zone and in an area beyond and adjacent to it

1. Where the same stock or stocks of associated species occur within the exclusive economic zones of two or more coastal States, these States shall seek, either directly or through appropriate subregional or regional organizations, to agree upon the measures necessary to coordinate and ensure the conservation and development of such stocks without prejudice to the other provisions of this Part.

2. Where the same stock or stocks of associated species occur both within the exclusive economic zone and in an area beyond and adjacent to the zone, the coastal State and the States fishing for such stocks in the adjacent area shall seek, either directly or through appropriate subregional or regional organizations, to agree upon the measures necessary for the conservation of these stocks in the adjacent area.

第六十四條　高度回游魚種Highly migratory species

1. 沿海國和其國民在區域內捕撈附件一所列的高度回游魚種的其他國家應直接或通過適當國際組織進行合作，以期確保在專屬經濟區以內和以外的整個區域內的這種魚種的養護和促進最適度利用這種魚種的目標。在沒有適當的國際組織存在的區域內，沿海國和其國民在區域內捕撈這些魚種的其他國家，應合作設立這種組織並參加其工作。

2. 第1款的規定作爲本部分其他規定的補充而適用。

第六十五條　海洋哺乳動物

本部分的任何規定並不限制沿海國的權利或國際組織的職權，對捕捉海洋哺乳動物執行較本部分規定更爲嚴格的、禁止限制或管制。各國應進行合作，以期養護海洋哺乳動物，在有關鯨目動物方面，尤應通過適當的國際組織，致力於這種動物的養護、管理和研究。

第六十六條　溯河產卵種群

1. 有溯河產卵種群源自其河流的國家對於這種群應有主要利益和責任。

2. 溯河產卵種群的魚源國，應制訂關於在其專屬經濟區外部界限向陸一面的一切水域中的捕撈和關於第3款(b)項中所規定的捕撈的適當管理措施，以確保這種種群的養護。魚源國可與第3和第4款所指的捕撈這些種群的其他國家協商後，確定源自其河流的種群的總可捕量。

3. (a)捕撈溯河產卵種群的漁業活動，應只在專屬經濟區外部界限向陸一面的水域中進行，但這項規定引起魚源國以外的國家經濟失調的情形除外。關於在專屬經濟區外部界限以外進行的這種捕撈，有關國家應保持協商，以期就這種捕撈的條款和條件達成協定，並適當顧及魚源國對這些種群加以養護的要求和需要；(b)魚源國考慮到捕撈這些種群的其他國家的正常漁獲量和作業方式，以及進行這種捕撈活動的所有地區，應進行合作以儘量減輕這種國家的經濟失調；(c)(b)項所指的國家，經與魚源國協議後參加使溯河產卵種群再生的措施者，特別是分擔作此用途的開支者，在捕撈源自魚源國河流的種群方面，應得到魚源國的特別考慮；(d)魚源國和其他有關國家應達成協議，以執行有關專屬經濟區以外的溯河產卵種群的法律和規章。

4. 在溯河產卵種群回游進入或通過魚源國以外國家的專屬經濟區外部界限向陸一面的水域的情形下，該國應在養護和管理這種種群方面同魚源國進行合作。

5. 溯河產卵種群的魚源國和捕撈這些種群的其他國家，爲了執行本條的各項規定，應作出安排，在適當情形下通過區域性組織作出安排。

第六十七條　降河產卵魚種

1. 降河產卵魚種在其水域內度過大部分生命週期的沿海國，應有責任管理這些魚種，並應確保回游魚類的出入。

2. 捕撈降河產卵魚種，應只在專屬經濟區外部界限向陸一面的水域中進行。在專屬經濟區內進行捕撈時，應受本條及本公約關於在專屬經濟區

內的捕魚的其他規定的限制。

3. 在降河產卵魚種不論幼魚或成魚回游通過另外一國的專屬經濟區的情形下，這種魚的管理，包括捕撈，應由第1款所述的國家和有關的另外一國協定規定。這種協議應確保這些魚種的合理管理，並考慮到第1款所述國家在維持這些魚種方面所負的責任。

第六十八條　定居種

本部分的規定不適用於第七十七條第4款所規定的定居種。

第六十九條　內陸國的權利

1. 內陸國應有權在公平的基礎上，參與開發同一分區域或區域的沿海國專屬經濟區的生物資源的適當剩餘部分，同時考慮到所有有關國家的相關經濟和地理情況，並遵守本條及第六十一和第六十二條的規定。

2. 這種參與的條款和方式應由有關國家通過雙邊、分區域或區域協定加以制訂，除其他外，考慮到下列各項：(a)避免對沿海國的漁民社區或漁業造成不利影響的需要；(b)內陸國按照本條規定，在現有的雙邊、分區域、或區域協定下參與或有權參與開發其他沿海國專屬經濟區的生物資源的程度；(c)其他內陸國和地理不利國參與開發沿海國專屬經濟區的生物資源的程度，以及避免因此使任何一個沿海國、或其一部分地區承受特別負擔的需要；(d)有關各國人民的營養需要。3.當一個沿海國的捕撈能力接近能夠捕撈其專屬經濟區內生物資源的可捕量的全部時，該沿海國與其他有關國家應在雙邊、分區域或區域的基礎上，合作制訂公平安排，在適當情形下並按照有關各方都滿意的條款，容許同一分區域或區域的發展中內陸國參與開發該分區域或區域的沿海國專屬經濟區內的生物資源。在實施本規定時，還應考慮到第2款所提到的因素。

4. 根據本條規定，發達的內陸國家應僅有權參與開發同一分區域或區域內發達沿海國專屬經濟區的生物資源，同時顧及沿海國在准許其他國家捕撈其專屬經濟區內生物資源時，在多大程度上已考慮到需要儘量減輕其國民慣常在該經濟區捕魚的國家的經濟失調及漁民社區所受的不利影響。

5. 上述各項規定不妨害在分區域或區域內議定的安排，沿海國在這種安排中可能給予同一分區域或區域的內陸國開發其專屬經濟區內生物資源的同等或優惠權利。

第七十條　地理不利國的權利

1. 地理不利國應有權在公平的基礎上參與開發同一分區域或區域的沿海國專屬經濟區的生物資源的適當剩餘部分，同時考慮到所有有關國家的相關經濟和地理情況，並遵守本條及第六十一和第六十二條的規定。

2. 爲本部分的目的，"地理不利國"是指其地理條件使其依賴於發展同一分區域或區域的其他國家專屬經濟區內的生物資源，以供應足夠的魚類來滿足其人民或部分人民的營養需要的沿海國，包括閉海或半閉海沿岸國在內，以及不能主張有自己的專屬經濟區的沿海國。

3. 這種參與的條款和方式應由有關國家通過雙邊、分區域或區域協定加以制訂，除其他外，考慮到下列各項：(a)避免對沿海國的漁民社區或漁業造成不利影響的需要；(b)地理不利國按照本條規定，在現有的雙邊、分區域或區域協定下參與或有權參與開發其他沿海國專屬經濟區的生物資源的程度；(c)其他地理不利國和內陸國參與開發沿海國專屬經濟區的生物資源的程度，以及避免因此使任何一個沿海國、或其一部分地區承受特別負擔的需要；(d)有關各國人民的營養需要。

4. 當一個沿海國的捕撈能力接近能夠捕撈其專屬經濟區內生物資源的可捕量的全部時，該沿海國與其他有關國家應在雙邊、分區域或區域的基礎上，合作制訂公平安排，在適當情形下並按照有關各方都滿意的條款，容許同一分區域或區域的地理不利發展中國家參與開發該分區域或區域的沿海國專屬經濟區內的生物資源，在實施本規定時，還應考慮到第3款所提到的因素。

5. 根據本條規定，地理不利發達國家應只有權參與開發同一分區域或區域發達沿海國的專屬經濟區的生物資源，同時顧及沿海國在准許其他國家捕撈其專屬經濟區內生物資源時，在多大程度上已考慮到需要儘量減輕其國民慣常在該經濟區捕魚的國家的經濟失調及漁民社區所受的不利影響。

6. 上述各項規定不妨害在分區域或區域內議定的安排，沿海國在這種安排中可能給予同一分區域或區域內地理不利國開發其專屬經濟區內生物資源的同等或優惠權利。

第七十一條　第六十九和第七十條的不適用

第六十九和第七十條的規定不適用於經濟上極爲依賴于開發其專屬經濟區內生物資源的沿海國的情形。

第七十二條　權利的轉讓的限制

1. 除有關國家另有協定外，第六十九和第七十條所規定的開發生物資源的權利，不應以租借或發給執照、或成立聯合企業，或以具有這種轉讓效果的任何其他方式，直接或間接轉讓給第三國或其國民。

2. 上述規定不排隊有關國家為了便利行使第六十九和第七十條所規定的權利，從第三國或國際組織取得技術或財政援助，但以不發生第1款所指的效果為限。

第七十三條　沿海國法律和規章的執行

1. 沿海國行使其勘探、開發、養護和管理在專屬經濟區內的生物資源的主權權利時，可採取為確保其依照本公約制定的法律和規章得到遵守所必要的措施，包括登臨、檢查、逮捕和進行司法程式。

2. 被逮捕的船隻及其船員，在提出適當的保證書或其他擔保後，應迅速獲得釋放。

3. 沿海國對於在專屬經濟區內違犯漁業法律和規章的處罰，如有關國家無相反的協定，不得包括監禁，或任何其他方式的體罰。

4. 在逮捕或扣留外國船隻的情形下，沿海國應通過適當途徑將其所採取的行動及隨後所施加的任何處罰迅速通知船旗國。

第七十四條　海岸相向或相鄰國家間專屬經濟區界限的劃定

1. 海岸相向或相鄰的國家間專屬經濟區的界限，應在國際法院規約第三十八條所指國際法的基礎上以協議劃定，以便得到公平解決。

2. 有關國家如在合理期間內未能達成任何協議，應訴諸第十五部分所規定的程式。

3. 在達成第1款規定的協議以前，有關各國應基於諒解和合作精神，盡一切努力作出實際性的臨時安排，並在此過渡期間內，不危害或阻礙最後協議的達成。這種安排應不妨害最後界限的劃定。

4. 如果有關國家間存在現行有效的協定，關於劃定專屬經濟區界限的問題，應按照該協定的規定加以決定。

Art. 74 Delimitation of the exclusive economic zone between States with opposite or adjacent coasts

1. The delimitation of the exclusive economic zone between States with opposite or adjacent coasts shall be effected by agreement on the basis of international law, as referred to in Article 38 of the Statute of the International Court of Justice, in order to achieve an equitable solution.

2. If no agreement can be reached within a reasonable period of time, the States concerned shall resort to the procedures provided for in Part XV.

3. Pending agreement as provided for in paragraph 1, the States concerned, in a spirit of understanding and cooperation, shall make every effort to enter into provisional arrangements of a practical nature and, during this transitional period, not to jeopardize or hamper the reaching of the final agreement. Such arrangements shall be without prejudice to the final delimitation.

4. Where there is an agreement in force between the States concerned, questions relating to the delimitation of the exclusive economic zone shall be determined in accordance with the provisions of that agreement.

第七十五條　海圖和地理座標表

1. 在本部分的限制下，專屬經濟區的外部界限和按照第七十四條劃定的分界線，應在足以確定這些線的位置的一種或幾種比例尺的海圖上標出。在適當情形下，可以用列出各點的地理座標並注明大地基準點的表來代替這種外部界線或分界線。

2. 沿海國應將這種海圖或地理座標表妥為公佈，並應將各該海圖或座標表的一份副本交存于聯合國秘書長。

第六部分　大陸架

第七十六條　大陸架的定義

1. 沿海國的大陸架包括其領海以外依其陸地領土的全部自然延伸，擴展到大陸邊外緣的海底區域的海床和底土，如果從測算領海寬度的基線量起到大陸邊的外緣的距離不到二百海裏，則擴展到二百海裏的距離。

2. 沿海國的架不應擴展到第4至第6款所規定的界限以外。

3. 大陸邊包括沿海國陸塊沒入水中的延伸部分，由陸架、陸坡和陸基的海床和底土構成，它不包括深洋洋底及其洋脊，也不包括其底土。

4. (a)為本公約的目的，在大陸邊從測算領海寬度的基線量起超過二百海裏的任何情形下，沿海國應以下列兩種方式之一，劃定大陸邊的外緣：
按照第7款，以最外各定點為准劃定界線，每一定點上沉積岩厚度至少為從該點至大陸坡腳最短距離的百分之一；或　按照第7款，以離大陸坡腳的距離不超過六十海裏的各定點為准劃定界線。(b)在沒有相反證明的情形下，大陸坡腳應定為大陸坡底坡度變動最大之點。

5. 組成按照第4款(a)項(1)和(2)目劃定的大陸架在海床上的外部界線的各定

點，不應超過從測算領海寬度的基線量起三百五十海裏，或不應超過連接二千五百公尺深度各點的二千五百公尺等深線一百海裏。

6. 雖有第5款的規定，在海底洋脊上的大陸架外部界限不應超過從測算領海寬度的基線量起三百五十海裏。本款規定不適用於作為大陸邊自然構成部分的海台、海隆、海峰、暗灘和坡尖等海底高地。

7. 沿海國的大陸架如從測算領海寬度的基線量起超過二百海裏，應連接以經緯度座標標出的各定點劃出長度各不超過六十海裏的若干直線，劃定其大陸架的外部界限。

8. 從測算領海寬度的基線量起二百海裏以外大陸架界限的情報應由沿海國提交根據附件二在公平地區代表制基礎上成立的大陸架界限委員會。委員會應就有關劃定大陸架外部界限的事項向沿海國提出建議，沿海國在這些建議的基礎上劃定的大陸架界限應有確定性和拘束力。

9. 沿海國應將永久標明其大陸架外部界限的海圖和有關情報，包括大地基準點，交存于聯合國秘書長。秘書長應將這些情報妥為公佈。

10.本條的規定不妨害海岸相向或相鄰國家間大陸架界限劃定的問題。

Art. 76 Definition of the continental shelf

1. The continental shelf of a coastal State comprises the seabed and subsoil of the submarine areas that extend beyond its territorial sea throughout the natural prolongation of its land territory to the outer edge of the continental margin, or to a distance of 200 nautical miles from the baselines from which the breadth of the territorial sea is measured where the outer edge of the continental margin does not extend up to that distance.

2. The continental shelf of a coastal State shall not extend beyond the limits provided for in paragraphs 4 to 6.

3. The continental margin comprises the submerged prolongation of the land mass of the coastal State, and consists of the seabed and subsoil of the shelf, the slope and the rise. It does not include the deep ocean floor with its oceanic ridges or the subsoil thereof.

4. (a) For the purposes of this Convention, the coastal State shall establish the outer edge of the continental margin wherever the margin extends beyond 200 nautical miles from the baselines from which the breadth of the territorial sea is measured, by either:(i) a line delineated in accordance with paragraph 7 by reference to

the outermost fixed points at each of which the thickness of sedimentary rocks is at least 1 per cent of the shortest distance from such point to the foot of the continental slope; or(ii) a line delineated in accordance with paragraph 7 by reference to fixed points not more than 60 nautical miles from the foot of the continental slope.(b) In the absence of evidence to the contrary, the foot of the continental slope shall be determined as the point of maximum change in the gradient at its base.

5. The fixed points comprising the line of the outer limits of the continental shelf on the seabed, drawn in accordance with paragraph 4 (a)(i) and (ii), either shall not exceed 350 nautical miles from the baselines from which the breadth of the territorial sea is measured or shall not exceed 100 nautical miles from the 2,500 metre isobath, which is a line connecting the depth of 2,500 metres.

6. Notwithstanding the provisions of paragraph 5, on submarine ridges, the outer limit of the continental shelf shall not exceed 350 nautical miles from the baselines from which the breadth of the territorial sea is measured. This paragraph does not apply to submarine elevations that are natural components of the continental margin, such as its plateaux, rises, caps, banks and spurs.

7. The coastal State shall delineate the outer limits of its continental shelf, where that shelf extends beyond 200 nautical miles from the baselines from which the breadth of the territorial sea is measured, by straight lines not exceeding 60 nautical miles in length, connecting fixed points, defined by coordinates of latitude and longitude.

8. Information on the limits of the continental shelf beyond 200 nautical miles from the baselines from which the breadth of the territorial sea is measured shall be submitted by the coastal State to the Commission on the Limits of the Continental Shelf set up under Annex II on the basis of equitable geographical representation. The Commission shall make recommendations to coastal States on matters related to the establishment of the outer limits of their continental shelf. The limits of the shelf established by a coastal State on the basis of these recommendations shall be final and binding.

9. The coastal State shall deposit with the Secretary-General of the United Nations charts and relevant information, including geodetic data, permanently describing

the outer limits of its continental shelf. The Secretary-General shall give due publicity thereto.

10. The provisions of this article are without prejudice to the question of delimitation of the continental shelf between States with opposite or adjacent coasts.

第七十七條 沿海國對大陸架的權利

1. 沿海國爲勘探大陸架和開發其自然資源的目的，對大陸架行使主權權利。

2. 第1款所指的權利是專屬性的，即：如果沿海國不勘探大陸架或開發其自然資源，任何人未經沿海國明示同意，均不得從事這種活動。

3. 沿海國對大陸架的權利並不取決於有效或象徵的佔領或任何明文公告。

4. 本部分所指的自然資源包括海床和底土的礦物和其他非生物資源，以及屬於定居種的生物，即在可捕撈階段海床上或海床下不能移動或其軀體須與海床或底土保持接觸才能移動的生物。

Art. 77 Rights of the coastal State over the continental shelf

1. The coastal State exercises over the continental shelf sovereign rights for the purpose of exploring it and exploiting its natural resources.

2. The rights referred to in paragraph 1 are exclusive in the sense that if the coastal State does not explore the continental shelf or exploit its natural resources, no one may undertake these activities without the express consent of the coastal State.

3. The rights of the coastal State over the continental shelf do not depend on occupation, effective or notional, or on any express proclamation.

4. The natural resources referred to in this Part consist of the mineral and other non-living resources of the seabed and subsoil together with living organisms belonging to sedentary species, that is to say, organisms which, at the harvestable stage, either are immobile on or under the seabed or are unable to move except in constant physical contact with the seabed or the subsoil.

第七十八條 上覆水域和上空的法律地位以及其他國家的權利和自由

1. 沿海國對大陸架的權利不影響上覆水域或水域上空的法律地位。

2. 沿海國對大陸架權利的行使，絕不得對航行和本公約規定的其他國家的其他權利和自由有所侵害，或造成不當的干擾。

Art. 78 Legal status of the superjacent waters and air space and the

rights and freedoms of other States

1. The rights of the coastal State over the continental shelf do not affect the legal status of the superjacent waters or of the air space above those waters.

2. The exercise of the rights of the coastal State over the continental shelf must not infringe or result in any unjustifiable interference with navigation and other rights and freedoms of other States as provided for in this Convention.

第七十九條　大陸架上的海底電纜和管道

1. 所有國家按照本條的規定都有在大陸架上鋪設海底電纜和管道的權利。

2. 沿海國除爲了勘探大陸架，開發自然資源和防止、減少和控制管道造成的污染有權採取合理措施外，對於鋪設或維持這種海底電纜或管道不得加以阻礙。

3. 在大陸架上鋪設這種管道，其路線的劃定須經沿海國同意。

4. 本部分的任何規定不影響沿海國對進入其領土或領海的電纜或管道訂立條件的權利，也不影響沿海國對因勘探其大陸架或開發其資源或經營在其管轄下的人工島嶼、設施和結構而建造或使用的電纜和管道的管轄權。

5. 鋪設海底電纜和管道時，各國應適當顧及已經鋪設的電纜和管道。特別是，修理現有電纜或管道的可能性不應受妨礙。

Art. 79 Submarine cables and pipelines on the continental shelf

1. All States are entitled to lay submarine cables and pipelines on the continental shelf, in accordance with the provisions of this article.

2. Subject to its right to take reasonable measures for the exploration of the continental shelf, the exploitation of its natural resources and the prevention, reduction and control of pollution from pipelines, the coastal State may not impede the laying or maintenance of such cables or pipelines.

3. The delineation of the course for the laying of such pipelines on the continental shelf is subject to the consent of the coastal State.

4. Nothing in this Part affects the right of the coastal State to establish conditions for cables or pipelines entering its territory or territorial sea, or its jurisdiction over cables and pipelines constructed or used in connection with the exploration of its continental shelf or exploitation of its resources or the operations of artificial islands, installations and structures under its jurisdiction.

5. When laying submarine cables or pipelines, States shall have due regard to cables or pipelines already in position. In particular, possibilities of repairing existing cables or pipelines shall not be prejudiced.

第八十條　大陸架上的人工島嶼、設施和結構

第六十條比照適用於大陸架上的人工島嶼、設施和結構。

第八十一條　大陸架上的鑽探

沿海國有授權和管理為一切目的在大陸架上進行鑽探的專屬權利。

第八十二條　對二百海裏以外的大陸架上的開發應繳的費用和實物

1. 沿海國對從測算領海寬度的基線量起二百海裏以外的大陸架上的非生物資源的開發，應繳付費用或實物。

2. 在某一礦址進行第一個五年生產以後，對該礦址的全部生產應每年繳付費用和實物。第六年繳付費用或實物的比率應為礦址產值或產量的百分之一。此後該比率每年繪加百分之一，至第十二年為止，其後比率應保持為百分之七。產品不包括供開發用途的資源。

3. 某一發展中國家如果是其大陸架上所生產的某種礦物資源的純輸入者，對該種礦物資源免繳這種費用或實物。

4. 費用或實物應通過管理局繳納。管理局應根據公平分享的標準將其分配給本公約各締約國，同時考慮到發展中國家的利益和需要，特別是其中最不發達的國家和內陸國的利益和需要。

Art. 82 Payments and contributions with respect to the exploitation of the continental shelf beyond 200 nautical miles

1. The coastal State shall make payments or contributions in kind in respect of the exploitation of the non-living resources of the continental shelf beyond 200 nautical miles from the baselines from which the breadth of the territorial sea is measured.

2. The payments and contributions shall be made annually with respect to all production at a site after the first five years of production at that site. For the sixth year, the rate of payment or contribution shall be 1 per cent of the value or volume of production at the site. The rate shall increase by 1 per cent for each subsequent year until the twelfth year and shall remain at 7 per cent thereafter. Production does not include resources used in connection with exploitation.

3. A developing State which is a net importer of a mineral resource produced from

its continental shelf is exempt from making such payments or contributions in respect of that mineral resource.

4. The payments or contributions shall be made through the Authority, which shall distribute them to States Parties to this Convention, on the basis of equitable sharing criteria, taking into account the interests and needs of developing States, particularly the least developed and the land-locked among them.

第八十三條　海岸相向或相鄰國家間大陸架界限的劃定

1. 海岸相向或或相鄰國家間大陸架的界限，應在國際法院規約第三十八條所指國際法的基礎上以協議劃定，以便得到公平解決。

2. 有關國家如在合理期間內未能達成任何協議，應訴諸第十五部分所規定的程式。

3. 在達成第1款規定的協議以前，有關各國應基於諒解和合作的精神，盡一切努力作出實際性的臨時安排，並在此過渡期間內，不危害或阻礙最後協議的達成。這種安排不妨害最後界限的劃定。

4. 如果有關國家間存在現行有效的協定，關於劃定大陸架界線的問題，應按照該協定的規定加以決定。

Art. 83 Delimitation of the continental shelf between States with opposite or adjacent coasts

1. The delimitation of the continental shelf between States with opposite or adjacent coasts shall be effected by agreement on the basis of international law, as referred to in Article 38 of the Statute of the International Court of Justice, in order to achieve an equitable solution.

2. If no agreement can be reached within a reasonable period of time, the States concerned shall resort to the procedures provided for in Part XV.

3. Pending agreement as provided for in paragraph 1, the States concerned, in a spirit of understanding and cooperation, shall make every effort to enter into provisional arrangements of a practical nature and, during this transitional period, not to jeopardize or hamper the reaching of the final agreement. Such arrangements shall be without prejudice to the final delimitation.

4. Where there is an agreement in force between the States concerned, questions relating to the delimitation of the continental shelf shall be determined in accordance with the provisions of that agreement.

第八十四條 海圖和地理座標表

1. 在本部分的限制下,大陸架外部界限和按照第八十三條劃定的分界線,
應在足以確定這些線的位置的一種或幾種比例尺的海圖上標出。在適當
情形下,可以用列出各點的地理座標並注明大地基準點的表來代替這種
外部界線或分界線。

2. 沿海國應將這種海圖或地理座標表妥為公佈,並應將各該海圖或座標表
的一份副本交存于聯合國秘書長,如為標明大陸架外部界線的海圖或座
標,也交存于管理局秘書長。

第八十五條 開鑿隧道

本部分不妨害沿海國開鑿隧道以開發底土的權利,不論底土上水域的深度
如何。

第七部分 公海 第一節 一般規定

第八十六條 本部分規定的適用

本部分的規定適用於不包括在國家的專屬經濟區。領海或內水或群島國的
群島水域內的全部海域。本條規定並不使各國按照第五十八條規定在專屬
經濟區內所享有的自由受到任何減損。

第八十七條 公海自由

1. 公海對所有國家開放,不論其為沿海國或內陸國。公海自由是在本公約
和其他國際法規則所規定的條件下行使的。公海自由對沿海國和內陸國
而言,除其他外,包括:(a)航行自由;(b)飛越自由;(c)鋪設海底電纜和
管道的自由,但受第六部分的限制;(d)建造國際法所容許的人工島嶼和
其他設施的自由,但受第六部分的限制;(e)捕魚自由,但受第二節規定
條件的限制;(f)科學研究的自由,但受第六和第十三部分的限制。

2. 這些自由應由所有國家行使,但須適當顧及其他國家行使公海自由的利
益,並適當顧及本公約所規定的同 "區域" 內活動有關的權利。

Art. 87 Freedom of the high seas

1. The high seas are open to all States, whether coastal or land-locked. Freedom of
the high seas is exercised under the conditions laid down by this Convention and
by other rules of international law. It comprises, inter alia, both for coastal and
land-locked States:

(a) freedom of navigation;(b) freedom of overflight;(c) freedom to lay submarine cables and pipelines, subject to Part VI;(d) freedom to construct artificial islands and other installations permitted under international law, subject to Part VI;(e) freedom of fishing, subject to the conditions laid down in section 2;(f) freedom of scientific research, subject to Parts VI and XIII.

2. These freedoms shall be exercised by all States with due regard for the interests of other States in their exercise of the freedom of the high seas, and also with due regard for the rights under this Convention with respect to activities in the Area.

第八十八條　公海只用于和平目的

公海應只用于和平目的。

Art. 88 Reservation of the high seas for peaceful purposes

The high seas shall be reserved for peaceful purposes.

第八十九條　對公海主權主張的無效

任何國家不得有效地聲稱將公海的任何部分置於其主權之下。

第九十條　航行權

每個國家，不論是沿海國或內陸國，均有權在公海上行駛懸掛其旗幟的船舶。

第九十一條　船舶的國籍

1. 每個國家應確定對船舶給予國籍。船舶在其領土內登記及船舶懸掛該國旗幟的權利的條件。船舶具有其有權懸掛的旗幟所屬國家的國籍。國家和船舶之間必須有真正聯繫。

2. 每個國家應向其給予懸掛該國旗幟權利的船舶頒發給予該權利的文件。

Art. 91 Nationality of ships

1. Every State shall fix the conditions for the grant of its nationality to ships, for the registration of ships in its territory, and for the right to fly its flag. Ships have the nationality of the State whose flag they are entitled to fly. There must exist a genuine link between the State and the ship.

2. Every State shall issue to ships to which it has granted the right to fly its flag documents to that effect.

■第九十二條　船舶的地位

1. 船舶航行應僅懸掛一國的旗幟，而且除國際條約或本公約明文規定的例外情形外，在公海上應受該國的專屬管轄。除所有權確實轉移或變更登

記的情形外，船舶在航程中或在停泊港內不得更換其旗幟。

2. 懸掛兩國或兩國以上旗幟航行並視方便而換用旗幟的船舶，對任何其他國家不得主張其中的任一國籍，並可視同無國籍的船舶。

第九十三條　懸掛聯合國、其專門機構和國際原子能機構旗幟的船舶

以上各條不影響用於為聯合國、其專門機構或國際原子能機構正式服務並懸掛聯合國旗幟的船舶的問題。

第九十四條　船旗國的義務

1. 每個國家應對懸掛該國旗幟的船舶有效地行使行政、技術及社會事項上的管轄和控制。

2. 每個國家特別應：(a)保持一本船舶登記冊，載列懸掛該國旗幟的船舶的名稱和詳細情況，但因體積過小而不在一般接受的國際規章規定範圍內的船舶除外；(b)根據其國內法，就有關每艘懸掛該國旗幟的船舶的行政、技術和社會事項，對該船及其船長、高級船員和船員行使管轄權。

3. 每個國家對懸掛該國旗幟的船舶，除其他外，應就下列各項採取為保證海上安全所必要的措施：(a)船舶的構造、裝備和適航條件；(b)船舶的人員配備、船員的勞動條件和訓練，同時考慮到適用的國際檔；(c)信號的使用、通信的維持和碰撞的防止。

4. 這種措施應包括為確保下列事項所必要的措施：(a)每艘船舶，在登記前及其後適當的間隔期間，受合格的船舶檢驗人的檢查，並在船上備有船舶安全航行所需要的海圖、航海出版物以及航行裝備和儀器；(b)每艘船舶都由具備適當資格、特別是具備航海術、航行、通信和海洋工程方面資格的船長和高級船員負責，而且船員的資格和人數與船舶種類、大小、機械和裝備都是相稱的；(c)船長、高級船員和在適當範圍內的船員，充分熟悉並須遵守關於海上生命安全，防止碰撞，防止、減少和控制海洋污染和維持無線電通信所適用的國際規章。

5. 每一國家採取第3和第4款要求的措施時，須遵守一般接受的國際規章、程式和慣例，並採取為保證這些規章、程式和慣例得到遵行所必要的任何步驟。

6. 一個國家如有明確理由相信對某一船舶未行使適當的管轄和管制，可將這項事實通知船旗國。船旗國接到通知後，應對這一事項進行調查，並于適當時採取任何必要行動，以補救這種情況。

7. 每一國家對於涉及懸掛該國旗幟的船舶在公海上因海難或航行事故對另一國國民造成死亡或嚴重傷害，或對另一國的船舶或設施、或海洋環境造成嚴重損害的每一事件，都應由適當的合格人士一人或數人或在有這種人士在場的情況下進行調查。對於該另一國就任何這種海難或航行事故進行的任何調查，船旗國應與該另一國合作。

Art. 94 Duties of the flag State

1. Every State shall effectively exercise its jurisdiction and control in administrative, technical and social matters over ships flying its flag.

2. In particular every State shall:

(a) maintain a register of ships containing the names and particulars of ships flying its flag, except those which are excluded from generally accepted international regulations on account of their small size; and(b) assume jurisdiction under its internal law over each ship flying its flag and its master, officers and crew in respect of administrative, technical and social matters concerning the ship.

3. Every State shall take such measures for ships flying its flag as are necessary to ensure safety at sea with regard, inter alia, to:

(a) the construction, equipment and seaworthiness of ships;(b) the manning of ships, labour conditions and the training of crews, taking into account the applicable international instruments;(c) the use of signals, the maintenance of communications and the prevention of collisions.

4. Such measures shall include those necessary to ensure:

(a) that each ship, before registration and thereafter at appropriate intervals, is surveyed by a qualified surveyor of ships, and has on board such charts, nautical publications and navigational equipment and instruments as are appropriate for the safe navigation of the ship;(b) that each ship is in the charge of a master and officers who possess appropriate qualifications, in particular in seamanship, navigation, communications and marine engineering, and that the crew is appropriate in qualification and numbers for the type, size, machinery and equipment of the ship;(c) that the master, officers and, to the extent appropriate, the crew are fully conversant with and required to observe the applicable international regulations concerning the safety of life at sea, the prevention of collisions, the prevention, reduction and control of marine pollution, and the maintenance of communications by radio.

5. In taking the measures called for in paragraphs 3 and 4 each State is required to conform to generally accepted international regulations, procedures and practices and to take any steps which may be necessary to secure their observance.

6. A State which has clear grounds to believe that proper jurisdiction and control with respect to a ship have not been exercised may report the facts to the flag State. Upon receiving such a report, the flag State shall investigate the matter and, if appropriate, take any action necessary to remedy the situation.

7. Each State shall cause an inquiry to be held by or before a suitably qualified person or persons into every marine casualty or incident of navigation on the high seas involving a ship flying its flag and causing loss of life or serious injury to nationals of another State or serious damage to ships or installations of another State or to the marine environment. The flag State and the other State shall cooperate in the conduct of any inquiry held by that other State into any such marine casualty or incident of navigation.

第九十五條　公海上軍艦的豁免權

軍艦在公海上有不受船旗國以外任何其他國家管轄的完全豁免權。

第九十六條　專用於政府非商業性服務的船舶的豁免權

由一國所有或經營並專用於政府非商業性服務的船舶，在公海上應有不受船旗國以外任何其他國家管轄的完全豁免權。

第九十七條　關於碰撞事項或任何其他航行事故的刑事管轄權

1. 遇有船舶在公海上碰撞或任何其他航行事故涉及船長或任何其他為船舶服務的人員的刑事或紀律責任時，對此種人員的任何刑事訴訟或紀律程式，僅可向船旗國或此種人員所屬國的司法或行政當局提出。

2. 在紀律事項上，只有發給船長證書或駕駛資格證書或執照的國家，才有權在經過適當的法律程式後宣告撤銷該證書，即使證書持有人不是發給證書的國家的國民也不例外。

3. 船旗國當局以外的任何當局，即使作為一種調查措施，也不應命令逮捕或扣留船舶。

Art. 97 Penal jurisdiction in matters of collision or any other incident of navigation

1. In the event of a collision or any other incident of navigation concerning a ship on the high seas, involving the penal or disciplinary responsibility of the master or of any other person in the service of the ship, no penal or disciplinary proceedings may be instituted against such person except before the judicial or administrative authorities either of the flag State or of the State of which such person is a national.

2. In disciplinary matters, the State which has issued a master's certificate or a certificate of competence or licence shall alone be competent, after due legal process, to pronounce the withdrawal of such certificates, even if the holder is not a national of the State which issued them.

3. No arrest or detention of the ship, even as a measure of investigation, shall be ordered by any authorities other than those of the flag State.

第九十八條　救助的義務

1. 每個國家應責成懸掛該國旗幟航行的船舶的船長，在不嚴重危及其船舶、船員或乘客的情況下：(a)救助在海上遇到的任何有生命危險的人；(b)如果得悉有遇難者需要救助的情形，在可以合理地期待其採取救助行動時，盡速前往拯救；(c)在碰撞後，對另一船舶、其船員和乘客給予救助，並在可能情況下，將自己船舶的名稱、船籍港和將停泊的最近港口通知另一船舶。

2. 每個沿海國應促進有關海上和上空安全的足敷應用和有效的搜尋和救助服務的建立、經營和維持，並應在情況需要時為此目的通過相互的區域性安排與鄰國合作。

第九十九條　販運奴隸的禁止

每個國家應採取有效措施，防止和懲罰准予懸掛該國旗幟的船舶販運奴隸，並防止為此目的而非法使用其旗幟。在任何船舶上避難的任何奴隸、不論該船懸掛何國旗幟，均當然獲得自由。

第一○○條　合作制止海盜行為的義務

所有國家應盡最大可能進行合作，以制止在公海上或在任何國家管轄範圍以外的任何其他地方的海盜行為。

第一○一條　海盜行為的定義

下列行為中的任何行為構成海盜行為：(a)私人船舶或私人飛機的船員、機組成員或乘客為私人目的，對下列物件所從事的任何非法的暴力或扣留行

為，或任何掠奪行為：(1)在公海上對另一船舶或飛機，或對另一船舶或飛機上的人或財物；(2)在任何國家管轄範圍以外的地方對船舶、飛機、人或財物；(b)明知船舶或飛機成為海盜船舶或飛機的事實，而自願參加其活動的任何行為；(c)教唆或故意便利(a)或(b)項所述行為的任何行為。

第一○二條　軍艦、政府船舶或政府飛機由於其船員或機組成員發生叛變而從事的海盜行為

軍艦、政府船舶或政府飛機由於其船員或機組成員發生叛變並控制該船舶或飛機而從事第一○一條所規定的海盜行為，視同私人船舶或飛機所從事的行為。

第一○三條　海盜船舶或飛機的定義

如果處於主要控制地位的人員意圖利用船舶或飛機從事第一○一條所指的各項行為之一，該船舶或飛機視為海盜船舶或飛機。如果該船舶或飛機曾被用以從事任何這種行為，在該船舶或飛機仍在犯有該行為的人員的控制之下時，上述規定同樣適用。

第一○四條　海盜船舶或飛機國籍的保留或喪失

船舶或飛機雖已成為海盜船舶或飛機，仍可保有其國籍。國籍的保留或喪失由原來給予國籍的國家的法律予以決定。

第一○五條　海盜船舶或飛機的扣押

在公海上，或在任何國家管轄範圍以外的任何其他地方，每個國家均可扣押海盜船舶或飛機或為海盜所奪取並在海盜控制下的船舶或飛機，和逮捕船上或機上人員並扣押船上或機上財物。扣押國的法院可判定應處的刑罰，並可決定對船舶、飛機或財產所應採取的行動，但受善意第三者的權利的限制。

第一○六條　無足夠理由扣押的賠償責任

如果扣押涉有海盜行為嫌疑的船舶或飛機並無足夠的理由，扣押國應向船舶或飛機所屬的國家負擔因扣押而造成的任何損失或損害的賠償責任。

第一○七條　由於發生海盜行為而有權進行扣押的船舶和飛機

由於發生海盜行為而進行的扣押，只可由軍艦，軍用飛機或其他有清楚標誌可以識別的為政府服務並經授權扣押的船舶或飛機實施。

第一○八條　麻醉藥品或精神調理物質的非法販運

1. 所有國家應進行合作，以制止船舶違反國際公約在海上從事非法販運麻

醉藥品和精神調理物質。

2. 任何國家如有合理根據認為一艘懸掛其旗幟的船舶從事非法販運麻醉藥品或精神調理物質，可要求其他國家合作，制止這種販運。

第一〇九條　從公海從事未經許可的廣播

1. 所有國家應進行合作，以制止從公海從事未經許可的廣播。

2. 為本公約的目的，"未經許可的廣播"是指船舶或設施違反國際規章在公海上播送旨在使公眾收聽或收看的無線電傳音或電視廣播，但遇難呼號的播送除外。

3. 對於從公海從事未經許可的廣播的任何人，均可向下列國家的法院起訴：(a)船旗國；(b)設施登記國；(c)廣播人所屬國；(d)可以收到這種廣播的任何國家；或(e)得到許可的無線電通信受到干擾的任何國家。

4. 在公海上按照第3款有管轄權的國家，可依照第一一〇條逮捕從事未經許可的廣播的任何人或船舶，並扣押廣播器材。

第一一〇條　登臨權

1. 除條約授權的干涉行為外，軍艦在公海上遇到按照第九十五和第九十六條享有完全豁免權的船舶以外的外國船舶，非有合理根據認為有下列嫌疑，不得登臨該船：(a)該船從事海盜行為；(b)該船從事奴隸販賣；(c)該船從事未經許可的廣播而且軍艦的船旗國依據第一〇九條有管轄權；(d)該船沒有國籍；或(e)該船雖懸掛外國旗幟或拒不展示其旗幟，而事實上卻與該軍艦屬同一國籍。

2. 在第1款規定的情形下，軍艦可查核該船懸掛其旗幟的權利。為此目的，軍艦可派一艘由一名軍官指揮的小艇到該嫌疑船舶。如果檢驗船舶檔後仍有嫌疑，軍艦可進一步在該船上進行檢查，但檢查須儘量審慎進行。

3. 如果嫌疑經證明為無根據，而且被登臨的船舶並未從事嫌疑的任何行為，對該船舶可能遭受的任何損失或損害應予賠償。

4. 這些規定比照適用於軍用飛機。

5. 這些規定也適用於經正式授權並有清楚標誌可以識別的為政府服務的任何其他船舶或飛機。

Art. 110 Right of visit

1. Except where acts of interference derive from powers conferred by treaty, a warship which encounters on the high seas a foreign ship, other than a ship

entitled to complete immunity in accordance with articles 95 and 96, is not justified in boarding it unless there is reasonable ground for suspecting that:

(a) the ship is engaged in piracy;(b) the ship is engaged in the slave trade;(c) the ship is engaged in unauthorized broadcasting and the flag State of the warship has jurisdiction under article 109;(d) the ship is without nationality; or(e) though flying a foreign flag or refusing to show its flag, the ship is, in reality, of the same nationality as the warship.

2. In the cases provided for in paragraph 1, the warship may proceed to verify the ship's right to fly its flag. To this end, it may send a boat under the command of an officer to the suspected ship. If suspicion remains after the documents have been checked, it may proceed to a further examination on board the ship, which must be carried out with all possible consideration.

3. If the suspicions prove to be unfounded, and provided that the ship boarded has not committed any act justifying them, it shall be compensated for any loss or damage that may have been sustained.

4. These provisions apply mutatis mutandis to military aircraft.

5. These provisions also apply to any other duly authorized ships or aircraft clearly marked and identifiable as being on government service.

第一一一條　緊追權

1. 沿海國主管當局有充分理由認為外國船舶違反該國法律和規章時,可對該外國船舶進行緊追。此項追逐須在外國船舶或其小艇之一在追逐國的內水、群島水域、領域或毗連區內時開始,而且只有追逐未曾中斷,才可在領海或毗連區外繼續進行。當外國船舶在領海或毗連區內接獲停駛命令時,發出命令的船舶並無必要也在領海或毗連區內。如果外國船舶是在第三十三條所規定的毗連區內,追逐只有在設立該區所保護的權利遭到侵犯的情形下才可進行。

2. 對於在專屬經濟區內或在大陸架上,包括大陸架上設施周圍的安全地帶內,違反沿海國按照本公約適用於專屬經濟區或大陸架包括這種安全地帶的法律和規章的行為,應比照適用緊追權。

3. 緊追權在被追逐的船舶進入其本國領海或第三國領海時立即終止。

4. 除非追逐的船舶以可用的實際方法認定被追逐的船舶或其小艇之一或作為一隊進行活動而以被追逐的船舶為母船的其他船艇是在領海範圍內,

或者，根據情況，在毗連區或專屬經濟區內或在大陸架上，緊追不得認為已經開始。追逐只有在外國船舶視聽所及的距離內發出視覺或聽覺的停駛信號後，才可開始。

5. 緊追權只可由軍艦、軍用飛機或其他有清楚標誌可以識別的為政府服務並經授權緊追的船舶或飛機行使。

6. 在飛機進行緊追時：(a)應比照適用第1至第4款的規定；(b)發出停駛命令的飛機，除非其本身能逮捕該船舶，否則須其本身積極追逐船舶直至其所召喚的沿海國船舶或另一飛機前來接替追逐為止。飛機僅發現船舶犯法或有犯法嫌疑，如果該飛機本身或接著無間斷地進行追逐的其他飛機或船舶既未命令該船停駛也未進行追逐，則不足以構成在領海以外逮捕的理由。

7. 在一國管轄範圍內被逮捕並被押解到該國港口以便主管當局審問的船舶，不得僅以其在航行中由於情況需要而曾被押解通過專屬經濟區的或公海的一部分為理由而要求釋放。

8. 在無正當理由行使緊追權的情況下，在領海以外被命令停駛或被逮捕的船舶，對於可能因此遭受的任何損失或損害應獲賠償。

Art. 111 Right of hot pursuit

1. The hot pursuit of a foreign ship may be undertaken when the competent authorities of the coastal State have good reason to believe that the ship has violated the laws and regulations of that State. Such pursuit must be commenced when the foreign ship or one of its boats is within the internal waters, the archipelagic waters, the territorial sea or the contiguous zone of the pursuing State, and may only be continued outside the territorial sea or the contiguous zone if the pursuit has not been interrupted. It is not necessary that, at the time when the foreign ship within the territorial sea or the contiguous zone receives the order to stop, the ship giving the order should likewise be within the territorial sea or the contiguous zone. If the foreign ship is within a contiguous zone, as defined in article 33, the pursuit may only be undertaken if there has been a violation of the rights for the protection of which the zone was established.

2. The right of hot pursuit shall apply mutatis mutandis to violations in the exclusive economic zone or on the continental shelf, including safety zones around continental shelf installations, of the laws and regulations of the coastal State

applicable in accordance with this Convention to the exclusive economic zone or the continental shelf, including such safety zones.

3. The right of hot pursuit ceases as soon as the ship pursued enters the territorial sea of its own State or of a third State.

4. Hot pursuit is not deemed to have begun unless the pursuing ship has satisfied itself by such practicable means as may be available that the ship pursued or one of its boats or other craft working as a team and using the ship pursued as a mother ship is within the limits of the territorial sea, or, as the case may be, within the contiguous zone or the exclusive economic zone or above the continental shelf. The pursuit may only be commenced after a visual or auditory signal to stop has been given at a distance which enables it to be seen or heard by the foreign ship.

5. The right of hot pursuit may be exercised only by warships or military aircraft, or other ships or aircraft clearly marked and identifiable as being on government service and authorized to that effect.

6. Where hot pursuit is effected by an aircraft:(a) the provisions of paragraphs 1 to 4 shall apply mutatis mutandis;(b) the aircraft giving the order to stop must itself actively pursue the ship until a ship or another aircraft of the coastal State, summoned by the aircraft, arrives to take over the pursuit, unless the aircraft is itself able to arrest the ship. It does not suffice to justify an arrest outside the territorial sea that the ship was merely sighted by the aircraft as an offender or suspected offender, if it was not both ordered to stop and pursued by the aircraft itself or other aircraft or ships which continue the pursuit without interruption.

7. The release of a ship arrested within the jurisdiction of a State and escorted to a port of that State for the purposes of an inquiry before the competent authorities may not be claimed solely on the ground that the ship, in the course of its voyage, was escorted across a portion of the exclusive economic zone or the high seas, if the circumstances rendered this necessary.

8. Where a ship has been stopped or arrested outside the territorial sea in circumstances which do not justify the exercise of the right of hot pursuit, it shall be compensated for any loss or damage that may have been thereby sustained.

第一一二條　鋪設海底電纜和管道的權利

1.所有國家均有權在大陸架以外的公海海底上鋪設海底電纜和管道。

2.第七十九條第5款適用於這種電纜和管道。

第一一三條　海底電纜或管道的破壞或損害

每個國家均應制定必要的法律和規章，規定懸掛該國旗幟的船舶或受其管轄的人故意或因重大疏忽而破壞或損害公海海底電纜，致使電報或電話通信停頓或受阻的行為，以及類似的破壞或損害海底管道或高壓電纜的行為，均為應予處罰的罪行。此項規定也應適用於故意或可能造成這種破壞或損害的行為。但對於僅為了保全自己的生命或船舶的正當目的而行事的人，在採取避免破壞或損害的一切必要預防措施後，仍然發生的任何破壞或損害，此項規定不應適用。

第一一四條　海底電纜或管道的所有人對另一海底電纜或管道的破壞或損害

每個國家應制定必要的法律和規章，規定受其管轄的公海海底電纜或管道的所有人如果在鋪設或修理該項電纜或管道時使另一電纜或管道遭受破壞或損害，應負擔修理的費用。

第一一五條　因避免損害海底電纜或管道而遭受的損失的賠償

每個國家應制定必要的法律和規章，確保船舶所有人在其能證明因避免損害海底電纜或管道而犧牲錨、網或其他漁具時，應由電纜或管道所有人予以賠償，但須船舶所有人事先曾採取一切合理的預防措施。

■**第二節　公海生物資源的養護和管理**

第一一六條　公海上捕魚的權利

所有國家均有權由其國民在公海上捕魚，但受下列限制：(a)其條約義務；(b)除其他外，第六十三條第2款和第六十四至第六十七條規定的沿海國的權利、義務和利益；和(c)本節各項規定。

第一一七條　各國為其國民採取養護公海生物資源措施的義務

所有國家均有義務為各該國國民採取，或與其他國家合作採取養護公海生物資源的必要措施。

第一一八條　各國在養護和管理生物資源方面的合作

各國應互相合作以養護和管理公海區域內的生物資源。凡其國民開發相同生物資源，或在同一區域內開發不同生物資源的國家，應進行談判，以期採取養護有關生物資源的必要措施。為此目的，這些國家應在適當情形下

進行合作，以設立分區域或區域漁業組織。

第一一九條　公海生物資源的養護

1. 在對公海生物資源決定可捕量和制訂其他養護措施時，各國應：(a)採取措施，其目的在於根據有關國家可得到的最可靠的科學證據，並在包括發展中國家的特殊要求在內的各種有關環境和經濟因素的限制下，使捕撈的魚種的數量維持在或恢復到能夠生產最高持續產量的水準，並考慮到捕撈方式、種群的相互依存以及任何一般建議的國際最低標準，不論是分區域、區域或全球性的；(b)考慮到與所捕撈魚種有關聯或依賴該魚種而生存的魚種所受的影響，以便使這種有關聯或依賴的魚種的數量維持在或恢復到其繁殖不會受嚴重威脅的水準以上。

2. 在適當情形下，應通過各主管國際組織，不論是分區域、區域或全球性的，並在所有有關國家的參加下，經常提供和交換可獲得的科學情報、漁獲量和漁撈努力量統計，以及其他有關養護魚的種群的資料。

3. 有關國家應確保養護措施及其實施不在形式上或事實上對任何國家的漁民有所歧視。

Art. 119 Conservation of the living resources of the high seas

1. In determining the allowable catch and establishing other conservation measures for the living resources in the high seas, States shall:(a) take measures which are designed, on the best scientific evidence available to the States concerned, to maintain or restore populations of harvested species at levels which can produce the maximum sustainable yield, as qualified by relevant environmental and economic factors, including the special requirements of developing States, and taking into account fishing patterns, the interdependence of stocks and any generally recommended international minimum standards, whether subregional, regional or global;(b) take into consideration the effects on species associated with or dependent upon harvested species with a view to maintaining or restoring populations of such associated or dependent species above levels at which their reproduction may become seriously threatened.

2. Available scientific information, catch and fishing effort statistics, and other data relevant to the conservation of fish stocks shall be contributed and exchanged on a regular basis through competent international organizations, whether subregional, regional or global, where appropriate and with participation by all

States concerned.

3. States concerned shall ensure that conservation measures and their implementation do not discriminate in form or in fact against the fishermen of any State.

第一二〇條　海洋哺乳動物

第六十五條也適用於養護和管理公海的海洋哺乳動物。

第八部分　島嶼制度

第一二一條　島嶼制度

1. 島嶼是四面環水並在高潮時高於水面的自然形成的陸地區域。

2. 除第3款另有規定外，島嶼的領海、毗連區、專屬經濟區和大陸架應按照本公約適用於其他陸地領土的規定加以確定。

3. 不能維持人類居住或其本身的經濟生活的岩礁，不應有專屬經濟區或大陸架。

Art. 121 Regime of islands

1. An island is a naturally formed area of land, surrounded by water, which is above water at high tide.

2. Except as provided for in paragraph 3, the territorial sea, the contiguous zone, the exclusive economic zone and the continental shelf of an island are determined in accordance with the provisions of this Convention applicable to other land territory.

3. Rocks which cannot sustain human habitation or economic life of their own shall have no exclusive economic zone or continental shelf.

第九部分　閉海或半閉海

第一二二條　定義

爲本公約的目的，"閉海或半閉海"是指兩個或兩個以上國家所環繞並由一個狹窄的出口連接到另一個海或洋，或全部或主要由兩個或兩個以上沿海國的領海和專屬經濟區構成的海灣、海盆或海域。

第一二三條　閉海或半閉海沿岸國的合作

閉海或半閉海沿岸國在行使和履行本公約所規定的權利和義務時，應互相合作。爲此目的，這些國家應盡力直接或通過適當區域組織：(a)協調海洋生物資源的管理、養護、勘探和開發；(b)協調行使和履行其在保護和保全海洋環境方面的權利和義務；(c)協調其科學研究政策，並在適當情形下在

該地區進行聯合的科學研究方案；(d)在適當情形下，邀請其他有關國家或國際組織與其合作以推行本條的規定。

第十部分　內陸國出入海洋的權利和過境自由

第一二四條　用語

1. 為本公約的目的：(a)"內陸國"是指沒有海岸的國家；(b)"過境國"是指位於內陸國與海洋之間以及通過其領土進行過境運輸的國家，不論其是否具有海岸；(c)"過境運輸"是指人員、行李、貨物和運輸工具通過一個或幾個過境國領土的過境，而這種通過不論是否需要轉運、入倉、分卸或改變運輸方式，都不過是以內陸國領土為起點或終點的旅運全程的一部分；(d)"運輸工具"是指：(1)鐵路車輛、海洋、湖泊和河川船舶以及公路車輛；(2)在當地情況需要時，搬運工人和馱獸。

2. 內陸國和過境國可彼此協議，將管道和煤氣管和未列入第1款的運輸工具列為運輸工具。

第一二五條　出入海洋的權利和過境自由

1. 為行使本公約所規定的各項權利，包括行使與公海自由和人類共同繼承財產有關的權利的目的，內陸國應有權出入海洋。為此目的，內陸國應享有利用一切運輸工具通過過境國領土的過境自由。

2. 行使過境自由的條件和方式，應由內陸國和有關過境國通過雙邊、分區域或區域協定予以議定。

3. 過境國在對其領土行使完全主權時，應有權採取一切必要措施，以確保本部分為內陸國所規定的各項權利和便利絕不侵害其合法利益。

第一二六條　最惠國條款的不適用

本公約的規定，以及關於行使出入海洋權利的並因顧及內陸國的特殊地理位置而規定其權利和便利的特別協定，不適用最惠國條款。

第一二七條　關稅、稅捐和其他費用

1. 過境運輸應無須繳納任何關稅、稅捐或其他費用，但為此類運輸提供特定服務而徵收的費用除外。

2. 對於過境運輸工具和其他為內陸國提供並由其使用的便利，不應徵收高於使用過境國運輸工具所繳納的稅捐或費用。

第一二八條　自由區和其他海關便利

為了過境運輸的便利，可由過境國和內陸國協議，在過境國的出口港和入

口港內提供自由區或其他海關便利。

第一二九條　合作建造和改進運輸工具

如果過境國內無運輸工具以實現過境自由，或現有運輸工具包括海港設施和裝備在任何方面有所不足，過境國可與有關內陸國進行合作，以建造或改進這些工具。

第一三〇條　避免或消除過境運輸發生遲延或其他技術性困難的措施

1. 過境國應採取一切適當措施避免過境運輸發生遲延或其他技術性困難。

2. 如果發生這種遲延或困難，有關過境國和內陸國的主管當局應進行合作，迅速予以消除。

第一三一條　海港內的同等待遇

懸掛內陸國旗幟的船舶在海港內應享有其他外國船舶所享有的同等待遇。

第一三二條　更大的過境便利的給予

本公約締約國間所議定的或本公約一個締約國給予的大於本公約所規定的過境便利，絕不因本公約而撤銷。本公約也不排除將來給予這種更大的便利。

第十一部分　"區域"

■第一節　一般規定

第一三三條　用語

為本部分的目的：(a)"資源"是指"區域"內在海床及其下原來位置的一切固體、液體或氣體礦物資源，其中包括多金屬結核；(b)從"區域"回收的資源稱為"礦物"。

第一三四條　本部分的範圍

1. 本部分適用於"區域"。

2. "區域"內活動應受本部分規定的支配。

3. 關於將標明第一條第1款所指範圍界限的海圖和地理座標表交存和予以公佈的規定，載於第六部分。

4. 本條的任何規定不影響根據第六部分大陸架外部界限的劃定或關於劃定海岸相向或相鄰國家間界限的協定的效力。

第一三五條　上覆水域和上空的法律地位

本部分或依其授予或行使的任何權利，不應影響"區域"上覆水域的法律

地位，或這種水域上空的法律地位。

■第二節 支配"區域"的原則

第一三六條 人類的共同繼承財產

"區域"及其資源是人類的共同繼承財產。

第一三七條 "區域"及其資源的法律地位

1. 任何國家不應對"區域"的任何部分或其資源主張或行使主權或主權權利，任何國家或自然人或法人，也不應將"區域"或其資源的任何部分據為己有。任何這種主權和主權權利的主張或行使，或這種據為己有的行為，均應不予承認。

2. 對"區域"內資源的一切權利屬於全人類，由管理局代表全人類行使。這種資源不得讓渡。但從"區域"內回收的礦物，只可按照本部分和管理局的規則、規章和程式予以讓渡。

3. 任何國家或自然人或法人，除按照本部分外，不應對"區域"礦物主張、取得或行使權利。否則，對於任何這種權利的主張、取得或行使，應不予承認。

Art. 137 Legal status of the Area and its resources

1. No State shall claim or exercise sovereignty or sovereign rights over any part of the Area or its resources, nor shall any State or natural or juridical person appropriate any part thereof. No such claim or exercise of sovereignty or sovereign rights nor such appropriation shall be recognized.

2. All rights in the resources of the Area are vested in mankind as a whole, on whose behalf the Authority shall act. These resources are not subject to alienation. The minerals recovered from the Area, however, may only be alienated in accordance with this Part and the rules, regulations and procedures of the Authority.

3. No State or natural or juridical person shall claim, acquire or exercise rights with respect to the minerals recovered from the Area except in accordance with this Part. Otherwise, no such claim, acquisition or exercise of such rights shall be recognized.

第一三八條 國家對於"區域"的一般行為

各國對於"區域"的一般行為，應按照本部分的規定、《聯合國憲章》所載原則，以及其他國際法規則，以利維持和平與安全，促進國際合作和相

互瞭解。

第一三九條　確保遵守本公約的義務和損害賠償責任

1. 締約國應有責任確保"區域"內活動，不論是由締約國、國營企業、或具有締約國國籍的自然人或法人所從事者，一律依照本部分進行。國際組織對於該組織所進行的"區域"內活動也應有同樣義務。

2. 在不妨害國際法規則和附件三第二十二條的情形下，締約國或國際組織應對由於其沒有履行本部分規定的義務而造成的損害負有賠償責任；共同進行活動的締約國或國際組織應承擔連帶賠償責任。但如締約國已依據第一五三條第4款和附件三第四條第4款採取一切必要和適當措施，以確保其根據第一五三條第2款(b)項擔保的人切實遵守規定，則該締約國對於因這種人沒有遵守本部分規定而造成的損害，應無賠償責任。

3. 為國際組織成員的締約國應採取適當措施確保本條對這種組織的實施。

第一四〇條　全人類的利益

1. "區域"內活動應依本部分的明確規定為全人類的利益而進行，不論各國的地理位置如何，也不論是沿海國或內陸國，並特別考慮到發展中國家和尚未取得完全獨立或聯合國按照其大會第1514(XV)號決議和其他有關大會決議所承認的其他自治地位的人民的利益和需要。

2. 管理局應按照第一六〇條第2款(f)項(1)目作出規定，通過任何適當的機構，在無歧視的基礎上公平分配從"區域"內活動取得的財政及其他經濟利益。

第一四一條　專為和平目的利用"區域"

"區域"應開放給所有國家，不論是沿海國或內陸國，專為和平目的利用，不加歧視，也不得妨害本部分其他規定。

第一四二條　沿海國的權利和合法利益

1. "區域"內活動涉及跨越國家管轄範圍的"區域"內資源礦床時，應適當顧及這種礦床跨越其管轄範圍的任何沿海國的權利和合法利益。

2. 應與有關國家保持協商，包括維持一種事前通知的辦法在內，以免侵犯上述權利和利益。如"區域"內活動可能導致對國家管轄範圍內資源的開發，則需事先征得有關沿海國的同意。

3. 本部分或依其授予或行使的任何權利，應均不影響沿海國為防止、減輕或消除因任何"區域"內活動引起或造成的污染威脅或其他危險事故使其海岸或有關利益受到的嚴重迫切危險而採取與第十二部分有關規定相

符合的必要措施的權利。

第一四三條　海洋科學研究

1. "區域"內的海洋科學研究，應按照第十三部分專為和平目的並為謀全人類的利益進行。

2. 管理局可進行有關"區域"及其資源的海洋科學研究，並可為此目的訂立合同。管理局應促進和鼓勵在"區域"內進行海洋科學研究，並應協調和傳播所得到的這種研究和分析的結果。

3. 各締約國可在"區域"內進行海洋學研究。各締約國應以下列方式促進"區域"內海洋科學研究方面的國際合作：(a)參加國際方案，並鼓勵不同國家的人員和管理局人員合作進行海洋科學研究；(b)確保在適當情形下通過管理局或其他國際組織，為了發展中國家和技術較不發達國家的利益發展各種方案，以期：加強它們的研究能力；在研究的技術和應用方面訓練它們的人員和管理局的人員；促進聘用它們的合格人員，從事"區域"內的研究；(c)通過管理局，或適當時通過其他國際途徑，切實傳播所得到的研究和分析結果。

第一四四條　技術的轉讓

1. 管理局應按照本公約採取措施，以：(a)取得有關"區域"內活動的技術和科學知識；並(b)促進和鼓勵向發展中國家轉讓這種技術和科學知識，使所有締約國都從其中得到利益。

2. 為此目的，管理局和各締約國應互相合作，以促進有關"區域"內活動的技術和科學知識的轉讓，使企業部和所有締約國都從其中得到利益。它們應特別倡議並推動：(a)將有關"區域"內活動的技術轉讓給企業部和發展中國家的各種方案，除其他外，包括便利企業部和發展中國家根據公平合理的條款和條件取得有關的技術；(b)促進企業部技術和發展中國家本國技術的進展的各種措施，特別是使企業部和發展中國家的人員有機會接受海洋科學和技術的訓練和充分參加"區域"內活動。

第一四五條　海洋環境的保護

應按照本公約對"區域"內活動採取必要措施，以確保切實保護海洋環境，不受這種活動可能產生的有害影響。為此目的，管理局應制定適當的規則，規章和程序，以便除其他外：(a)防止、減少和控制對包括海岸在內的海洋環境的污染和其他危害，並防止干擾海洋環境的生態平衡，特別注意使其不受諸如鑽探、挖泥、挖鑿、廢物處置等活動，以及建造和操作或

維修與這種活動有關的設施、管道和其他裝置所產生的有害影響；(b)保護和養護 "區域" 的自然資源，並防止對海洋環境中動植物的損害。

第一四六條　人命的保護

關於 "區域" 內活動，應採取必要措施，以確保切實保護人命。為此目的，管理局應制定適當的規則、規章和程式，以補充有關條約所體現的現行國際法。

第一四七條　 "區域" 內活動與海洋環境中的活動的相互適應

1. "區域" 內活動的進行，應合理地顧及海洋環境中的其他活動。

2. 進行 "區域" 內活動所使用的設施應受下列條件的限制：(a)這種設施應僅按照本部分和在管理局的規則、規章和程式的限制下安裝、安置和拆除。這種設施的安裝、安置和拆除必須妥為通知，並對其存在必須維持永久性的警告方法；(b)這種設施不得設在對使用國際航行必經的公認海道可能有干擾的地方，或設在有密集捕撈活動的區域；(c)這種設施的周圍應設立安全地帶並加適當的標記，以確保航行和設施的安全。這種安全地帶的形狀和位置不得構成一個地帶阻礙船舶合法出入特定海洋區域或阻礙沿國際海道的航行；(d)這種設施應專用于和平目的；(e)這種設施不具有島嶼地位。它們沒有自己的領海，其存在也不影響領海、專屬經濟區或大陸架界限的劃定。

3. 在海洋環境中進行的其他活動，應合理地顧及 "區域" 內活動。

第一四八條　發展中國家對 "區域" 內活動的參加

應按照本部分的具體規定促進發展中國家有效參加 "區域" 內活動，並適當顧及其特殊利益和需要，尤其是其中的內陸國和地理不利國在克服因不利位置，包括距離 "區域" 遙遠和出入 "區域" 困難而產生的障礙方面的特殊需要。

第一四九條　考古和歷史文物

在 "區域" 內發現的一切考古和歷史文物，應為全人類的利益予以保存或處置，但應特別顧及來源國，或文化上的發源國，或歷史和考古上的來源國的優先權利。

■第三節　 "區域" 內資源的開發

第一五○條　關於 "區域" 內活動的政策

"區域" 內活動應按照本部分的明確規定進行，以求有助於世界經濟的健

全發展和國際貿易的均衡增長，並促進國際合作，以謀所有國家特別是發展中國家的全面發展，並且為了確保：(a) "區域"資源的開發；(b)對 "區域"資源進行有秩序、安全和合理的管理，包括有效地進行 "區域"內活動，並按照健全的養護原則，避免不必要的浪費；(c)擴大參加這種活動的機會，以符合特別是第一四四和第一四八條的規定；(d)按照本公約的規定使管理局分享收益，以及對企業部和發展中國家作技術轉讓；(e)按照需要增加從 "區域"取得的礦物的供應量，連同從其他來源取得的礦物，以保證這類礦物的消費者獲得供應；(f)促進從 "區域"和從其他來源取得的礦物的價格合理而又穩定，對生產者有利，對消費者也公平，並促進供求的長期平衡；(g)增進所有締約國，不論其經濟社會制度或地理位置如何，參加開發 "區域"內資源的機會，並防止壟斷 "區域"內活動；(h)按照第一五一條的規定，保護發展中國家，使它們的經濟或出口收益不致因某一受影響礦物的價格或該礦物的出口量降低，而遭受不良影響，但以這種降低是由於 "區域"內活動造成的為限；(i)為全人類的利益開發共同繼承財產；(j)從 "區域"取得的礦物作為輸入品以及這種礦物所產商品作為輸入品的進入市場的條件，不應比適用于其他來源輸入品的最優惠待遇更為優惠。

第一五一條　生產政策

1. (a)在不妨害第一五〇條所載目標的情形下，並為實施該條(h)項的目的，管理局應通過現有議事機構，或在適當時，通過包括生產者和消費者在內的有關各方都參加的新安排或協定，採取必要措施，以對生產者有利對消費者也公平的價格，促進 "區域"資源所產商品的市場的增長、效率和穩定，所有締約國都應為此目的進行合作。(b)管理局應有權參加生產者和消費者在內的有關各方都參加的關於上述商品的任何商品會議。管理局應有權參與上述會議產生的任何安排或協議。管理局參加根據這種安排或協定成立的任何機關，應與 "區域"內的生產有關，並符合這種機關的有關規則。(c)管理局應履行根據這種安排或協定所產生的義務，以求保證對 "區域"內有關礦物的一切生產，均劃一和無歧視地實施。管理局在這樣作的時候，應以符合現有合同條款和已核准的企業部工作計畫的方式行事。

2. (a)在第3款指明的過渡期間內，經營者在向管理局提出申請並經發給生產許可以前，不應依據一項核准的工作計畫進行商業生產。這種生產許

可不得在根據工作計畫預定開始商業生產前逾五年時申請或發出，除非管理局考慮到方案進展的性質和時機在其規則和規章中為此規定了另一期間。(b)在生產許可的申請中，經營者應具體說明按照核准的工作計畫預期每年回收的鎳的數量。申請中應列有經營者為使其於預定的日期如期開始商業生產而合理地算出的在收到許可以後將予支出的費用款。(c)為了(a)和(b)項的目的，管理局應按照附件三第十七條規定適當的成績要求。(d)管理局應照申請的生產量發給生產許可。除非在過渡期間內計畫生產的任何一年中，該生產量和已核准的生產量的總和超過在發給許可的年度依照第4款算出的鎳生產最高限額。(e)生產許可和核准的申請一經發給，即成為核准的工作計畫的一部分。(f)如果經營者申請生產許可依據(d)項被拒絕，則該經營者可隨時向管理局再次提出申請。

3. 過渡期間應自根據核准的工作計畫預定開始最早的商業生產的那一年一月一日以前的五年開始。如果最早進行商業生產的時間延遲到原定的年度以後，過渡期間的開始和原來計算的生產最高限額都應作相應的調整。過渡期間應為二十五年，或至第一五五條所指的審查會議結束，或至第1款所指的新安排或協議開始生效之日為止，以最早者為准。如果這種安排或協議因任何理由而終止或失效，在過渡期間所餘時間內，管理局應重新行使本條規定的權力。

4. (a)過渡期間內任何一年的生產最高限額應為以下的總和：
依據(b)項計算的鎳年消費量趨勢線上最早的商業生產年度以前那一年和過渡期間開始前那一年數值的差額；加上　依據(b)項計算的鎳消費量趨勢線上所申請的生產許可正適用的那一年和最早的商業生產年度以前那一年數值的差額的百分之六十。(b)為了(a)項的目的：計算鎳生產最高限額所用的趨勢線數值，應為發給生產許可的年度中計算的趨勢線上的鎳年消費量數值。趨勢線應從能夠取得資料的最近十五年期間的實際鎳消費量，取其對數值，以時間為引數，用線性回歸法導出。這一趨勢線應稱為原趨勢線；如果原趨勢線年增長率少於百分之三，則用來確定(a)項所指數量的趨勢線應為穿過原趨勢線上該十五年期間第一年的數值而年增長率為百分之三的趨勢線；但過渡期間內任何一年規定的生產最高限額無論如何不得超出該年原趨勢線數值同過渡期間開始前一年的原趨勢線數值之差。

5. 管理局應在依據第4款計算得來的生產最高限額中，保留給企業部為數

38 000公噸的鎳,以供其從事最初生產。

6. (a)經營者在任何一年內可生產少於其生產許可內所指明的從多金屬結核生產的礦物的年產數量,或最多較此數量高百分之八,但其總產量應不超出許可內所指明的數量。任何一年內在百分之八以上百分之二十以下的超產,或連續兩年超產後的第一年以及隨後各年的超產,應同管理局進行協商;管理局可要求經營者就增加的產量取得一項補充的生產許可。(b)管理局對於這種補充生產許可的申請,只有在處理了尚未獲得生產許可的經營者所已提出的一切申請,並已適當考慮到其他可能的申請者之後,才應加以審議。管理局應以不超過過渡期間任何一年內生產最高限額所容許的總生產量為指導原則。它不應核准在任何工作計畫下超過46 500公噸的鎳年產量。

7. 依據一項生產許可從回收的多金屬結核所提煉的銅、鈷和錳等其他金屬的產量,不應高於經營者依據本條規定從這些結核生產最高產量的鎳時所能生產的數量。管理局應依據附件三第十七條制定規則、規章和程式以實施本項規定。

8. 根據有關的多邊貿易協定關於不公平經濟措施的權利和義務,應適用於"區域"所產礦物的勘探和開發。在解決因本項規定而產生的爭端時,作為這種多邊貿易協定各方的締約國應可利用這種協定的解決爭端程式。

9. 管理局應有權按照第一六一條第8款制定規章,在適當的條件下,使用適當的方法限制"區域"所產而非產目多金屬結核的礦物的產量。

10.大會應依理事會根據經濟規劃委員會的意見提出的建議,建立一種補償制度,或其他經濟調整援助措施,包括同各專門機構和其他國際組織進行合作,以協助其出口收益或經濟因某一受影響礦物的價格或該礦物的出口量降低而遭受嚴重不良影響的發展中國家,但以此種降低是由於"區域"內活動造成的為限。管理局經請求應對可能受到最嚴重影響的國家的問題發動研究,以期儘量減輕它們的困難,並協助它們從事經濟調整。

第一五二條 管理局權力和職務的行使

1. 管理局在行使其權力和職務,包括給予進行"區域"內活動的機會時,應避免歧視。

2. 但本部分具體規定的為發展中國家所作的特別考慮,包括為其中的內陸

國和地理不利國所作的特別考慮應予准許。

第一五三條　勘探和開發制度

1. "區域"內活動應由管理局代表全人類，按照本條以及本部分和有關附件的其他有關規定，和管理局的規則、規章和程式，予以安排、進行和控制。

2. "區域"內活動應依第3款的規定：(a)由企業部進行，和(b)由締約國或國營企業、或在締約國擔保下的具有締約國國籍或由這類國家或其國民有效控制的自然人或法人、或符合本部分和附件三規定的條件的上述各方的任何組合，與管理局以協作方式進行。

3. "區域"內活動應按照一項依據附件三所擬訂並經理事會於法律和技術委員會審議後核准的正式書面工作計畫進行。在第2款(b)項所述實體按照管理局的許可進行"區域"內活動的情形下，這種工作計畫應按照附件三第三條採取合同的形式。這種合同可按照附件三第十一條作出聯合安排。

4. 管理局為確保本部分和與其有關的附件的有關規定，和管理局的規則、規章和程式以及按照第3款核准的工作計畫得到遵守的目的，應對"區域"內活動行使必要的控制。締約國應按照第一三九條採取一切必要措施，協助管理局確保這些規定得到遵守。

5. 管理局應有權隨時採取本部分所規定的任何措施，以確保本部分條款得到遵守和根據本部分或任何合同所指定給它的控制和管理職務的執行。管理局應有權檢查與"區域"內活動有關而在"區域"內使用的一切設施。

6. 第3款所述的合同應規定期限內持續有效的保證。因此，除非按照附件三第十八和第十九條的規定，不得修改、暫停或終止合同。

第一五四條　定期審查

從本公約生效時起，大會每五年應對本公約設立的"區域"的國際制度的實際實施情況，進行一次全面和系統的審查。參照上述審查，大會可按照本部分和與其有關的附件的規定和程式採取措施，或建議其他機構採取措施，以導致對制度實施情況的改進。

第一五五條　審查會議

1. 自根據一項核准的工作計畫最早的商業生產開始進行的那一年一月一日起十五年後，大會應召開一次會議，審查本部分和有關附件支配勘探和

開發 "區域" 資源制度的各項規定。審查會議應參照這段時期取得的經驗，詳細審查：

(a)本部分和有關附件支配勘探和開發 "區域" 資源制度的各項規定，是否已達成其各方面的目標，包括是否已使全人類得到利益；(b)在十五年期間，同非保留區域相比，保留區域是否已以有效而平衡的方式開發；(c)開發和使用 "區域" 及其資源的方式，是否有助於世界經濟的健全發展和國際貿易均衡增長；(d)是否防止了對 "區域" 內活動的壟斷；(e)第一五〇和第一五一條所載各項政策是否得到實行；和(f)制度是否使 "區域" 內活動產生的利益得到公平的分享，特別考慮到發展中國家的利益和需要。

2.審查會議應確保繼續維持人類共同繼承財產的原則，為確保公平開發 "區域" 資源使所有國家尤其是發展中國家都得到利益而制定的國際制度，以及安排、進行和控制 "區域" 活動的管理局。會議還應確保繼續維持本部分規定的關於下列各方面的各項原則：排除對 "區域" 的任何部分主張或行使主權，各國的權利及其對於 "區域" 的一般行為，和各國依照本公約參與勘探和開發 "區域" 資源，防止對 "區域" 內活動的壟斷，專為和平目的利用 "區域"、"區域" 內活動的經濟方面，海洋科學研究，技術轉讓，保護海洋環境，保護人命，沿海國的權利，"區域" 的上覆水域及其上空的法律地位，以及關於 "區域" 內活動和海洋環境中其他活動之間的相互適應。

3.審查會議適用的作出決定的程式應與第三次聯合國海洋法會議所適用的程式相同。會議應作出各種努力就任何修正案以協商一致方式達成協定，且除非已盡最大努力以求達成協商一致，不應就這種事項進行表決。

4. 審查會議開始舉行五年後，如果未能就關於勘探和開發 "區域" 資源的制度達成協定，則會議可在此後的十二個月以內，以締約國的四分之三多數作出決定，就改變或修改制度制定其認為必要和適當的修正案，提交各締約國批准或加入。此種修正案應於四分之三締約國交存批准書或加入書後十二個月對所有締約國生效。

5. 審查會議依據本條通過的修正案應不影響按照現有合同取得的權利。

■第四節　管理局

■A分節　一般規定

第一五六條　設立管理局

1. 茲設立國際海底管理局，按照本部分執行職務。

2. 所有締約國都是管理局的當然成員。

3. 已簽署最後檔但在第三○五條第1款(c)、(d)、(e)或(f)項中未予提及的第三次聯合國海洋法會議中的觀察員，應有權按照管理局的規則、規章和程式以觀察員資格參加管理局。

4. 管理局的所在地應在牙買加。

5. 管理局可設立其認為在執行職務上必要的區域中心或辦事處。

第一五七條　管理局的性質和基本原則

1. 管理局是締約國按照本部分組織和控制"區域"內活動，特別是管理"區域"資源的組織。

2. 管理局應具有本公約明示授予的權力和職務。管理局應有為行使"關於區域"內活動的權力和職務所包含的和必要的並符合本公約的各項附帶權力。

3. 管理局以所有成員主權平等的原則為基礎。

4. 管理局所有成員應誠意履行按照本部分承擔的義務，以確保其全體作為成員享有的權利和利益。

第一五八條　管理局的機關

1. 茲設立大會、理事會和秘書處作為管理局的主要機關。

2. 茲設立企業部、管理局應通過這個機關執行第一七○條第1款所指的職務。

3. 經認為必要的附屬機關可按照本部分設立。

4. 管理局各主要機關和企業部應負責行使對其授予的權力和職務。每一機關行使這種權力和職務時，應避免採取可能對授予另一機關的特定權力和職務的行使有所減損或阻礙的任何行動。

■B分節　大會

第一五九條　組成、程式和表決

1. 大會應由管理局的全體成員組成。每一成員應有一名代表出席大會，並可由副代表及顧問隨同出席。

2. 大會應召開年度常會，經大會決定，或由秘書長應理事會的要求或管理局過半數成員的要求，可召開特別會議。

3. 除非大會另有決定，各屆會議應在管理局的所在地舉行。

4. 大會應制定其議事規則。大會應在每屆常會開始時選出其主席和其他必要的高級職員。他們的任期至下屆常會選出新主席及其他高級職員爲止。

5. 大會過半數成員構成法定人數。

6. 大會每一成員應有一票表決權。

7. 關於程式問題的決定，包括召開大會特別會議的決定，應由出席並參加表決的成員過半數作出。

8. 關於實質問題的決定，應以出席並參加表決的成員三分之二多數作出。但這種多數應包括參加該會議的過半數成員。對某一問題是否爲實質問題發生爭論時，該問題應作爲實質問題處理，除非大會以關於實質問題的決定所需的多數另作決定。

9. 將一個實質問題第一次付諸表決時，主席可將就該問題進行表決的問題推遲一段時間，如經大會至少五分之一成員提出要求，則應將表決推遲，但推遲時間不得超過五曆日。此項規則對任一問題只可適用一次，並且不應用來將問題推遲至會議結束以後。

10.對於大會審議中關於任何事項的提案是否符合本公約的問題，在管理局至少四分之一成員以書面要求主席徵求諮詢意見時，大會應請國際海洋法法庭海底爭端分庭就該提案提出諮詢意見，並應在收到分庭的諮詢意見前，推遲對該提案的表決。如果在提出要求的那期會議最後一個星期以前還沒有收到諮詢意見，大會應決定何時開會對已推遲的提案進行表決。

第一六〇條　權力和職務

1. 大會作爲管理局唯一由其所有成員組成的機關，應視爲管理局的最高機關，其他各主要機關均應按照本公約的具體規定向大會負責。大會應有權依照本公約各項有關規定，就管理局許可權範圍內的任何問題或事項制訂一般性政策。

2. 此外，大會的權力和職務應爲：

　　(a)按照第一六一條的規定，選舉理事會成員；(b)從理事會提出的候選人中，選舉秘書長；(c)根據理事會的推薦，選舉企業部董事會董事和企業部總幹事；(d)設立爲按照本部分執行其職務認爲有必要的附屬機關。這種機關的組成，應適當考慮到公平地區分配原則和特別利益，以及其成

員必須對這種機關所處理的有關技術問題具備資格和才能；(e)在管理局未能從其他來源得到足夠收入應付其行政開支以前，按照以聯合國經常預算所用比額表爲基礎議定的會費分攤比額表，決定各成員國對管理局的行政預算應繳的會費；(f)根據理事會的建議，審議和核准關於公平分享從“區域”內活動取得的財政及其他經濟利益和依據第八十二條所繳的費用和實物的規則、規章和程式，特別考慮到發展中國家和尚未取得完全獨立或其他自治地位的人民的利益和需要。如果大會對理事會的建議不予核准，大會應將這些建議送回理事會，以便參照大會表示的意見重新加以審議；審議和核准理事會依據第一六二條第2款(o)項目暫時制定的管理局的規則、規章和程式及其修正案。這些規則、規章和程式應涉及“區域”內的探礦、勘探和開發，管理局的財務管理和內部行政以及根據企業部董事會的建議由企業部向管理局轉移資金；(g)在符合本公約規定和管理局規則、規章和程式的情形下，決定公平分配從“區域”內活動取得的財政和其他經濟利益；(h)審議和核准理事會提出的管理局的年度概算；(i)審查理事會和企業部的定期報告以及要求理事會或管理局任何其他機關提出的特別報告；(j)爲促進有關“區域”內活動的國際合作和鼓勵與此有關的國際法的逐漸發展及其編纂的目的，發動研究和提出建議；(k)審議關於“區域”內活動的一般性問題，特別是對發展中國家產生的問題，以及關於“區域”內活動對某些國家，特別是內陸國和地理不利國，因其地理位置而造成的那些問題；(l)經理事會按照經濟規劃委員會的意見提出建議，依第一五一條第10款的規定，建立補償制度或採取其他經濟調整援助措施；(m)依據第一八五條暫停成員的權利和特權的行使；(n)討論管理局許可權範圍內的任何問題或事項，並在符合管理局各個機關權力和職務的分配的情形下，決定由管理局那一機關來處理本公約條款未規定由其某一機關處理的任何這種問題或事項。

■C分節　理事會

第一六一條　組成、程式和表決

1. 理事會應由大會按照下列次序選出的三十六個管理局成員組成：(a)四個成員來自在有統計資料的最近五年中，對於可從“區域”取得的各類礦物所產的商品，其消費量超過世界總消費量百分之二，或其淨進口量超過世界總進口量百分之二的那些締約國，無論如何應有一個國家屬於東歐(社會主義)區域，和最大的消費國；(b)四個成員來自直接地或通過其

國民對"區域"內活動的準備和進行作出了最大投資的八個締約國，其中至少應有一個國家屬於東歐(社會主義)區域；(c)四個成員來自締約國中因在其管轄區域內的生產而爲可從"區域"取得的各類礦物的主要淨出口國，其中至少應有兩個是出口這種礦物對其經濟有重大關係的發展中國家；(d)六個成員來自發展中國家締約國，代表特別利益。所代表的特別利益應包括人口眾多的國家、內陸國或地理不利國、可從"區域"取得的種類礦物的主要進口國、這些礦物的潛在的生產國以及最不發達國家的利益；(e)十八個成員按照確保理事會的席位作爲一個整體予以公平地區分配的原則選出，但每一地理區域至少應有根據本項規定選出的一名成員。爲此目的，地理區域應爲非洲、亞洲、東歐(社會主義)、拉丁美洲和西歐及其他國家。

2. 按照第1款選舉理事會成員時，大會應確保：(a)內陸國和地理不利國有和它們在大會內的代表權成合理比例的代表；(b)不具備第1款(a)、(b)、(c)或(d)項所列條件的沿海國，特別是發展中國家有和它們在大會內的代表權成合理比例的代表；(c)在理事會內應有代表的每一個締約國集團，其代表應由該集團提名的任何成員擔任。

3. 選舉應在大會的常會上舉行。理事會每一成員任期四年。但在第一次選舉時，第1款所指每一集團的一半成員的任期應爲兩年。

4. 理事會成員連選可連任；但應妥爲顧及理事會成員輪流的相宜性。

5. 理事會應在管理局所在地執行職務，並應視管理局業務需要隨時召開會議，但每年不得少於三次。

6. 理事會過半數成員構成法定人數。

7. 理事會每一成員應有一票表決權。

8. (a)關於程式問題的決定應以出席並參加表決的過半數成員作出。(b)關於在下列條款下產生的實質問題的決定，應以出席並參加表決的成員的三分之二多數作出，但這種多數應包括理事會的過半數成員：第一六二條第2款(f)項，(g)項，(h)項，(i)項，(n)項，(p)項和(v)項；第一九一條。(c)關於在下列條款下產生的實質問題的決定，應以出席並參加表決的成員的四分之三多數作出，但這種多數應包括理事會的過半數成員：第一六二條第1款；第一六二條第2款(a)項；(b)項；(c)項；(d)項；(e)項；(l)項；(q)項；(r)項；(s)項；(t)項；在承包者或擔保者不遵守規定的情形下(u)項；(w)項，但根據本項發佈的命令的有效期間不得超過三十天，除

非以按照(d)項作出的決定加以確認；(x)項；(y)項；(z)項；第一六三條第2款；第一七四條第3款；附件四第十一條。(d)關於在下列條款下產生的實質問題的決定應以協商一致方式作出：第一六二條第2款(m)項和(o)項；對第十一部分的修正案的通過。(e)為了(d)項、(f)項和(g)項的目的，"協商一致"是指沒有任何正式的反對意見。在一項提案向理事會提出後十四天內，理事會主席應確定對該提案的通過是否會有正式的反對意見。如果主席確定會有這種反對意見，則主席應于作出這種確定後三天內成立並召集一個其成員不超過九人的調解委員會，由他本人擔任主席，以調解分歧並提出能夠以協商一致方式通過的提案。委員會應迅速進行工作，並於十四天內向理事會提出報告。如果委員會無法提出能以協商一致方式通過的提案，它應於其報告中說明反對該提案所根據的理由。(f)就以上未予列出的問題，經理事會獲得管理局規則、規章和程式或其他規定授權作出的決定，應依據規則、規章和程式所指明的本款各項予以作出，如果其中未予指明，則依據理事會以協商一致方式于可能時提前確定的一項予以作出。(g)遇有某一問題究應屬於(a)項、(b)項、(c)項或(d)項的問題，應根據情況將該問題作為在需要較大或最大多數或協商一致的那一項內的問題加以處理，除非理事會以上述多數或協商一致另有決定。

9. 理事會應制訂一項程式，使在理事會內未有代表的管理局成員可在該成員提出要求時或在審議與該成員特別有關的事項時，派出代表參加其會議，這種代表應有權參加討論，但無表決權。

第一六二條　權力和職務

1. 理事會為管理局的執行機關。理事會應有權依本公約和大會所制訂的一般政策，制訂管理局對於其許可權範圍以內的任何問題或事項所應遵循的具體政策。

2. 此外，理事會應：(a)就管理局職權範圍內所有問題和事項監督和協調本部分規定的實施，並提請大會注意不遵守規定的情事；(b)向大會提出選舉秘書長的候選人名單；(c)向大會推薦企業部董事會的董事和企業部總幹事的候選人；(d)在適當時，並在妥為顧及節約和效率的情形下，設立其認為按照本部分執行其職務所必要的附屬機關。附屬機關的組成，應注重其成員必須對這種機關所處理的有關技術問題具備資格和才能，但應妥為顧及公平地區分配原則和特別利益；(e)制定理事會議事規則，

包括推選其主席的方法；(f)代表管理局在其職權範圍內同聯合國或其他
國際組織締結協定，但須經大會核准；(g)審查企業部的報告，並將其
轉交大會，同時提交其建議；(h)向大會提出年度報告和大會要求的特
別報告；(i)按照第一七〇條向企業部發出指示；(j)按照附件三第六條核
准工作計畫。理事會應於法律和技術委員會提出每一工作計畫後六十天
內在理事會的會議上按照下列程式對該工作計畫採取行動：　如果委員
會建議核准一項工作計畫，在十四天內理事會如無任何成員向主席書面
提出具體反對意見，指稱不符合附件三第六條的規定，則該工作計畫應
視爲已獲理事會核准。如有反對意見，即應適用第一六一條第8款(c)項
所載的調解程式。如果在調解程式結束時，反對意見依然堅持，則除非
理事會中將提出申請或擔保申請者的任何一國或數國排除在外的成員以
協商一致方式對工作計畫不予核准，則該工作計畫應視爲已獲理事會核
准；如果委員會對一項工作計畫建議不予核准，或未提出建議，理事會
可以出席和參加表決的成員的四分之三的多數決定核准該工作計畫，但
這一多數須包括參加該次會議的過半數成員；(k)核准企業部按照附件四
第十二條提出的工作計畫，核准時比照適用(j)項內所列的程式；(l)按照
第一五三條第4款和管理局的規則、規章和程式，對“區域”內活動行
使控制；(m)根據經濟規劃委員會的建議，按照第一五〇條(h)項，制定
必要和適當的措施，以保護發展中國家使其不致受到該項中指明的不良
經濟影響；(n)根據經濟規劃委員會的意見，向大會建議第一五一條第10
款所規定的補償制度或其他經濟調整援助措施；(o)向大會建議關於公平
分享從“區域”內活動取得的財政及其他經濟利益以及依據第八十二條
所繳費用和實物的規則、規章和程式，特別顧及發展中國家和尚未取得
完全獨立或其他自治地位的人民的利益和需要；　在經大會核准前，暫
時制定並適用管理局的規則、規章和程式及其任何修正案，考慮到法律
和技術委員會或其他有關附屬機構的建議。這種規則、規章和程式應涉
及“區域”內的探礦、勘探和開發以及管理局的財務管理和內部行政。
對於制定有關多金屬結核的勘探和開發的規則、規章和程式，應給予優
先。有關多金屬結核以外任何資源的勘探和開發的規則、規章和程式，
應于管理局任何成員向其要求制訂之日起三年內予以制定。所有規則、
規章和程式應於大會核准以前或理事會參照大會表示的任何意見予以修
改以前，在暫時性的基礎上生效；(p)審核在依據本部分進行的業務方面

由管理局付出或向其繳付的一切款項的收集工作；(q)在附件三第七條有此要求的情形下，從生產許可的申請者中作出選擇；(r)將管理局的年度概算提交大會核准；(s)就管理局職權範圍內的任何問題或事項的政策，向大會提出建議；(t)依據第一八五條，就暫停成員權利和特權的行使向大會提出建議；(u)在發生不遵守規定的情形下，代表管理局向海底爭端分庭提起司法程式；(v)經海底爭端分庭在根據(u)項提起的司法程式作出裁判後，將此通知大會，並就其認為應採取的適當措施提出建議；(w)遇有緊急情況，發佈命令，其中可包括停止或調整作業的命令，以防止"區域"內活動對海洋環境造成嚴重損害；(x)在有重要證據證明海洋環境有受嚴重損害之虞的情形下，不准由承包者或企業部開發某些區域；(y)設立一個附屬機關來制訂有關下列兩項財政方面的規則、規章和程式草案：按照第一七一至第一七五條的財務管理；(2)按照附件三第十三條和第十七條第1款(c)項的財政安排；(z)設立適當機構來指導和監督視察工作人員，這些視察員負責視察"區域"內活動，以確定本部分的規定、管理局的規則、規章和程式、以及同管理局訂立的任何合同的條款和條件，是否得到遵守。

第一六三條　理事會的機關

1. 茲設立理事會的機關如下：(a)經濟規劃委員會；(b)法律和技術委員會。

2. 每一委員會應由理事會根據締約國提名選出的十五名委員組成。但理事會可于必要時在妥為顧及節約和效率的情形下，決定增加任何一個委員會的委員人數。

3. 委員會委員應具備該委員會職務範圍內的適當資格。締約國應提名在有關領域內有資格的具備最高標準的能力和正直的候選人，以便確保委員會有效執行其職務。

4. 在選舉委員會委員時，應妥為顧及席位的公平地區分配和特別利益有其代表的需要。

5. 任何締約國不得提名一人以上為同一委員會的候選人。任何人不應當選在一個以上委員會任職。

6. 委員會委員任期五年，連選可連任一次。

7. 如委員會委員在其任期屆滿之前死亡、喪失能力或辭職，理事會應從同一地理區域或同一利益方面選出一名委員任滿所餘任期。

8. 委員會委員不應在同"區域"內的勘探和開發有關的任何活動中有財務

上的利益。各委員在對其所任職的委員會所負責任限制下，不應洩露工業秘密、按照附件三第十四條轉讓給管理局的專有性資料，或因其在管理局任職而得悉的任何其他秘密情報，即使在職務終止以後，也是如此。

9. 每一委員會應按照理事會所制定的方針和指示執行其職務。

10.每一委員會應擬訂為有效執行其職務所必要的規則和規章，並提請理事會核准。

11.委員會作出決定的程式應由管理局的規則、規章和程式加以規定。提交理事會的建議，必要時應附送委員會內不同意見的摘要。

12.每一委員會通常應在管理局所在地執行職務，並按有效執行其職務的需要，經常召開會議。

13.在執行這些職務時，每一委員會可在適當時同另一委員會或聯合國任何主管機關、聯合國各專門機構、或對協商的主題事項具有有關職權的任何國際組織進行協商。

第一六四條　經濟規劃委員會

1. 經濟規劃委員會委員應具備諸如與採礦、管理礦物資源活動、國際貿易或國際經濟有關的適當資格。理事會應盡力確保委員會的組成反映出一切適當的資格。委員會至少應有兩個成員來自出口從"區域"取得的各類礦物對其經濟有重大關係的發展中國家。

2. 委員會應：(a)經理事會請求，提出措施，以實施按照本公約所採取的關於"區域"內活動的決定；(b)審查可從"區域"取得的礦物的供應、需求和價格的趨勢與對其造成影響的因素，同時考慮到輸入國和輸出國兩者的利益，特別是其中的發展中國家的利益；(c)審查有關締約國提請其注意的可能導致第一五〇條(h)項內所指不良影響的任何情況，並向大會提出適當建議；(d)按照第一五一條第10款所規定，向理事會建議對於因"區域"內活動而受到不良影響的發展中國家提供補償或其他經濟調整援助措施的制度以便提交大會。委員會應就大會通過的這一制度或其他措施對具體情況的適用，向理事會提出必要的建議。

第一六五條　法律和技術委員會

1. 法律和技術委員會委員應具備諸如有關礦物資源的勘探和開發及加工、海洋學、海洋環境的保護，或關於海洋採礦的經濟或法律問題以及其他有關的專門知識方面的適當資格。理事會應盡力確保委員會的組成反映

出一切適當的資格。

2. 委員會應：(a)經理事會請求，就管理局職務的執行提出建議；(b)按照第一五三條第3款審查關於"區域"內活動的正式書面工作計畫，並向理事會提交適當的建議。委員會的建議應僅以附件三所載的要求爲根據，並應就其建議向理事會提出充分報告；(c)經理事會請求，監督"區域"內活動，在適當情形下，同從事這種活動的任何實體或有關國家協商和合作進行，並向理事會提出報告；(d)就"區域"內活動對環境的影響準備評價；(e)向理事會提出關於保護海洋環境的建議，考慮到在這方面公認的專家的意見；(f)擬訂第一六二條第2款(o)項所指的規則、規章和程式，提交理事會，考慮到一切有關的因素，包括"區域"內活動對環境影響的評價；(g)經常審查這種規則、規章和程式，並隨時向理事會建議其認爲必要或適宜的修正；(h)就設立一個以公認的科學方法定期觀察、測算、評價和分析"區域"內活動造成的海洋環境污染危險或影響的監測方案，向理事會提出建議，確保現行規章是足夠的而且得到遵守，並協調理事會核准的監測方案的實施；(i)建議理事會特別考慮到第一八七條，按照本部分和有關附件，代表管理局向海底爭端分庭提起司法程式；(j)經海底爭端分庭在根據(i)項提起的司法程式作出裁判後，就任何應採取的措施向理事會提出建議；(k)向理事會建議發佈緊急命令，其中可包括停止或調整作業的命令，以防止"區域"內活動對海洋環境造成嚴重損害。理事會應優先審議這種建議；(l)在有充分證據證明海洋環境有受嚴重損害之虞的情形下，向理事會建議不准由承包者或企業部開發某些區域；(m)就視察工作人員的指導和監督事宜，向理事會提出建議，這些視察員應視察"區域"內活動，以確定本部分的規定、管理局的規則、規章和程式、以及同管理局訂立的任何合同的條款和條件是否得到遵守；(n)在理事會按照附件三第七條在生產許可申請者中作出任何必要選擇後，依據第一五一條第2至第7款代表管理局計算生產最高限額並發給生產許可。

3. 經任何有關締約國或任何當事一方請求，委員會委員執行其監督和檢查的職務時，應由該有關締約國或其他當事一方的代表一人陪同。

■D分節 秘書處

第一六六條 秘書處

1. 秘書處應由秘書長一人和管理局所需要的工作人員組成。

2. 秘書長應由大會從理事會提名的候選人中選舉，任期四年，連選可連任。

3. 秘書長應為管理局的行政首長，在大會和理事會以及任何附屬機關的一切會議上，應以這項身份執行職務，並應執行此種機關交付給秘書長的其他行政職務。

4. 秘書長應就管理局的工作向大會提出年度報告。

第一六七條　管理局的工作人員

1. 管理局的工作人員應由執行管理局的行政職務所必要的合格科學及技術人員和其他人員組成。

2. 工作人員的徵聘和雇用，以及其服務條件的決定，應以必須取得在效率、才能和正直方面達到最高標準的工作人員為首要考慮。在這一考慮限制下，應妥為顧及在最廣泛的地區基礎上徵聘工作人員的重要性。

3. 工作人員應由秘書長任命。工作人員的任命、薪酬和解職所根據的條款和條件，應按照管理局的規則、規章和程式。

第一六八條　秘書處的國際性

1. 秘書長及工作人員在執行職務時，不應尋求或接受任何政府的指示或管理局以外其他來源的指示。他們應避免足以影響其作為只對管理局負責的國際官員的地位的任何行動。每一締約國保證尊重秘書長和工作人員所負責任的純粹國際性，不設法影響他們執行其職責。工作人員如有任何違反職責的行為，應提交管理局的規則、規章和程式所規定的適當行政法庭。

2. 秘書長及工作人員在同"區域"內的勘探和開發有關的任何活動中，不應有任何財務上的利益。在他們對管理局所負責任限制下，他們不應洩露任何工業秘密、按照附件三第十四條轉讓給管理局的專有性資料或因在管理局任職而得悉的任何其他秘密情報，即使在其職務終止以後也是如此。

3. 管理局工作人員如有違反第2款所載義務情事，經受到這種違反行為影響的締約國，或由締約國按照第一五三條第2款(b)項擔保並因這種違反行為而受到影響的自然人或法人的要求，應由管理局將有關工作人員交管理局的規則、規章和程式所指定的法庭處理。受影響的一方應有權參加程式、如經法庭建議，秘書長應將有關工作人員解雇。

4. 管理局的規則、規章和程式應載有為實施本條所必要的規定。

第一六九條　同國際組織和非政府組織的協商和合作

1. 在管理局職權範圍內的事項上，秘書長經理事會核可，應作出適當的安排，同聯合國經濟及社會理事會承認的國際組織和非政府組織進行協商和合作。

2. 根據第1款與秘書長訂有安排的任何組織可指派代表，按照管理局各機關的議事規則，以觀察員的身份參加這些機關的會議。應制訂程式，以便在適當情形下徵求這種組織的意見。

3. 秘書長可向各締約國分發第1款所指的非政府組織就其具有特別職權並與管理局工作有關的事項提出的書面報告。

■E分節　企業部

第一七〇條　企業部

1. 企業部應為依據第一五三條第2款(a)項直接進行"區域"內活動以及從事運輸、加工和銷售從"區域"回收的礦物的管理局機關。

2. 企業部在管理局國際法律人格的範圍內，應有附件四所載章程規定的法律行為能力。企業部應按照本公約、管理局的規則、規章和程式以及大會制訂的一般政策行事，並應受理事會的指示和控制。

3. 企業部總辦事處應設在管理局所在地。

4. 企業部應按照第一七三條第2款和附件四第十一條取得執行職務所需的資金，並應按照第一四四條和本公約其他有關條款規定得到技術。

■F分節　管理局的財政安排

第一七一條　管理局的資金

管理局的資金應包括：(a)管理局各成員按照第一六〇條第2款(e)項繳付的分攤會費；(b)管理局按照附件三第十三條因"區域"內活動而得到的收益；(c)企業部按照附件四第十條轉來的資金；(d)依據第一七四條借入的款項；和(e)成員或其他實體所提供的自願捐款；(f)按照第一五一條第10款向補償基金繳付的款項，基金的來源由經濟規劃委員會提出建議。

第一七二條　管理局的年度預算

秘書長應編制管理局年度概算，向理事會提出。理事會應審議年度概算，並連同其對概算的任何建議向大會提出。大會應按照第一六〇條第2款(h)項審議並核准年度概算。

第一七三條　管理局的開支

1. 在管理局未能從其他來源得到足夠資金以應付其行政開支以前，第一七一條(a)項所指的會費應繳入特別帳戶，以支付管理局的行政開支。

2. 管理局的資金應首先支付管理局的行政開支。除了第一七一條(a)項所指分攤會費外，支付行政開支後所餘資金，除其他外，可：(a)按照第一四〇條和第一六〇條第2款(g)項加以分配；(b)按照第一七〇條第4款用以向企業部提供資金；(c)按照第一五一條第10款和第一六〇條第2款(l)項用以補償發展中國家。

第一七四條　管理局的借款權

1. 管理局應有借款的權力。

2. 大會應在依據第一六〇第2款(f)項所制定的財務條例中規定對此項權力的限制。

3. 理事會應行使管理局的借款權。

4. 締約國對管理局的債務應不負責任。

第一七五條　年度審計

管理局的記錄、帳簿和帳目，包括其年度財務報表，應每年交由大會指派的一位獨立審計員審核。

■G分節　法律地位、特權和豁免

第一七六條　法律地位

管理局應具有國際法律人格以及為執行其職務和實現其宗旨所必要的法律行為能力。

第一七七條　特權和豁免

為使其能夠執行職務，管理局應在每一締約國的領土內享有本分節所規定的特權和豁免。同企業部有關的特權和豁免應為附件四第十三條內所規定者。

第一七八條　法律程式的豁免

管理局及其財產和資產，應享有對法律程式的豁免，但管理局在特定事件中明白放棄這種豁免時，不在此限。

第一七九條　對搜查和任何其他形式扣押的豁免

管理局的財產和資產，不論位於何處和為何人持有，應免受搜查、徵用、沒收、公用徵收或以行政或立法行動進行的任何其他形式的扣押。

第一八〇條　限制、管制、控制和暫時凍結的免除

管理局的財產和資產應免除任何性質的限制、管制、控制和暫時凍結。

第一八一條　管理局的檔案和公務通訊

1. 管理局的檔案不論位於何處，應屬不可侵犯。

2. 專有的資料、工業秘密或類似的情報和人事卷宗不應置於可供公眾查閱的檔案中。

3. 關於管理局的公務通訊，每一締約國應給予管理局不低於給予其他國際組織的待遇。

第一八二條　若干與管理局有關人員的特權和豁免

締約國代表出席大會、理事會、或大會或理事會所屬機關的會議時，以及管理局的秘書長和工作人員，在每一締約國領土內：(a)應就他們執行職務的行為，享有對法律程式的豁免，但在適當情形下，他們所代表的國家或管理局在特定事件中明白放棄這種豁免時，不在此限；(b)如果他們不是締約國國民，應比照該國應給予其他締約國職級相當的代表、官員和雇員的待遇，享有在移民限制、外僑登記規定和國民服役義務方面的同樣免除、外匯管制方面的同樣便利和旅行便利方面的同樣待遇。

第一八三條　捐稅和關稅的免除

1. 在其公務活動範圍內，管理局及其資產、財產和收入，以及本公約許可的管理局的業務和交易，應免除一切直接捐稅，對其因公務用途而進口或出口的貨物也應免除一切關稅。管理局不應要求免除僅因提供服務而收取的費用的稅款。

2. 為管理局的公務活動需要。由管理局或以管理局的名義採購價值巨大的貨物或服務時，以及當這種貨物或服務的價款包括捐稅或關稅在內時，各締約國應在可行範圍內採取適當措施，准許免除這種捐稅或關稅或設法將其退還。在本條規定的免除下進口或採購的貨物，除非根據與該締約國協定的條件，不應在給予免除的締約國領土內出售或作其他處理。

3. 各締約國對於管理局付給非該國公民、國民或管轄下人員的管理局秘書長和工作人員以及為管理局執行任務的專家的薪給和酬金或其他形式的費用，不應課稅。

■H分節　成員國權利和特權的暫停行使

第一八四條　表決權的暫停行使

一個締約國拖欠對管理局應繳的費用，如果拖欠數額等於或超過該國前兩

整年應繳費用的總額，該國應無表決權。但大會如果確定該成員國由於本國無法控制的情況而不能繳費，可准許該國參加表決。

第一八五條　成員權利和特權的暫停行使

1. 締約國如一再嚴重違反本部分的規定，大會可根據理事會的建議暫停該國行使成員的權利和特權。

2. 在海底爭端分庭認定一個締約國一再嚴重違反本部分規定以前，不得根據第1款採取任何行動。

■第五節　爭端的解決和諮詢意見

第一八六條　國際海洋法法庭海底爭端分庭

海底爭端分庭的設立及其行使管轄權的方式均應按照本節、第十五部分和附件六的規定。

第一八七條　海底爭端分庭的管轄權

海底爭端分庭根據本部分及其有關的附件，對以下各類有關"區域"內活動的爭端應有管轄權：(a)締約國之間關於本部分及其有關附件的解釋或適用的爭端；(b)締約國與管理局之間關於下列事項的爭端；管理局或締約國的行為或不行為據指控違反本部分或其有關附件或按其制定的規則、規章或程式；或管理局的行為據指控逾越其管轄權或濫用權力；(c)第一五三條第2款(b)項內所指的，作為合同當事各方的締約國、管理局或企業部、國營企業以及自然人或法人之間關於下列事項的爭端：對有關合同或工作計畫的解釋或適用；或合同當事一方在"區域"內活動方面針對另一方或直接影響其合法利益的行為或不行為；(d)管理局同按照第一五三條第2款(b)項由國家擔保且已妥為履行附件三第四條第6款和第十三條第2款所指條件的未來承包者之間關於訂立合同的拒絕，或談判合同時發生的法律問題的爭端；(e)管理局同締約國、國營企業或按照第一五三條第2款(b)項由締約國擔保的自然人或法人之間關於指控管理局應依附件三第二十二條的規定負擔賠償責任的爭端；(f)本公約具體規定由分庭管轄的任何爭端。

第一八八條　爭端提交國際海洋法法庭特別分庭或海底爭端分庭專案分庭或提交有拘束力的商業仲裁

1. 第一八七第(a)項所指各締約國間的爭端可：(a)應爭端各方的請求，提交按照附件六第十五和第十七條成立的國際海洋法法庭特別分庭；或(b)應爭端任何一方的請示，提交按照附件六第三十六條成立的海底爭端分庭

專案分庭。

2. (a)有關第一八七條(c)項　目內所指合同的解釋或適用的爭端，經爭端任何一方請求，應提交有拘束力的商業仲裁，除非爭端各方另有協議。爭端所提交的商業仲裁法庭對決定本公約的任何解釋問題不具有管轄權。如果爭端也涉及關於"區域"內活動的第十一部分及其有關附件的解釋問題，則應將該問題提交海底爭端分庭裁定；(b)在此種仲裁開始時或進行過程中，如果仲裁法庭經爭端任何一方請求，或根據自己決定，斷定其裁決須取決於海底爭端分庭的裁定，則仲裁法庭應將此種問題提交海底爭端分庭裁定。然後，仲裁法庭應依照海底爭端分庭的裁定作出裁決；(c)在合同沒有規定此種爭端所應適用的仲裁程式的情形下，除非爭端各方另有協議，仲裁應按照聯合國國際貿易法委員會的仲裁規則，或管理局的規則、規章和程式中所規定的其他這種仲裁規則進行。

第一八九條　在管理局所作決定方面管轄權的限制

海底爭端分庭對管理局按照本部分規定行使斟酌決定權應無管轄權；在任何情形下，均不應以其斟酌決定權代替管理局的斟酌決定權。在不妨害第一九一條的情形下，海底爭端分庭依據第一八七條行使其管轄權時，不應對管理局的任何規則、規章和程式是否符合本公約的問題表示意見，也不應宣佈任何此種規則、規章和程式為無效。分庭在這方面的管轄權應限於就管理局的任何規則、規章和程式適用於個別案件將同爭端各方的合同上義務或其在本公約下的義務相抵觸的主張，就逾越管轄權或濫用權力的主張，以及就一方未履行其合同上義務或其在本公約下的義務而應給予有關另一方損害賠償或其他補救的要求，作出決定。

第一九〇條　擔保締約國的參加程式和出庭

1. 如自然人或法人為第一八七條所指爭端的一方，應將此事通知其擔保國，該國應有權以提出書面或口頭陳述的方式參加司法程式。

2. 如果一個締約國擔保的自然人或法人在第一八七條(c)項所指的爭端中對另一締約國提出訴訟，被告國可請擔保該人的國家代表該人出庭。如果不能出庭，被告國可安排屬其國籍的法人代表該國出庭。

第一九一條　諮詢意見

海底爭端分庭經大會或理事會請求，應對它們活動範圍內發生的法律問題提出諮詢意見。這種諮詢意見應作為緊急事項提出。

第十二部分　海洋環境的保護和保全

■第一節　一般規定

第一九二條　一般義務

　　各國有保護和保全海洋環境的義務。

第一九三條　各國開發其自然資源的主權權利

各國有依據其環境政策和按照其保護和保全海洋環境的職責開發其自然資源的主權權利。

第一九四條　防止、減少和控制海洋環境污染的措施

1. 各國應適當情形下個別或聯合地採取一切符合本公約的必要措施，防止、減少和控制任何來源的海洋環境污染，為此目的，按照其能力使用其所掌握的最切實可行方法，並應在這方面盡力協調它們的政策。

2. 各國應採取一切必要措施，確保在其管轄或控制下的活動的進行不致使其他國家及其環境遭受污染的損害，並確保在其管轄或控制範圍內的事件或活動所造成的污染不致擴大到其按照本公約行使主權權利的區域之外。

3. 依據本部分採取的措施，應針對海洋環境的一切污染來源。這些措施，除其他外，應包括旨在在最大可能範圍內儘量減少下列污染的措施：(a)從陸上來源、從大氣層或通過大氣層或由於傾倒而放出的有毒、有害或有礙健康的物質，特別是持久不變的物質；(b)來自船隻的污染，特別是為了防止意外事件和處理緊急情況，保證海上操作安全，防止故意和無意的排放，以及規定船隻的設計、建造、裝備、操作和人員配備的措施；(c)來自在用於勘探或開發海床和底土的自然資源的設施裝置的污染，特別是為了防止意外事件和處理緊急情況，促請海上操作安全，以及規定這些設施或裝置的設計、建造、裝備、操作和人中配備的措施；(d)來自在海洋環境內操作的其他設施和裝置的污染，特別是為了防止意外事件和處理緊急情況，保證海上操作安全，以及規定這些設施或裝置的設計、建造、裝備、操作和人員配備的措施。

4. 各國採取措施防止、減少或控制海洋環境的污染時，不應對其他國家依照本公約行使其權利並履行其義務所進行的活動有不當的干擾。

5. 按照本部分採取的措施，應包括為保護和保全稀有或脆弱的生態系統，以及衰竭、受威脅或有滅絕危險的物種和其他形式的海洋生物的生存環境，而有很必要的措施。

第一九五條　不將損害或危險或轉移或將一種污染轉變成另一種污染的義務

各國在採取措施防止、減少和控制海洋環境的污染時採取的行動不應直接或間接將損害或危險從一個區域轉移到另一個區域，或將一種污染轉變成另一種污染。

第一九六條　技術的使用或外來的或新的物種的引進

1. 各國應採取一切必要措施以防止、減少和控制由於在其管轄或控制下使用技術而造成的海洋環境污染，或由於故意或偶然在海洋環境某一特定部分引進外來的或新物種致使海洋環境可能發生重大和有害的變化。
2. 本條不影響本公約對防止、減少和控制海洋環境污染的適用。

■第二節　全球性和區域性合作

第一九七條　在便於性或區域性的基礎上的合作

各國在為保護和保全海洋環境而擬訂和制訂符合本公約的國際規則、標準和建議的辦法及程式時，應在全球性的基礎上或在區域性的基礎上，直接或通過主管國際組織進行合作，同時考慮到區域的特點。

第一九八條　即將發生的損害或實際損害的通知

當一國獲知海洋環境有即將遭受污染損害的迫切危險或已經遭受污染損害的情況時，應立即通知其認為可能受這種損害影響的其他國家以及各主管國際組織。

第一九九條　對污染的應急計畫

第一九八條所指的情形下，受影響區域的各國，應按照其能力，與各主管國際組織盡可能進行合作，以消除污染的影響並防止或儘量減少損害。為此目的，各國應共同發展和促進各種應急計畫，以應付海洋環境的污染事故。

第二○○條　研究、研究方面及情報和資料的交換

各國應直接或通過主管國際組織進行合作，以促進研究、實施科學研究方案、並鼓勵交換所取得的關於海洋環境污染的情報和資料。各國應盡力積極參加區域性和全球性方案，以取得有關鑒定污染的性質和範圍、面臨污染的情況以及其通過的途徑、危險和補救辦法的知識。

第二○一條　規章的科學標準

各國應參照依據第二○○條取得的情報和資料，直接或通過主管國際組織

進行合作，訂立適當的科學準則，以便擬訂和制訂防止、減少和控制海洋環境污染的規則、標準和建議的辦法及程式。

■第三節 技術援助

第二○二條 對發展中國家的科學和技術援助

各國應直接或通過主管國際組織：(a)促進對發展中國家的科學、教育、技術和其他方面援助的方案，以保護和保全海洋環境，並防止、減少和控制海洋污染。這種援助，除其他外，應包括：訓練其科學和技術人員；便利其參加有關的國際方案；向其提供必要的裝備和便利；提高其製造這種裝備的能力；就研究、監測、教育和其他方案提供意見並發展設施。(b)提供適當的援助，特別是對發展中國家，以儘量減少可能對海洋環境造成嚴重嚴重污染的重大事故的影響。(c)提供關於編制環境評價的適當援助，特別是對發展中國家。

第二○三條 對發展中國家的優惠待遇

為了防止、減少和控制海洋環境污染或儘量減少其影響的目的，發展中國家應在下列事項上獲得各國際組織的優惠待遇：(a)有關款項和技術援助的分配；和(b)對各該組織專門服務的利用。

■第四節 監測和環境評價

第二○四條 對污染危險或影響的監測

1. 各國應在符合其他國家權利的情形下，在實際可行範圍內，盡力直接或通過各主管國際組織，用公認的科學方法觀察、測算、估計和分析海洋環境污染的危險或影響。

2. 各國特別應不斷監視其所准許或從事的任何活動的影響，以便確定這些活動是否可能污染海洋環境。

第二○五條 報告的發表

各國應發表依據第二○四條所取得的結果的報告，或每隔相當期間向主管國際組織提出這種報告，各該組織應將上述報告提供所有國家。

第二○六條 對各種活動的可能影響的評價

各國如有合理根據認為在其管轄或控制下的計畫中的活動可能對海洋環境造成重大污染或重大和有害的變化，應在實際可行範圍內就這種活動對海洋環境的可能影響作出評價，並應依照第二○五條規定的方式提送這些評價結果的報告。

■第五節 防止、減少和控制海洋環境污染的國際規則和國內立法

第二〇七條　陸地來源的污染

1. 各國應制定法律和規章，以防止、減少和控制陸地來源，包括河流、河口灣、管道和排水口結構對海洋環境的污染，同時考慮到國際上議定的規則、標準和建議的辦法及程式。

2. 各國應採取其他可能必要的措施，以防止、減少和控制這種污染。

3. 各國應盡力在適當的區域一級協調其在這方面的政策。

4. 各國特別應通過主管國際組織或外交會議採取行動，盡力制訂全球性和區域性規則、標準和建議的辦法及程式，以防止、減少和控制這種污染，同時考慮到區域的特點，發展中國家的經濟能力及共經濟發展的需要。這種規則、標準和建議的辦法及程式應根據需要隨時重新審查。

5. 第1、第2和第4款提及的法律、規章、措施、規則、標準和建議的辦法及程式，應包括旨在在最大可能範圍內儘量減少有毒、有害或有礙健康的物質，特別是持久不變的物質，排放在海洋環境的各種規定。

第二〇八條　國家管轄的海底活動造成的污染

1. 沿海國應制定法律和規章，以防止、減少和控制來自受其管轄的海底活動或與此種活動有關的對海洋環境的污染以有來自依據第六十和第八十條在其管轄下的人工島嶼、設施和結構對海洋環境的污染。

2. 各國應採取其他可能必要的措施，以防止、減少和控制這種污染。

3. 這種法律、規章和措施的效力應不低於國際規則、標準和建議的辦法及程式。

4. 各國應盡力在適當的區域一級協調其在這方面的政策。

5. 各國特別應通過主管國際組織或外交會議採取行動，制訂全球性和區域性規則、標準和建議的辦法及程式，以防止、減省控制第1款所指的海洋環境污染。這種規則、標準和建議的辦法及程式應根據需要隨時重新審查。

第二〇九條　來自"區域"內活動的污染

1. 為了防止、減少和控制"區域"內活動對海洋環境的污染，應按照第十一部分制訂國際規則、規章和程式。這種規則、規章和程式應根據需要隨時重新審查。

2. 在本節有關規定的限制下，各國應制定法律和規章，以防止、減少和控制由懸掛其旗幟或在其國內登記或在其權力下經營的船隻、設施、結構

和其他裝置所進行的"區域"內活動造成對海洋環境的污染。這種法律和規章的要求的效力應不低於第1款所指的國際規則、規章和程式。

第二一○條　傾倒造成的污染

1. 各國應制定法律和規章，以防止、減少的控制傾倒對海洋環境的污染。

2. 各國應採取其他可能必要的措施，以防止、減少和控制這種污染。

3. 這種法律、規章和措施應確保非經各國主管當局准許，不進行傾倒。

4. 各國特別應通過主管國際組織或外交會議採取行動，盡力制訂全球性和區域性規則、標準和建議的辦法及程式，以防止減少的控制這種污染。這種規則、標準和建議的辦法及程式應根據需要隨時重新審查。

5. 非經沿海國事前明示核准，不應在領海和專屬經濟區內或在大陸架上進行傾倒，沿海國經與由於地理處理可能受傾倒不利影響的其他國家適當審議此事後，有權准許、規定和控制的這種傾倒。

6. 國內法律、規章和措施在防止、減少和控制這種污染方面的效力應不低於全球性規則和標準。

第二一一條　來自船隻的污染

1. 各國應通過主管國際組織或一般外交會議採取行動，制訂國際規則和標準，以防止、減少和控制船隻對海洋環境的污染，並於適當情形下以同樣方式促進對劃定制度的採用，以期儘量減少可能對海洋環境，包括地海岸造成污染和對沿海國的有關利益可能造成污染損害的意外事件的威脅。這種規則和標準應根據需要隨時以同樣方式重新審查。

2. 各國應制定法律和規章，以防止、減少和控制懸掛其旗幟或在其國內登記的船隻對海洋環境的污染。這種法律和規章至少應具有與通過主管國際組織或一般外交會議制訂的一般接受的國際規則和標準相同的效力。

3. 各國如制訂關於防止、減少和控制海洋環境污染的特別規定作為外國船隻進入其港口或內水或在其岸外設施停靠的條件，應將這種規定妥為公佈，並通知主管國際組織。如兩個或兩個以上的沿海國制訂相同的規定以求協調政策，在通知時應說明哪些國家參加這種合作安排。每個國家應規定懸掛其旗幟或在其國內登記的船隻的船長在參加這種合作安排的國家的領海內航行時，經該國要求應向其提送通知是否正駛往參加這種合作安排的同一區域的國家，如系駛往這種國家，應說明是否遵守該國關於進入港口的規定。本條不妨害船隻繼續行使其無害通過權，也不妨害第二十五條第2款的適用。

4. 沿海國在其領海內行使主權，可制定法律和規章，以防止、減少的控制外國船隻，包括行使無害通過權的船隻對海洋的污染。按照第二部分第三節的規定，這種法律和規章不應阻礙外國船隻的無害通過。

5. 沿海國為第六節所規定的執行的目的，可對其專屬經濟區制定法律和規章，以防止、減少和控制來自船隻的污染。這種法律和規章應符合通過主管國際組織或一般外交會議制訂的一般接受的國際規則和標準，並使其有效。

6. (a)如果第1款所指的國際規則和標準不足以適應特殊情況，又如果沿海國有合理根據認為其專屬經濟區某一明確劃定的特寫區域，因與其海洋學和生態條件有關的公認技術理由，以及該區域的利用或其資源的保護及其在航運上的特殊性質，要求採取防止來自船隻的污染的特別強制性措施，該沿海國通過主管國際組織與任何其他有關國家進行適當協商後，可就該區域向該組織送發通知，提出所依據的科學和技術證據，以及關於必要的回收設施的情報。該組織收到這種通知後，應在十二個月內確定該區域的情況與上述要求是否相符。如果該組織確定是符合的，該沿海國即可對該區域制定防止、減少和控制來自船隻的污染的法律和規章，實施通過主管國際組織使其適用於各特別區域的國際規則和標準或航行辦法。在向該組織送發通知滿十五個月後，這些法律和規章才可適用於外國船隻；(b)沿海國應公佈任何這種明確劃定的特定區域的界限；(c)如果沿海國有意為同一區域制定其他法律和規章，以防止、減少和控制來自船隻的污染，它們應於提出上述通知時，同時將這一意向通知該組織。這種增訂的法律和規章可涉及排放和航行辦法，但不應要求外國船隻遵守一般接受的國際規則和標準以外的設計、建造、人員配備或裝備標準；這種法律和規章應在向該組織送發通知十個月後適用於外國船隻，但須在送發通知後十二個月內該組織表示同意。

7. 本條所指的國際規則和標準，除其他外，應包括遇有引起排放或放可能的海難等事故時，立即通知其海岸或有關利益可能受到影響的沿海國的義務。

第二一二條　來自大氣層或通過大氣層的污染

1. 各國為防止、減少和控制來自大氣層或通過大氣層的海洋環境污染，應制定適用於其主權下的上空和懸掛其旗幟的船隻或在其國內登記的船隻或飛機的法律和規章，同時考慮到國際上議定的規則、標準和建議的

辦法及程式，以及航空的安全。

2. 各國應採取其他可能必要的措施，以防止、減少和控制這種污染。

3. 各國特別應通過主管國際組織或外交會議採取行動，盡力制訂全球性和區域性規則、標準和建議的辦法及程式，以防止、減少和控制這種污染。

■第六節　執行

第二一三條　關於陸地來源的污染的執行

各國應執行其按照第二○七條制定的法律和規章，並應制定法律和規章和採取其他必要措施，以實施通過主管國際組織或外交會議為防止、減少和控制陸地來源對海洋環境的污染而制訂的可適用的國際規則和標準。

第二一四條　關於來自海底活動的污染的執行

各國為防止、減少和控制來自受其管轄的海底活動或與此種活動有關的對海洋環境的污染以及來自依據第六十和第八十條在其管轄下的人工島嶼、設施和結構對海洋環境的污染，應執行其按照第二○八條制定的法律和規章，並應制定必要的法律和規章和採取其他必要措施，以實施通過主管國際組織或外交會議制訂的可適用的國際規則和標準。

第二一五條　關於來自"區域"內活動的污染的執行

為了防止、減少和控制"區域"內活動對海洋環境的污染而按照第十一部分制訂的國際規則、規章和程式，其執行應受該部分支配。

第二一六條　關於傾倒造成污染的執行

1. 為了防止、減少和控制傾倒對海洋環境的污染而按照本公約制定的法律和規章，以及通過主管國際組織或外交會議制訂的可適用的國際規則和標準，應依下列規定執行：(a)對於在沿海國領海或其專屬經濟區內或在其大陸架上的傾倒，應由該沿海國執行；(b)對於懸掛旗籍國旗幟的船隻或在其國內登記的船隻和飛機，應由該旗籍國執行；(c)對於在任何國家領土內或在其岸外設施裝載廢料或其他物質的行為，應由該國執行。

2. 本條不應使任何國家承擔提起司法程式的義務，如果另一國已按照本條提起這種程式。

第二一七條　船旗國的執行

1. 各國應確保懸掛其旗幟或在其國內登記的船隻，遵守為防止、減少和控制來自船隻的海洋環境污染而通過主管國際組織或一般外交會議制訂的

可適用的國際規則和標準以及各該國按照本公約制定的法律和規章，並應爲此制定法律和規章和採取其他必要措施，以實施這種規則、標準、法律和規章。船旗國應作出規定使這種規則、標準、法律和規章得到有效執行，不論違反行爲在何處發生。

2. 國特別應採取適當措施，以確保懸掛其旗幟或在其國內登記的船隻，在能遵守第1款所指的國際規則和標準的規定，包括關於船隻的設計、建造、裝備和人員配備的規定以前，禁止其出海航行。

3. 各國應確保懸掛其旗幟或在其國內登記的船隻在船上持有第1款所指的國際規則和標準所規定並依據該規則和標準頒發的各種證書。各國應確保懸掛其旗幟的船隻受就定期檢查，以證實這些證書與船隻的實際情況相符。其他國家應接受這些證書，作爲船隻情況的證據，並應將這些證書視爲與其本國所發的證書具有相同效力，除非有明顯根據認爲船隻的情況與證書所載各節有重大不符。

4. 如果船隻違反通過主管國際組織或一般外交會議制訂的規則和標準，船旗國在不妨害第二一八、第二二〇和第二二八條的情形下，應設法立即進行調查，並在適當情形下應對被指控的違反行爲提起司法程式，不論違反行爲在何處發生，也不論這種違反行爲所造成的污染在何處發生或發現。

5. 船旗國調查違反行爲時，可向提供合作能有助於澄清案件情況的任何其他國家請求協助。各國應盡力滿足船旗國的適當請示。

6. 各國經任何國家的請求，應對懸掛其旗幟的船隻被指控所犯的任何違反行爲進行調查。船旗國如認爲有充分證據可對被指控的違反行爲提起司法程式，應毫不遲延地按照其法律提起這種程式。

7. 船旗國應將所採取行動及其結果迅速通知請求國和主管國際組織。所有國家應能得到這種情報。

8. 各國的法律和規章對懸掛其旗幟的船隻所規定的處罰應足夠嚴厲，以防阻違反行爲在任何地方發生。

第二一八條　港口國的執行

1. 當船隻自願位於一國港口或岸外設施時，該國可對該船違反通過主管國際組織或一般外交會議制訂的可適用的國際規則和標準在該國內水、領海或專屬經濟區外的任何排放進行調查，並可在有充分證據的情形下，提起司法程式。

2. 對於在另一國內水、領海或專屬經濟區內發生的違章排放行為，除非經該國、船旗國或受違章排放行為損害或威脅的國家請求，或者違反行為已對或可能對提起司法程式的國家內水、領海或專屬經濟區造成污染，不應依據第1款提起司法程式。

3. 當船隻自願位於一國港口或岸外設施時，該國應在實際可行範圍內滿足任何國家因認為第1款所指的違章排放行為已在其內水、領海或專屬經濟區內發生，對其內水、領海或專屬經濟區已造成損害或有損害的威脅而提出的進行調查的請求，並且應在實際可行範圍內，滿足船旗國對這一違反行為所提出的進行調查的請求，不論違反行為在何處發生。

4. 港口國依據本條規定進行的調查的記錄，如經請求，應轉交船旗國或沿海國。在第七節限制下，如果違反行為發生在沿海國的內水、領海或專屬經濟區內，港口國根據這種調查提起的任何司法程式，經該沿海國請求可暫停進行。案件的證據和記錄，連同繳交港口國當局的任何保證書或其他財政擔保，應在這種情形下轉交給該沿海國。轉交後，在港口國即不應繼續進行司法程式。

第二一九條　關於船隻適航條件的避免污染措施

在第七節限制下，各國如經請求或出於自己主動，已查明在港口或岸外設施的船隻違反關於船隻適航條件的可適用的國際規則和標準從而有損害海洋環境的威脅，應在實際可行範圍內採取行政措施以阻止該船航行。這種國家可准許該船僅駛往最近的適當修船廠，並應于違反行為的原因消除後，准許該船立即繼續航行。

第二二〇條　沿海國的執行

1. 當船隻自願位於一國港口或岸外設施時，該國對在其領海或專屬經濟內發生的任何違反關於防止、減少和控制船隻造成的污染的該國按照本公約制定的法律和規章或可適用的國際規則和標準的行為，可在第七節限制下，提起司法程式。

2. 如有明顯根據認為在一國領海內航行的船隻，在通過領海時，違反關於防止、減少和控制來自船隻的污染的該國按照本公約制定的法律和規章或可適用的國際規則和標準，該國在不妨害第二部分第三節有關規定的適用的情形下，可就違反行為對該船進行實際檢查，並可在有充分證據時，在第七節限制下按照該國法律提起司法程式，包括對該船的拘留在內。

3. 如有明顯根據認爲在一國專屬經濟區或領海內航行的船隻，在專屬經濟區內違反關於防止、減少和控制來自船隻的污染的可適用的國際規則和標準或符合這種國際規則和標準並使其有效的該國的法律和規章，該國可要求該船提供關於該船的識別標誌、登記港口、上次停泊和下次停泊的港口，以及其他必要的有關情報，以確定是否已有違反行爲發生。

4. 各國應制定法律和規章，並採取其他措施，以使懸掛其旗幟的船隻遵從依據第3款提供情報的要求。

5. 如有明顯根據認爲在一國專屬經濟區或領海內航行的船隻，在專屬經濟區內犯有第3款所指的違反行爲而導致大量排放，對海洋環境造成重大污染或有造成重大污染的威脅，該國在該船拒不提供情況，或所提供的情報與明顯的實際情況顯然不符，並且依案件情況確有進行檢查的理由時，可就有關違反行爲的事項對該船進行實際檢查。

6. 如有明顯客觀證據證明在一國專屬經濟區或領海內航行的船隻，在專屬經濟區內犯有第3款所指的違反行爲而導致排放，對沿海國的海岸或有關利益，或對其領海或專屬經濟區內的任何資源，造成重大損害或有造成重大損害的威脅，該國在有充分證據時，可在第七節限制下，按照該國法律提起司法程式，包括對該船的拘留在內。

7. 雖有第6款的規定，無論何時如已通過主管國際組織或另外協定制訂了適當的程式，從而已經確保關於保證書或其他適當財政擔保的規定得到遵守，沿海國如受這種程式的拘束，應立即准許該船繼續航行。

8. 第3、第4、第5、第6和第7款的規定也應適用於依據第二一一條第6款制定的國內法律和規章。

第二二一條　避免海難引起污染的措施

1. 本部分的任何規定不應妨害各國爲保護其海岸或有關利益，包括捕魚，免受海難或與海難有關的行動所引起，並能合理預期造成重大有害後果的污染或污染威脅，而依據國際法，不論是根據習慣還是條約，在其領海範圍以外，採取和執行與實際的或可能發生的損害相稱的措施的權利。

2. 爲本條的目的，"海難"是指船隻碰撞、擱淺或其他航行事故，或船上或船外所發生對船隻或船貨造成重大損害或重大損害的迫切威脅的其他事故。

第二二二條　對來自大氣層或通過大氣層的污染的執行

各國應對在其主權下的上空或懸掛其旗幟的船隻或在其國內登記的船隻和飛機，執行其按照第二一二條第1款和本公約其他規定制定的法律和規章，並應依照關於空中航行安全的一切有關國際規則和標準，制定法律和規章並採取其他必要措施，以實施通過主管國際組織或外交會議爲防止、減少和控制來自大氣層或通過大氣層的海洋環境污染而制訂的可適用的國際規則和標準。

■第七節　保障辦法

第二二三條　便利司法程式的措施

在依據本部分提起的司法程式中，各國應採取措施，便利對證人的聽詢以及接受另一國當局或主管國際組織提交的證據，並應便利主管國際組織、船旗國或受任何違反行爲引起污染影響的任何國家的官方代表參與這種程式。參與這種程式的官方代表應享有國內法律和規章或國際法規定的權利與義務。

第二二四條　執行權力的行使

本部分規定的對外國船隻的執行權力，只有官員或軍艦、軍用飛機或其他有清楚標誌可以識別爲政府服務並經授權的船舶或飛機才能行使。

第二二五條　行使執行權力時避免不良後果的義務

在根據本公約對外國船隻行使執行權力時，各國不應危害航行的安全或造成對船隻的任何危險，或將船隻帶至不安全的港口或停泊地，或使海洋環境面臨不合理的危險。

第二二六條　調查外國船隻

1. (a)各國羈留外國船隻不得超過第二一六、第二一八和第二二〇條規定的爲調查目的所必需的時間。任何對外國船隻的實際檢查應只限於查閱該船按照一般接受的國際規則和標準所須持有的證書、記錄或其他檔或其所持有的任何類似文件；對船隻的進一步的實際檢查，只有在經過這樣的查閱後以及在下列情況下，才可進行：有明顯根據認爲該船的情況或其裝備與這些檔所載各節有重大不符；這類檔的內容不足以證實或證明涉嫌的違反行爲；或該船未持有有效的證件和記錄。(b)如果調查結果顯示有違反關於保護和保全海洋環境的可適用的法律和規章或國際規則和標準的行爲，則應於完成提供保證書或其他適當財政擔保等合理程式後迅速予以釋放。(c)在不妨害有關船隻適航性的可適用的國際規則和標準

的情形下，無論何時如船隻的釋放可能對海洋環境引起不合理的損害威脅，可拒絕釋放或以駛往最近的適當修船廠爲條件予以釋放。在拒絕釋放或對釋放附加條件的情形下，必須迅速通知船隻的船旗國，該國可按照第十五部分尋求該船的釋放。

2. 各國應合作制定程式，以避免在海上對船隻作不必要的實際檢查。

第二二七條　對外國船隻的無歧視

各國根據本部分行使其權利和履行其義務時，不應在形式上或事實上對任何其他國家的船隻有所歧視。

第二二八條　提起司法程式的暫停和限制

1. 對於外國船隻在提起司法程式的國家的領海外所犯任何違反關於防止、減少和控制來自船隻的污染的可適用的法律和規章或國際規則和標準的行爲訴請加以處罰的司法程式，于船旗國在這種程式最初提起之日起六個月內就同樣控告提出加以處罰的司法程式時，應即暫停進行，除非這種程式涉及沿海國遭受重大損害的案件或有關船旗國一再不顧其對本國船隻的違反行爲有效地執行可適用的國際規則和標準的義務。船旗國無論何時，如按照本條要求暫停進行司法程式，應於適當期間內將案件全部卷宗和程式記錄提供早先提起程式的國家。船旗國提起的司法程式結束時，暫停的司法程式應予終止。在這種程式中應收的費用經繳納後，沿海國應發還與暫停的司法程式有關的任何保證書或其他財政擔保。

2. 從違反行爲發生之日起滿三年後，對外國船隻不應再提起加以處罰的司法程式，又如另一國家已在第1款所載規定的限制下提起司法程式，任何國家均不得再提起這種程式。

3. 本條的規定不妨害船旗國按照本國法律採取任何措施，包括提起加以處罰的司法程式的權利，不論別國是否已先提起這種程式。

第二二九條　民事訴訟程式的提起

本公約的任何規定不影響因要求賠償海洋環境污染造成的損失或損害而提起民事訴訟程式。

第二三〇條　罰款和對被告的公認權利的尊重

1. 對外國船隻在領海以外所犯違反關於防止、減少和控制海洋環境污染的國內法律和規章或可適用的國際規則和標準的行爲，僅可處以罰款。

2. 對外國船隻在領海內所犯違反關於防止、減少和控制海洋環境污染的國內法律和規章或可適用的國際規則和標準的行爲，僅可處以罰款，但在

領海內故意和嚴重地造成污染的行為除外。

3. 對於外國船隻所犯這種違反行為進行可能對其加以處罰的司法程式時，應尊重被告的公認權利。

第二三一條　對船旗國和其他有關國家的通知

各國應將依據第六節對外國船隻所採取的任何措施迅速通知船旗國和任何其他有關國家，並將有關這種措施的一切正式報告提交船旗國。但對領海內的違反行為，沿海國的上述義務僅適用於司法程式中所採取的措施。依據第六節對外國船隻採取的任何這種措施，應立即通知船旗國的外交代表或領事官員，可能時並應通知其海事當局。

第二三二條　各國因執行措施而產生的賠償責任

各國依照第六節所採取的措施如屬非法或根據可得到的情報超出合理的要求。應對這種措施所引起的並可以歸因於各該國的損害或損失負責。各國應對這種損害或損失規定向其法院申訴的辦法。

第二三三條　對用於國際航行的海峽的保障

第五、第六和第七節的任何規定不影響用於國際航行的海峽的法律制度。但如第十節所指以外的外國船舶違反了第四十二條第1款(a)和(b)項所指的法律和規章，對海峽的海洋環境造成重大損害或有造成重大損害的威脅，海峽沿岸國可採取適當執行措施，在採取這種措施時，應比照尊重本節的規定。

■第八節　冰封區域

第二三四條　冰封區域

沿海國有權制定和執行非歧視性的法律和規章，以防止、減少和控制船隻在專屬經濟區範圍內冰封區域對海洋的污染，這種區域內的特別嚴寒氣候和一年中大部分時候冰封的情形對航行造成障礙或特別危險，而且海洋環境污染可能對生態平衡造成重大的損害或無可挽救的擾亂。這種法律和規章應適當顧及航行和以現有最可靠的科學證據為基礎對海洋環境的保護和保全。

■第九節　責任

第二三五條　責任

1. 各國有責任履行其關於保護和保全海洋環境的國際義務。各國應按照國際法承擔責任。

2. 各國對於在其管轄下的自然人或法人污染海洋環境所造成的損害，應確保按照其法律制度，可以提起申訴以獲得迅速和適當的補償或其他救濟。

3. 爲了對污染海洋環境所造成的一切損害保證迅速而適當地給予補償的目的，各國應進行合作，以便就估量和補償損害的責任以及解決有關的爭端，實施現行國際法和進一步發展國際法，並在適當情形下，擬訂諸如強制保險或補償基金等關於給付適當補償的標準和程式。

■第十節 主權豁免
第二三六條 主權豁免

本公約關於保護和保全海洋環境的規定，不適用於任何軍艦、海軍輔助船、爲國家所擁有或經營並在當時只供政府非商業性服務之用的其他船隻或飛機。但每一國家應採取不妨害該國所擁有或經營的這種船隻或飛機的操作或操作能力的適當措施，以確保在合理可行範圍內這種船隻或飛機的活動方式符合本公約。

■第十節 關於保護和保全海洋環境的其他公約所規定的義務
第二三七條 關於保護和保全海洋環境的其他公約所規定的義務

1. 本部分的規定不影響各國根據先前締結的關於保護和保全海洋環境的特別公約和協定所承擔的特定義務，也不影響爲了推行本公約所載的一般原則而可能締結的協定。

2. 各國根據特別公約所承擔的關於保護和保全海洋環境的特定義務，應依符合本公約一般原則和目標的方式履行。

第十三部分 海洋科學研究

■第一節 一般規定
第二三八條 進行海洋科學研究的權利

所有國家，不論其地理位置如何，以及各主管國際組織，在本公約所規定的其他國家的權利和義務的限制下，均有權進行海洋科學研究。

第二三九條 海洋科學研究的促進

各國和各主管國際組織應按照本公約，促進和便利海洋科學研究的發展和進行。

第二四〇條 進行海洋科學研究的一般原則

進行海洋科學研究時應適用下列原則：(a)海洋科學研究應專為和平目的而進行；(b)海洋科學研究應以符合本公約的適當科學方法和工具進行；(c)海洋科學研究不應對符合本公約的海洋其他正當用途有不當干擾，而這種研究在上述用途過程中應適當地受到尊重；(d)海洋科學研究的進行應遵守依照本公約制定的一切有關規章，包括關於保護和保全海洋環境的規章。

第二四一條　不承認海洋科學研究活動為任何權利主張的法律根據
海洋科學研究活動不應構成對海洋環境任何部分或其資源的任何權利主張的法律根據。

■第二節　國際合作

第二四二條　國際合作的促進

1. 各國和各主管國際組織應按照尊重主權和管轄權的原則，並在互利的基礎上，促進為和平目的進行海洋科學研究的國際合作。

2. 因此，在不影響本公約所規定的權利和義務的情形下，一國在適用本部分時，在適當情形下，應向其他國家提供合理的機會，使其從該國取得或在該國合作下取得為防止和控制對人身健康和安全以及對海洋環境的損害所必要的情報。

第二四三條　有利條件的創造
各國和各主管國際組織應進行合作，通過雙邊和多邊協定的締結，創造有利條件，以進行海洋環境中的海洋科學研究，並將科學工作者在研究海洋環境中發生的各種現象和變化過程的本質以及兩者之間的相互關係方面的努力結合起來。

第二四四條　情報和知識的公佈和傳播

1. 各國和各主管國際組織應按照本公約，通過適當途徑以公佈和傳播的方式，提供關於擬議的主要方案及其目標的情報以及海洋科學研究所得的知識。

2. 為此目的，各國應個別地並與其他國家和各主管國際組織合作，積極促進科學資料和情報的流通以及海洋科學研究所得知識的轉讓，特別是向發展中國家的流通和轉讓，並通過除其他外對發展中國家技術和科學人員提供適當教育和訓練方案，加強發展中國家自主進行海洋科學研究的能力。

■第三節　海洋科學研究的進行和促進

第二四五條　領海內的海洋科學研究

沿海國在行使其主權時，有規定、准許和進行其領海內的海洋科學研究的專屬權利。領海內的海洋科學研究，應經沿海國明示同意並在沿海國規定的條件下，才可進行。

第二四六條　專屬經濟區內和大陸架上的海洋科學研究

1. 沿海國在行使其管轄權時，有權按照本公約的有關條款，規定、准許和進行在其專屬經濟區內或大陸架上的海洋科學研究。

2. 在專屬經濟區內和大陸架上進行海洋科學研究，應經沿海國同意。

3. 在正常情形下，沿海國應對其他國家或各主管國際組織按照本公約專為和平目的和爲了增進關於海洋環境的科學知識以謀全人類利益，而在其專屬經濟區內或大陸架上進行的海洋科學研究計畫，給予同意。爲此目的，沿海國應制訂規則和程式，確保不致不合理地推遲或拒絕給予同意。

4. 爲適用第3款的目的，儘管沿海國和研究國之間沒有外交關係，它們之間仍可存在正常情況。

5. 但沿海國可斟酌決定，拒不同意另一國家或主管國際組織在該沿海國專屬經濟區內或大陸架上進行海洋科學研究計畫，如果該計畫：(a)與生物或非生物自然資源的勘探和開發有直接關係；(b)涉及大陸架的鑽探、炸藥的使用或將有害物質引入海洋環境；(c)涉及第六十和第八十條所指的人工島嶼、設施和結構的建造、操作或使用；(d)含有依據第二四八條提出的關於該計畫的性質和目標的不正確情報，或如進行研究的國家或主管國際組織由於先前進行研究計畫而對沿海國負有尚未履行的義務。

6. 雖有第5款的規定，如果沿海國已在任何時候公開指定從測算領海寬度的基線量起二百海裏以外的某些特定區域爲已在進行或將在合理期間內進行開發或詳探作業的重點區域，則沿海國對於在這些特定區域之外的大陸架上按照本部分規定進行的海洋科學研究計畫，即不得行使該款(a)項規定的斟酌決定權而拒不同意。沿海國對於這類區域的指定及其任何更改，應提出合理的通知，但無須提供其中作業的詳情。

7. 第6款的規定不影響經七十七條所規定的沿海國對大陸架的權利。

8. 本條所指的海洋科學研究活動，不應對沿海國行使本公約所規定的主權權利和管轄權所進行的活動有不當的干擾。

第二四七條　國際組織進行或主持的海洋科學研究計畫

沿海國作爲一個國際組織的成員或同該組織訂有雙邊協定，而在該沿海國專屬經濟區內或大陸架上該組織有意直接或在其主持下進行一項海洋科學研究計畫，如果該沿海國在該組織決定進行計畫時已核准詳細計畫，或願意參加該計畫，並在該組織將計畫通知該沿海國後四個月內沒有表示任何反對意見，則應視爲已准許依照同意的說明書進行該計畫。

第二四八條　向沿海國提供資料的義務

各國和各主管國際組織有意在一個沿海國的專屬經濟區內或大陸架上進行海洋科學研究，應在海洋科學研究計畫預定開始日期至少六個月前，向該國提供關於下列各項的詳細說明：(a)計畫的性質和目標；(b)使用的方法和工具，包括船隻的船名、噸位、類型和級別，以及科學裝備的說明；(c)進行計畫的精確地理區域；(d)研究船最初到達和最後離開的預定日期，或裝備的部署和拆除的預定日期，視情況而定；(e)主持機構的名稱，其主持人和計畫負責人的姓名；和(f)認爲沿海國應能參加或有代表參與計畫的程度。

第二四九條　遵守某些條件的義務

1. 各國和各主管國際組織在沿海國的專屬經濟區內或大陸架上進行海洋科學研究時，應遵守下列條件：(a)如沿海國願意，確保其有權參加或有代表參與海洋科學研究計畫，特別是于實際可行時在研究船和其他船隻上或在科學研究設施上進行，但對沿海國的科學工作者無須支付任何報酬，沿海國亦無分擔計畫費用的義務；(b)經沿海國要求，在實際可行範圍內儘快向沿海國提供初步報告，並於研究完成後提供所得的最後成果和結論；(c)經沿海國要求，負責供其利用從海洋科學研究計畫所取得的一切資料和樣品，並同樣向其提供可以複製的資料和可以分開而不致有損其科學價值的樣品；(d)如經要求，向沿海國提供對此種資料、樣品及研究成果的評價，或協助沿海國加以評價或解釋；(e)確保在第2款限制下，於實際可行的情況下，儘快通過適當的國內或國際途徑，使研究成果在國際上可以取得；(f)將研究方案的任何重大改變立即通知沿海國；(g)除非另有協議，研究完成後立即拆除科學研究設施或裝備。

2. 本條不妨害沿海國的法律和規章爲依據第二四六條第5款行使斟酌決定權給予同意或拒不同意而規定的條件，包括要求預先同意使計畫中對勘探和開發自然資源有直接關係的研究成果在國際上可以取得。

第二五〇條　關於海洋科學研究計畫的通知

關於海洋科學研究計畫的通知，除另有協議外，應通過適當的官方途徑發出。

第二五一條　一般準則和方針

各國應通過主管國際組織設法促進一般準則和方針的制定，以協助各國確定海洋科學研究的性質和影響。

第二五二條　默示同意

各國或各主管國際組織可於依據第二四八條的規定向沿海國提供必要的情報之日起六個月後，開始進行海洋科學研究計畫，除非沿海國在收到含有此項情報的通知後四個月內通知進行研究的國家或組織：(a)該國已根據第二四六條的規定拒絕同意；(b)該國或主管國際組織提出的關於計畫的性質和目標的情報與明顯事實不符；(c)該國要求有關第二四八和第二四九條規定的條件和情報的補充情報；或(d)關於該國或該組織以前進行的海洋科學研究計畫，在第二四九條規定的條件方面，還有尚未履行的義務。

第二五三條　海洋科學研究活動的暫停或停止

1. 沿海國應有權要求暫停在其專屬經濟區內或大陸架上正在進行的任何海洋科學研究活動，如果：(a)研究活動的進行不按照根據第二四八條的規定提出的，且經沿海國作為同意的基礎的情報；或(b)進行研究活動的國家或主管國際組織未遵守第二四九條關於沿海國對該海洋科學研究計畫的權利的規定。

2. 任何不遵守第二四八條規定的情形，如果等於將研究計畫或研究活動作重大改動，沿海國應有權要求停止任何海洋科學研究活動。

3. 如果第1款所設想的任何情況在合理期間內仍未得到糾正，沿海國也可要求停止海洋科學研究活動。

4. 沿海國發出其命令暫停或停止海洋科學研究活動的決定的通知後，獲准進行這種活動的國家或主管國際組織應即終止這一通知所指的活動。

5. 一旦進行研究的國家或主管國際組織遵行第二四八條和第二四九條所要求的條件，沿海國應即撤銷根據第1款發出的暫停命令，海洋科學研究活動也應獲准繼續進行。

第二五四條　鄰近的內陸國和地理不利國的權利

1. 已向沿海國提出一項計畫，準備進行第二四六條第3款所指的海洋科學研究的國家和主管國際組織，應將提議的研究計畫通知鄰近的內陸國和地理不利國，並應將此事通知沿海國。

2. 在有關的沿海國按照第二四六條和本公約的其他有關規定對該提議的海洋科學研究計畫給予同意後，進行這一計畫的國家和主管國際組織，經鄰近的內陸國和地理不利國請求，適當時應向它們提供第二四八條和第二四九條第1款(f)項所列的有關情報。

3. 以上所指的鄰近的內陸國的地理不利國，如提出請求，應獲得機會按照有關的沿海國和進行此項海洋科學研究的國家或主管國際組織依本公約的規定而議定的適用于提議的海洋科學研究計畫的條件，通過由其任命的並且不爲該沿海國反對的合格專家在實際可行時參加該計畫。

4. 第1款所指的國家和主管國際組織，經上述內陸國和地理不利國的請求，應向它們提供第二四九條第1款(d)項規定的有關情報和協助，但須受第二四九條第2款的限制。

第二五五條　便利海洋科學研究和協助研究船的措施

各國應盡力制定合理的規則、規章和程式，促進和使得在其領海以外按照本公約進行的海洋科學研究，並于適當時在其法律和規章規定的限制下，便利遵守本部分有關規定的海洋科學研究船進入其港口，並促進對這些船隻的協助。

第二五六條　"區域"內的海洋科學研究

所有國家，不論其地理位置如何，和各主管國際組織均有權依第十一部分的規定在"區域"內進行海洋科學研究。

第二五七條　在專屬經濟區以外的水體內的海洋科學研究

所有國家，不論其地理位置如何，和各主管國際組織均有權依本公約在專屬經濟區範圍以外的水體內進行海洋科學研究。

■第四節　海洋環境中科學研究設施或裝備

第二五八條　部署和使用

在海洋環境的任何區域內部署和使用任何種類的科學研究設施或裝備，應遵守本公約爲在任何這種區域內進行海洋科學研究所規定的同樣條件。

第二五九條　法律地位

本節所指的設施或裝備不具有島嶼的地位。這些設施或裝備沒有自己的領海，其存在也不影響領海、專屬經濟區或大陸架的界限的劃定。

第二六〇條　安全地帶

在科學研究設施的周圍可按照本公約有關規定設立不超過五百公尺的合理

寬度的安全地帶。所有國家應確保其本國船隻尊重這些安全地帶。

第二六一條　對國際航路的不干擾

任何種類的科學研究設施或裝備的部署和使用不應對已確定的國際航路構成障礙。

第二六二條　識別標誌和警告信號

本節所指的設施或裝備應具有表明其登記的國家或所屬的國際組織的識別標誌，並應具有國際上議定的適當警告信號，以確保海上安全和空中航行安全，同時考慮到主管國際組織所制訂的規則和標準。

■第五節　責任

第二六三條　責任

1. 各國和各主管國際組織應負責確保其自己從事或為其從事的海洋科學研究均按照本公約進行。

2. 各國和各主管國際組織對其他國家。其自然人或法人或主管國際組織進行的海洋科學研究所採取的措施如果違反本公約，應承擔責任，並對這種措施所造成的損害提供補償。

3. 各國和各主管國際組織對其自己從事或為其從事的海洋科學研究產生海洋環境污染所造成的損害，應依據第二三五條承擔責任。

■第六節　爭端的解決和臨時措施

第二六四條　爭端的解決

本公約關於海洋科學研究的規定在解釋或適用上的爭端，應按照第十五部分第二和第三節解決。

第二六五條　臨時措施

在按照第十五部分第二和第三節解決一項爭端前，獲准進行海洋科學研究計畫的國家或主管國際組織，未經有關沿海國明示同意，不應准許開始或繼續進行研究活動。

第十四部分　海洋技術的發展和轉讓

■第一節　一般規定

第二六六條　海洋技術發展和轉讓的促進

1. 各國應直接或通過主管國際組織，按照其能力進行合作，積極促進在公平合理的條款和條件上發展和轉讓海洋科學和海洋技術。

2. 各國應對在海洋科學和技術能力方面可能需要並要求技術援助的國家，特別是發展中國家，包括內陸國和地理不利國，促進其在海洋資源的勘探、開發、養護和管理，海洋環境的保護和保全，海洋科學研究以及符合本公約的海洋環境內其他活動等方面海洋科學和技術能力的發展，以加速發展中國家的社會和經濟發展。

3. 各國應盡力促進有利的經濟和法律條件，以便在公平的基礎上為所有有關各方的利益轉讓海洋技術。

第二六七條　合法利益的保護

各國在依據第二六六條促進合作時，應適當顧及一切合法利益，除其他外，包括海洋技術的持有者、供應者和接受者的權利和義務。

第二六八條　基本目標

各國應直接或通過主管國際組織促進：(a)海洋技術知識的取得、評價和傳播，並便利這種情報和資料的取得；(b)適當的海洋技術的發展；(c)必要的技術方面基本建設的發展，以便利海洋技術的轉讓；(d)通過訓練和教育發展中國家和地區的國民，特別是其中最不發達國家和地區的國民的方式，以發展人力資源；(e)所有各級的國際合作，，特別是區域、分區域和雙邊的國際合作。

第二六九條　實現基本目標的措施

為了實現第二六八條所指的各項目標，各國應直接或通過主管國際組織，除其他外，盡力：(a)制訂技術合作方案，以便把一切種類的海洋技術有效地轉讓給在海洋技術方面可能需要並要求技術援助的國家，特別是發展中內陸國和地理不利國，以及示能建立或發展其自己在海洋科學和海洋資源勘探和開發方面的技術能力或發展這種技術的基本建設的其他發展中國家；(b)促進在公平合理的條件下，訂立協定、合同和其他類似安排的有利條件；(c)舉行關於科學和技術問題，特別是關於轉讓海洋技術的政策和方法的會議、討論會和座談會；(d)促進科學工作者、技術和其他專家的交換；(e)推行各種計畫，並促進聯合企業和其他形式的雙邊和多邊合作。

■第二節　國際合作

第二七〇條　國際合作的方式和方法

發展和轉讓海洋技術的國際合作，應在可行和適當的情形下，通過現有的雙邊、區域或多邊的方案進行，並應通過擴大的和新的方案進行，以便利

海洋科學研究，海洋技術轉讓，特別是在新領域內，以及爲海洋研究和發展在國際上籌供適當的資金。

第二七一條　方針、準則和標準

各國應直接或通過主管國際組織，在雙邊基礎上或在國際組織或其他機構的範圍內，並在特別考慮到發展中國家的利益和需要的情形下，促進制訂海洋技術轉讓方面的一般接受的方針、準則和標準。

第二七二條　國際方案的協調

在海洋技術轉讓方面，各國應盡力確保主管國際組織協調其活動，包括任何區域性和全球性方案，同時考慮到發展中國家特別是內陸國和地理不利國的利益和需要。

第二七三條　與各國際組織和管理局的合作

各國應與各主管國際組織和管理局積極合作，鼓勵並便利向發展中國家及其國民和企業部轉讓關於"區域"內活動的技能和海洋技術。

第二七四條　管理局的目標

管理局在一切合法利益，其中除其他外包括技術持有者、供應者和接受者的權利和義務的限制下，在"區域"內活動方面應確保：(a)在公平地區分配原則的基礎上，接受不論爲沿海國、內陸國或地理不利國的發展中國家的國民，以便訓練其爲管理局工作所需的管理、研究和技術人員；(b)使所有國家，特別是在這一方面可能需要並要求技術援助的發展中國家，能得到有關的裝備、機械、裝置和作業程式的技術檔；(c)由管理局制訂適當的規定，以便利在海洋技術方面可能需要並要求技術援助的國家，特別是發展中國家，取得這種援助，並便利其國民取得必要的技能和專門知識，包括專業訓練；(d)通過本公約所規定的任何財政安排，協助在這一方面可能需要並要求技術援助的國家，特別是發展中國家，取得必要的裝備、作業程式、工廠和其他技術知識。

■第三節　國家和區域性海洋科學和技術中心

第二七五條　國家中心的設立

1. 各國應直接或通過各主管國際組織和管理局促進設立國家海洋科學和技術研究中心，特別是在發展中沿海國設立，並加強現有的國家中心，以鼓勵和推進發展中沿海國進行海洋科學研究，並提高這些國家爲了它們的經濟利益而利用和保全其海洋資源的國家能力。

2. 各國應通過各主管國際組織和管理局給予適當的支持，便利設立和加強此種國家中心，以便向可能需要並要求此種援助的國家提供先進的訓練設施和必要的裝備、技能和專門知識以及技術專家。

第二七六條　區域性中心的設立

1. 各國在與各主管國際組織、管理局和國家海洋科學和技術研究機構協調下，應促進設立區域性海洋科學和技術研究中心，特別是在發展中國家設立，以鼓勵和推進發展中國家進行海洋科學研究，並促進海洋技術的轉讓。

2. 一個區域內的所有國家都應與其中各區域性中心合作，以便確保更有效地達成其目標。

第二七七條　區域性中心的職務

這種區域性中心的職務，除其他外，應包括：(a)對海洋科學和技術研究的各方面，特別是對海洋生物學，包括生物資源的養護和管理、海洋學、水文學、工程學、海底地質勘探、採礦和海水淡化技術的各級訓練和教育方案；(b)管理方面的研究；(c)有關保護和保全海洋環境以及防止、減少和控制污染的研究方案；(d)區域性會議、討論會和座談會的組織；(e)海洋科學和技術的資料和情報的取得和處理；(f)海洋科學和技術研究成果由易於取得的出版物迅速傳播；(g)有關海洋技術轉讓的國家政策的公佈，和對這種政策的有系統的比較研究；(h)關於技術的銷售以及有關專利權的合同和其他安排的情報的彙編和整理；(i)與區域內其他國家的技術合作。

■第四節　國際組織間的合作

第二七八條　國際組織間的合作

本部分和第十三部分所指的主管國際組織應採取一切適當措施，以便直接或在彼此密切合作中，確保本部分規定的它們的職務和責任得到有效的履行。

第十五部分　爭端的解決　第一節　一般規定

第二七九條　用和平方法解決爭端的義務

各締約國應按照《聯合國憲章》第二條第三項以和平方法解決它們之間有關本公約的解釋或適用的任何爭端，並應為此目的以《憲章》第三十三條第一項所指的方法求得解決。

Art. 279 Obligation to settle disputes by peaceful means

States Parties shall settle any dispute between them concerning the interpretation or application of this Convention by peaceful means in accordance with Article 2, paragraph 3, of the Charter of the United Nations and, to this end, shall seek a solution by the means indicated in Article 33, paragraph 1, of the Charter.

第二八〇條　用爭端各方選擇的任何和平方法解決爭端

本公約的任何規定均不損害任何締約國於任何時候協議用自行選擇的任何和平方法解決它們之間有關本公約的解釋或適用的爭端的權利。

第二八一條　爭端各方在爭端未得到解決時所適用的程式

1. 作爲有關本公約的解釋或適用的爭端各方的締約各國，如已協議用自行選擇的和平方法來謀求解決爭端，則只有在訴諸這種方法而仍未得到解決以及爭端各方間的協定並不排除任何其他程式的情形下，才適用本部分所規定的程式。

2. 爭端各方如已就時限也達成協定，則只有在該時限屆滿時才適用第1款。

第二八二條　一般性、區域性或雙邊協定規定的義務

作爲有關本公約的解釋或適用的爭端各方的締約各國如已通過一般性、區域性或雙邊協定或以其他方式協定，經爭端任何一方請示，應將這種爭端提交導致有拘束力裁判的程式，該程式應代替本部分規定的程式而適用，除非爭端各方另有協議。

第二八三條　交換意見的義務

1. 如果締約國之間對本公約的解釋或適用發生爭端，爭端各方應迅速就以談判或其他和平方法解決爭端一事交換意見。

2. 如果解決這種爭端的程式已經終止，而爭端仍未得到解決，或如已達成解決辦法，而情況要求就解決辦法的實施方式進行協商時，爭端各方也應迅速著手交換意見。

第二八四條　調解

1. 作爲有關本公約的解釋或適用的爭端一方的締約國，可邀請他方按照附件五第一節規定的程式或另一種調解程式，將爭端提交調解。

2. 如爭端他方接受邀請，而且爭端各方已就適用的調解程式達成協定，任何一方可將爭端提交該程式。

3. 如爭端他方未接受邀請，或爭端各方未就程式達成協定，調解應視爲終止。

4. 除非爭端各方另有協議，爭端提交調解後，調解僅可按照協定的調解程式終止。

第二八五條　本節對依據第十一部分提交的爭端的適用

本節適用於依據第十一部分第五節應按照本部分規定的程式解決的任何爭端。締約國以外的實體如為這種爭端的一方，本節比照適用。

■第二節　導致有拘束力裁判的強制程式

第二八六條　本節規定的程式的適用

在第三節限制下，有關本公約的解釋或適用的任何爭端，如已訴諸第一節而仍未得到解決，經爭端任何一方請求，應提交根據本節具有管轄權的法院或法庭。

第二八七條　程式的選擇

1. 一國在簽署、批准或加入本公約時，或在其後任何時間，應有自由用書面聲明的方式選擇下列一個或一個以上方法，以解決有關本公約的解釋或適用的爭端：(a)按照附件六設立的國際海洋法法庭；(b)國際法院；(c)按照附件七組成的仲裁法庭；(d)按照附件八組成的處理其中所列的一類或一類以上爭端的特別仲裁法庭。

2. 根據第1款作出的聲明，不應影響締約國在第十一部分第五節規定的範圍內和以該節規定的方式，接受國際海洋法法庭海底爭端分庭管轄的義務，該聲明亦不受締約國的這種義務的影響。

3. 締約國如為有效聲明所未包括的爭端的一方，應視為已接受附件七所規定的仲裁。

4. 如果爭端各方已接受同一程式以解決這項爭端，除各方另有協議外，爭端僅可提交該程式。

5. 如果爭端各方未接受同一程式以解決這項爭端，除各方另有協議外，爭端僅可提交附件七所規定的仲裁。

6. 根據第1款作出的聲明，應繼續有效，至撤銷聲明的通知交存于聯合王國秘書長後滿三個月為止。

7. 新的聲明、撤銷聲明的通知或聲明的滿期，對於根據本條具有管轄權的法院或法庭進行中的程式並無任何影響，除非爭端各方另有協議。

8. 本條所指的聲明和通知應交存于聯合國秘書長，秘書長應將其副本分送各締約國。

第二八八條　管轄權

1. 第二八七條所指的法院或法庭，對於按照本部分向其提出的有關本公約的解釋或適用的任何爭端，應具有管轄權。

2. 第二八七條所指的法院或法庭，對於按照與本公約的目的有關的國際協定向其提出的有關該協定的解釋或適用的任何爭端，也應具有管轄權。

3. 按照附件六設立的國際海洋法法庭海底爭端分庭的第十一部分第五節所指的任何其他分庭或仲裁法庭，對按照該節向其提出的任何事項，應具有管轄權。

4. 對於法院或法庭是否具有管轄權如果發生爭端，這一問題應由該法院或法庭以裁定解決。

第二八九條　專家

對於涉及科學和技術問題的任何爭端，根據本節行使管轄權的法院或法庭，可在爭端一方請求下或自已主動，並同爭端各方協定，最好從按照附件八第二條編制的有關名單中，推選至少兩名科學或技術專家列席法院或法庭，但無表決權。

第二九〇條　臨時措施

1. 如果爭端已經正式提交法院或法庭，而該法庭或法庭依據初步證明認為其根據本部分或第十一部分第五節具有管轄權，該法院或法庭可在最後裁判前，規定其根據情況認為適當的任何臨時措施，以保全爭端各方的各自權利或防止對海洋環境的嚴重損害。

2. 臨時措施所根據的情況一旦改變或不復存在，即可修改或撤銷。

3. 臨時措施僅在爭端一方提出請求並使爭端各方有陳述意見的機會後，才可根據本條予以規定、修改或撤銷。

4. 法院或法庭應將臨時措施的規定、修改或撤銷迅速通知爭端各方及其認為適當的其他締約國。

5. 在爭端根據本節正向其提交的仲裁法庭組成以前，經爭端各方協議的任何法院或法庭，如在請求規定臨時措施之日起兩周內不能達成這種協定，則為國際海洋法庭，或在關於"區域"內活動時的海底爭端分庭，如果根據初步證明認為將予組成的法庭具有管轄權，而且認為情況緊急有此必要，可按照本條規定、修改或撤銷臨時措施。受理爭端的法庭一旦組成，即可依照第1至第4款行事，對這種臨時措施予以修改，撤銷或確認。

6. 爭端各方應迅速遵從根據本條所規定的任何臨時措施。

Art. 290 Provisional measures

1. If a dispute has been duly submitted to a court or tribunal which considers that prima facie it has jurisdiction under this Part or Part XI, section 5, the court or tribunal may prescribe any provisional measures which it considers appropriate under the circumstances to preserve the respective rights of the parties to the dispute or to prevent serious harm to the marine environment, pending the final decision.

2. Provisional measures may be modified or revoked as soon as the circumstances justifying them have changed or ceased to exist.

3. Provisional measures may be prescribed, modified or revoked under this article only at the request of a party to the dispute and after the parties have been given an opportunity to be heard.

4. The court or tribunal shall forthwith give notice to the parties to the dispute, and to such other States Parties as it considers appropriate, of the prescription, modification or revocation of provisional measures.

5. Pending the constitution of an arbitral tribunal to which a dispute is being submitted under this section, any court or tribunal agreed upon by the parties or, failing such agreement within two weeks from the date of the request for provisional measures, the International Tribunal for the Law of the Sea or, with respect to activities in the Area, the Seabed Disputes Chamber, may prescribe, modify or revoke provisional measures in accordance with this article if it considers that prima facie the tribunal which is to be constituted would have jurisdiction and that the urgency of the situation so requires. Once constituted, the tribunal to which the dispute has been submitted may modify, revoke or affirm those provisional measures, acting in conformity with paragraphs 1 to 4.

6. The parties to the dispute shall comply promptly with any provisional measures prescribed under this article.

第二九一條　使用程式的機會

1. 本部分規定的所有解決爭端程式應對各締約國開放。

2. 本部分規定的解決爭端程式應僅依本公約具體規定對締約國以外的實體開放。

第二九二條　船隻和船員的迅速釋放

1. 如果締約國當局扣留了一艘懸掛另一締約國旗幟的船隻，而且據指控，扣留國在合理的保證書或其他財政擔保經提供後仍然沒有遵從本公約的規定，將該船隻或其船員迅速釋放，釋放問題可向爭端各方協議的任何法院或法庭提出，如從扣留時起十日內不能達成這種協定，則除爭端各方另有協議外，可向扣留國根據第二八七條接受的法院或法庭，或向國際海洋法法庭提出。

2. 這種釋放的申請，僅可由船旗國或以該國名義提出。

3. 法院或法庭應不遲延地處理關於釋放的申請，並且應僅處理釋放問題，而不影響在主管的國內法庭對該船隻、其船主或船員的任何案件的是非曲直。扣留國當局應仍有權隨時釋放該船隻或基船員。

4. 在法院或法庭裁定的保證書或其他財政擔任經提供後，扣留國當局應迅速遵從法院或法庭關於釋放船隻或其船員的裁定。

第二九三條　適用的法律

1. 根據本節具有管轄權的法院或法庭應適用本公約和其他與本公約不相抵觸的國際法規則。

2. 如經當事各方同意，第1款並不妨害根據本節具有管轄權的法院或法庭按照公允和善良的原則對一項案件作出裁判的權力。

第二九四條　初步程式

1. 第二八七條所規定的法院或法庭，就第二九七條所指爭端向其提出的申請，應經一方請求決定，或可自己主動決定，該項權利主張是否構成濫用法律程式，或者根據初步證明是否有理由。法院或法庭如決定該項主張構成濫用法律程式或者根據初步證明並無理由，即不應對該案採取任何進一步行動。

2. 法院或法庭收到這種申請，應立即將這項申請通知爭端他方，並應指定爭端他方可請求按照第1款作出一項決定的合理期限。

3. 本條的任何規定不影響爭端各方按照適用的程式規則提出初步反對的權利。

第二九五條　用盡當地補救辦法

締約國間有關本公約的解釋或適用的任何爭端，僅在依照國際法的要求用盡當地補救辦法後，才可提交本節規定的程式。

第二九六條　裁判的確定性和拘束力

1. 根據本節具有管轄權的法院或法庭對爭端所作的任何裁判應有確定性，爭端所有各方均應遵從。

2. 這種裁判僅在爭端各方間和對該特定爭端具有拘束力。

第三節 適用第二節的限制和例外

第二九七條 適用第二節的限制

1. 關於因沿海國行使本公約規定的主權權利或管轄權而發生的對本公約的解釋或適用的爭端，遇有下列情形，應遵守第二節所規定的程式：(a)據指控，沿海國在第五十八條規定的關於航行、飛越或鋪設海底電纜和管道的自由和權利，或關於海洋的其他國際合法用途方面，有違反本公約的規定的行為；(b)據指控，一國在行使上述自由、權利或用途時，有違反本公約或沿海國按照本公約和其他與本公約不相抵觸的國際法規則制定的法律或規章的行為；或(c)據指控，沿海國有違反適用於該沿海國、並由本公約所制訂或通過主管國際組織或外交會議按照本公約制定的關於保護和保全海洋環境的特定國際規則和標準的行為。

2. (a)本公約關於海洋科學研究的規定在解釋或適用上的爭端，應按照第二節解決，但對下列情形所引起的任何爭端，沿海國並無義務同意將其提交這種解決程式： 沿海國按照第二四六條行使權利或斟酌決定權；或 沿海國按照第二五三條決定命令暫停或停止一項研究計畫。(b)因進行研究國家指控沿海國對某一特定計劃行使第二四六和第二五三條所規定權利的方式不符合本公約而引起的爭端，經任何一方請求，應按照附件五第二節提交調解程式，但調解委員會對沿海國行使斟酌決定權指定第二四六條第6款所指特定區域，或按照第二四六條第5款行使斟酌決定權拒不同意，不應提出疑問。

3. (a)對本公約關於漁業的規定在解釋或適用上的爭端，應按照第二節解決，但沿海國並無義務同意將任何有關其對專屬經濟區內生物資源的主權權利或此項權利的行使的爭端，包括關於其對決定可捕量、其捕撈能力、分配剩餘量給其他國家、其關於養護和管理這種資源的法律和規章中所制訂的條款和條件的斟酌決定權的爭端，提交這種解決程式。(b)據指控有下列情事時，如已訴諸第一節而仍未得到解決，經爭端任何一方請求，應將爭端提交附件五第二節所規定的調解程式： 一個沿海國明顯地沒有履行其義務，通過適當的養護和管理措施，以確保專屬經濟區內生物資源的維持不致受到嚴重危害； 一個沿海國，經另一國請求，

對該另一國有意捕撈的種群，專斷地拒絕決定可捕量及沿海國捕撈生物
資源的能力；或 一個沿海國專斷地拒絕根據第六十二、第六十九和第
七十條以及該沿海國所制訂的符合本公約的條款和條件，將其已宣佈存
在的剩餘量的全部或一部分分配給任何國家。(c)在任何情形下，調解委
員會不得以其斟酌的決定權代替沿海國的斟酌決定權。(d)調解委員會的報
告應送交有關的國際組織。(e)各締約國在依據第六十九和第七十條談判
協定時，除另有協議外，應列入一個條款，規定各締約國為了儘量減少
對協定的解釋或適用發生爭端的可能性所應採取的措施，並規定如果仍
然發生爭議，各締約國應採取何種步驟。

第二九八條　適用第二節的任擇性例外

1. 一國在簽署、批准或加入本公約時，或在其後任何時間，在不妨害根據
   第一節所產生的義務的情形下，可以書面聲明對於下列各類爭端的一類
   或一類以上，不接受第二節規定的一種或一種以上的程式：(a)(1)關於
   劃定海洋邊界的第十五、第七十四第八十三條在解釋或適用上的爭端，
   或涉及歷史性海灣或所有權的爭端，但如這種爭端發生於本公約生效之
   後，經爭端各方談判仍未能在合理期間內達成協定，則作此聲明的國
   家，經爭端任何一方請求，應同意將該事項提交附件五第二節所規定的
   調解；此外，任何爭端如果必然涉及同時審議與大陸或島嶼陸地領土的
   主權或其他權利有關的任何尚未解決的爭端，則不應提交這一程式；(2)
   在調解委員會提出其中說明所根據的理由的報告後，爭端各方應根據該
   報告以談判達成協議；如果談判未能達成協議，經彼此同意，爭端各方
   應將問題提交第二節所規定的程式之一，除非爭端各方另有協定；(3)
   本項不適用於爭端各方已以一項安排確定解決的任何海洋邊界爭端，也
   不適用於按照對爭端各方有拘束力的雙邊或多邊協定加以解決的任何爭
   端；(b)關於軍事活動，包括從事非商業服務的政府船隻和飛機的軍事
   活動的爭端，以及根據第二九七條第2和第3款不屬法院或法庭管轄的關
   於行使主權權利或管轄權的法律執行活動的爭端；(c)正由聯合國安全理
   事會執行《聯合國憲章》所賦予的職務的爭端，但安全理事會決定將該
   事項從其議程刪除或要求爭端各方用本公約規定的方法解決該爭端者除
   外。

2. 根據第1款作出聲明的締約國，可隨時撤回聲明，或同意將該聲明所排
   除的爭端提交本公約規定的任何程式。

3. 根據第1款作出聲明的締約國，應無權對另一締約國，將屬於被除外的一類爭端的任何爭端，未經該另一締約國同意，提交本公約的任何程式。

4. 如締約國之一已根據第1款(a)項作出聲明，任何其他締約國可對作出聲明的締約國，將屬於被除外一類的任何爭端提交這種聲明內指明的程式。

5. 新的聲明，或聲明的撤回，對按照本條在法院或法庭進行中的程式並無任何影響，除非爭端各方另有協議。

6. 根據本條作出的聲明和撤回聲明的通知，應交存于聯合國秘書長，秘書長應將其副本分送各締約國。

第二九九條　爭端各方議定程式的權利

1. 根據第二九七條或以一項按照第二九八條發表的聲明予以除外，不依第二節所規定的解決爭端程式處理的爭端，只有經爭端各方協議，才可提交這種程式。

2. 本節的任何規定不妨害爭端各方為解決這種爭端或達成和睦解決而協定某種其他程式的權利。

第十六部分　一般規定

第三〇〇條　誠意和濫用權利

締約國應誠意履行根據本公約承擔的義務並應以不致構成濫用權利的方式，行使本公約所承認的權利、管轄權和自由。

第三〇一條　海洋的和平使用

締約國在根據本公約行使其權利和履行其義務時，應不對任何國家的領土完整或政治獨立進行任何武力威脅或使用武力，或以任何其他與《聯合國憲章》所載國際法原則不符的方式進行武力威脅或使用武力。

第三〇二條　洩露資料

在不妨害締約國訴諸本公約規定的解決爭端程式的權利的情形下，本公約的任何規定不應視為要求一個締約國於履行其本公約規定的義務時提供如經洩露即違反該國基本安全利益的情報。

第三〇三條　在海洋發現的考古和歷史文物

1. 各國有義務保護在海洋發現的考古和歷史性文物，並應為此目的進行合作。

2. 為了控制這種文物的販運，沿海國可在適用第三十三條時推定，未經沿海國許可將這些文物移出該條所指海域的海床，將造成在其領土或領海內對該條所指法律和規章的違反。

3. 本條的任何規定不影響可辨認的物主的權利、打撈法或其他海事法規則，也不影響關於文化交流的法律和慣例。

4. 本條不妨害關於保護考古和歷史性文物的其他國際協定和國際法規則。

第三〇四條　損害賠償責任

本公約關於損害賠償責任的條款不妨礙現行規則的適用和國際法上其他有關賠償責任的規則的發展。

第十七部分　最後條款

第三〇五條　簽字

1. 本公約應開放給下列各方簽字：(a)所有國家；(b)納米比亞，由聯合國納米比亞理事會代表；(c)在一項經聯合國按照其大會第1514(XV)號決議監督並核准的自決行動中選擇了自治地位，並對本公約所規定的事項具有許可權，其中包括就該等事項締結條約的許可權的一切自治聯繫國；(d)按照其各自的聯繫文書的規定，對本公約所規定的事項具有許可權，其中包括就該等事項締結條約的許可權的一切自治聯繫國；(e)凡享有經聯合國所承認的充分內部自治，但尚未按照大會第1514(XV)號決議取得完全獨立的一切領土，這種領土須對本公約所規定的事項具有許可權，其中包括就該等事項締結條約的許可權；(f)國際組織，按照附件九。

2. 本公約應持續開放簽字，至一九八四年十二月九日止在牙買加外交部簽字，此外，從一九八三年七月一日起至一九八四年十二月九日止，在紐約聯合國總部簽字。

第三〇六條　批准和正式確認

本公約須經各國和第三〇五條第1款(b)、(c)、(d)和(e)項所指的其他實體批准，並經該條第1款(f)項所指的實體按照附件九予以正式確認。批准書和正式確認書應交存于聯合國秘書長。

第三〇七條　加入

本公約應持續開放給各國和第三〇五條所指的其他實體加入。第三〇五條第1款(f)項所指的實體應按照附件九加入。加入書應交存于聯合國秘書長。

第三○八條　生效

1. 本公約應自第六十份批准書或加入書交存之日後十二個月生效。

2. 對於在第六十份批准書和加入書交存以後批准或加入本公約的每一國家，在第1款限制下，本公約應在該國將批准書或加入書交存後第三十天起生效。

3. 管理局大會應在本公約生效之日開會，並應選舉管理局的理事會。如果第一六一條的規定不能嚴格適用，則第一屆理事會應以符合該條目的的方式組成。

4. 籌備委員會草擬的規則、章程和程式，應在管理局按照第十一部分予以正式通過以前暫時適用。

5. 管理局及其各機關應按照關於預備性投資的第三次聯合國海洋法會議決議二以及籌備委員會依據該決議作出的各項決定行事。

第三○九條　保留和例外

除非本公約其他條款明示許可，對本公約不得作出保留或例外。

第三一○條　聲明和說明

不排除一國在簽署、批准或加入本公約時，作出不論如何措辭或用任何名稱的聲明或說明，目的在於除其他外使該國國內法律和規章同本公約規定取得協調，但須這種聲明或說明無意排除或修改本公約規定適用於該締約國的法律效力。

第三一一條　同其他公約和國際協定的關係

1. 在各締約國間，本公約應優於一九五八年四月二十九日日內瓦海洋法公約。

2. 本公約應不改變各締約國根據與本公約相符合的其他條約而產生的權利和義務，但以不影響其他締約國根據本公約享有其權利或履行其義務爲限。

3. 本公約兩個或兩個以上締約國可訂立僅在各該國相互關係上適用的、修改或暫停適用本公約的規定的協定，但須這種協定不涉及本公約中某項規定，如對該規定予以減損就與公約的目的及宗旨的有效執行不相符合，而且這種協定不應影響本公約所載各項基本原則的適用，同時這種協定的規定不影響其他締約國根據本公約享有其權利和履行其義務。

4. 有意訂立第3款所指任何協定的締約國，應通過本公約的保管者將其訂正協定的意思及該協定所規定對本公約的修改或暫停適用通知其他締約

國。

5. 本條不影響本公約其他條款明示許可或保持的其他國際協定。

6. 締約國同意對第一三六條所載關於人類共同繼承財產的基本原則不應有任何修正，並同意它們不應參加任何減損該原則的協定。

第三一二條　修正

1. 自本公約生效之日起十年期間屆滿後，締約國可給聯合國秘書長書面通知，對本公約提出不涉及"區域"內活動的具體修正案，並要求召開會議審議這種提出的修正案。秘書長應將這種通知分送所有締約國。如果在分送通知之日起十二個月以內，有不少於半數的締約國作出答復贊成這一要求，秘書長應召開會議。

2. 適用於修正會議的作出決定的程式應與適用於第三次聯合國海洋法會議的相同，除非會議另有決定。會議應作出各種努力就任何修正案以協商一致方式達成協定，且除非爲謀求協商一致已用盡一切努力，不應就其進行表決。

第三一三條　以簡化程式進行修正

1. 締約國可給聯合國秘書長書面通知，提議將本公約的修正案不經召開會議，以本條規定的簡化程式予以通過，但關於"區域"內活動的修正案除外。秘書長應將通知分送所有締約國。

2. 如果在從分送通知之日起十二個月內，一個締約國反對提出的修正案或反對以簡化程式通過修正案的提案，該提案應視爲未通過。秘書長應立即相應地通知所有締約國。

3. 如果從分送通知之日起十二個月後，沒有任何締約國反對提出的修正案或反對以簡化程式將其通過的提案，提出的修正案應視爲已通過。秘書長應通知所有締約國提出的修正案已獲通過。

第三一四條　對本公約專門同"區域"內活動有關的規定的修正案

1. 締約國可給管理局秘書長書面通知，對本公約專門同"區域"內活動有關的規定，其中包括附件六第四節，提出某項修正案。秘書長應將這種通知分送所有締約國。提出的修正案經理事會核准後，應由大會核准。各締約國代表應有全權審議並核准提出的修正案。提出的修正案經理事會和大會核准後，應視爲已獲通過。

2. 理事會和大會在根據第1款核准任何修正案以前，應確保該修正案在按照第一五五條召開審查會議以前不妨害勘探和開發"區域"內自願的制

度。

第三一五條　修正案的簽字、批准、加入和有效文本

1. 本公約的修正案一旦通過，應自通過之日起十二個月內在紐約聯合國總部對各締約國開放簽字，除非修正案本身另有決定。

2. 第三〇六、第三〇七和第三二〇條適用於本公約的所有修正案。

第三一六條　修正案的生效

1. 除第5款所指修正案外，本公約的修正案，應在三分之二締約國或六十個締約國(以較大的數目爲准)交存批准書或加入書後三十天對批准或加入的締約國生效。這種修正案不應影響其他締約國根據本公約享有其權利或履行其義務。

2. 一項修正案可規定需要有比本條規定者更多的批准書或加入書才能生效。

3. 對於在規定數目的批准書或加入書交存後批准或加入第1款所指修正案的締約國，修正案應在其批准書或加入書交存後第三十天生效。

4. 在修正案按照第1款生效後成爲本公約締約國的國家，應在該國不表示其他意思的情形下：(a)視爲如此修正後的本公約的締約國；並(b)在其對不受修正案拘束的任何締約國的關係上，視爲未修正的本公約的締約國。

5. 專門關於“區域”內活動的任何修正案和附件六的任何修正案，應在四分之三締約國交存批准書或加入書一年後對所有締約國生效。

6. 在修正案按照第5款生效後成爲本公約締約國的國家，應視爲如此修正後的本公約的締約國。

第三一七條　退出

1. 締約國可給聯合國秘書長書面通知退出本公約，並可說明其理由。未說明理由應不影響退出的效力。退出應自接到通知之日後一年生效，除非通知中指明一個較後的日期。

2. 一國不應以退出爲理由而解除該國爲本公約締約國時所承擔的財政和合同義務，退出也不應影響本公約對該國停止生效前因本公約的執行而產生的該國的任何權利、義務或法律地位。

3. 退出決不影響任何締約國按照國際法而無須基於本公約即應擔負的履行本公約所載任何義務的責任。

第三一八條　附件的地位

各附件為本公約的組成部分，除另有明文規定外，凡提到本公約或其一個部分也就包括提到與其有關的附件。

第三一九條　保管者

1. 聯合國秘書長應為本公約及其修正案的保管者。

2. 秘書長除了作為保管者的職責以外，應：(a)將因本公約產生的一般性問題向所有締約國、管理國和主管國際組織提出報告；(b)將批准、正式確認和加入本公約及其修正案和退出本公約的情況通知管理局；(c)按照第三一一條第4款將各項協定通知締約國；(d)向締約國分送按照本公約通過的修正案，以供批准或加入；(e)按照本公約召開必要的締約國會議。

3. (a)秘書長應向第一五六條所指的觀察員遞送：(1)第2款(a)項所指的一切報告；(2)第2款(b)和(c)項所指的通知；和(3)第2款(d)項所指的修正案案文，供其參考。(b)秘書長應邀請這種觀察員以觀察員身份參加第2款(e)項所指的締約國會議。

第三二〇條　有效文本

本公約原本應在第三〇五條第2款限制下交存于聯合國秘書長，其阿拉伯文、中文、英文、法文、俄文和西班牙文文本具有同等效力。為此，下列全權代表，經正式授權，在本公約上簽字，以資證明。一九八二年十二月十日訂于蒙特哥灣

參考書目

一、中文書目

于輝(1994)，〈共同開發海洋礦物資源的國際法問題〉，《中國國際法法年刊》，北京：中國對外翻譯出版公司出版。

于輝(1995)，〈澳大利亞與印尼帝汶缺口條約評述〉，《中國國際法年刊》，北京：中國對外翻譯出版社。

王冠雄(2001)，〈1982年後公海捕魚自由的發展與轉變〉，收錄於《丘宏達 教授六秩晉五華誕祝壽論文集》，台北：三民書局。

王冠雄(2003)，《南海諸島爭端與漁業共同合作》，台北：秀威資訊科技股份有限公司。

王虎華、丁成躍(1994)，《國際公約與慣例（國際公法卷）》，華東理工大學出版社。

王秀霞(2003)，〈談大陸架及其法律地位和劃界原則〉，《濰坊學院學報》，第3卷，第1期，頁54-57。

王靈(1998)，《公海漁業法律制度的新發展》，中國政法大學博士論文。

中國時報，2005年12月17日及2006年1月9日A6版。

[日本]《第161屆國會參議院經濟產業業委員會議事錄》，2004年11月2日。

平松茂雄，〈緊迫的東海沖繩海槽調查〉，載日本《產經新聞》，2004年7月24日。

[日本]井上清(1997)，《釣魚島：歷史與主權》，賈俊琪、於偉譯，寧燕平校，中國社會科學出版社。

北京大學法律系國際法教研室編(1974)，《海洋法資料彙編》，北京：人民出版社。

北京大學國際法教研室編(1990)，《海洋法資料彙編》，北京：人民出版社。

吉古星(1996)，〈三個中國海的海洋管轄權：選擇公平解決〉，載於樸椿浩等編《聯合國海洋法公約與東亞》。

江河(2006)，〈和平解決東海爭端法律研究〉，《法學評論》，第5期，頁 84-89。

朴椿浩(1994)，《國際海洋邊界：太平洋中部和東亞》，北京：中國法律 出版社。

沈文周主編(2003)，《海域劃界技術方法》，北京：海洋出版社。

李文濤、黃六一、唐衍力(2001)，〈從國際司法判例和國際海洋法看中日 海洋區域的劃界〉，《海洋湖沼通報》，第1期，頁60-65。

李廷棟、莫杰(2002年11月)，〈中國濱太平洋構造域構造格架和東海地質 演化〉，《海洋地質與第四紀地質》，第22卷，第4期，頁1-6。

李韋清(1987)，〈水域下的糾紛：中日東海大陸礁層主權衝突〉，載於 《海洋發展與國際法》，第十八卷。

李毅(2005)，〈論澳巴海洋邊界劃分方法之特色及其對中日東海海域劃界 之借鑒意義〉，《東北亞論壇》，第14卷，第3期，頁30-34。

肖建國(2003)，〈論國際法上共同開發的概念及特徵〉，《外交學院學 報》，第2期，頁58-63。

吳慧(2002)，《國際海洋法法庭研究》，北京：海洋出版社。

岳來群、甘克文(2004)，〈國際海上油氣勘探爭端及中日東海能源爭議的 剖析〉，《國土資源情報》，第11期，頁9-11。

邵津主編(2005)，《國際法》，北京：北京大學出版社。

林楠來、周子亞(1986)，《國際海洋法》，北京：海洋出版社。

邵津(1980)，〈國際法院的北海大陸礁層判決與海洋劃界原則〉，載於 《北京大學學報》，第2期。

邵津譯(1980)，（日本）中內清文：〈東中國海和日本海的劃界問題〉， 載於《國外法學》，第4期。

邵津(1982)，〈英法海洋劃界案仲裁裁決與公平原則〉，載於《中國國際 法年刊》，中國對外翻譯出版公司。

周健(1998)，《島嶼主權和海洋劃界—國際法案例選評》，北京：測繪出

版社。

胡念祖(1996)，《國際間加強管理高度洄游及跨界魚群趨勢之研究》
　　（2），行政院農業委員會委託研究計劃。

胡念祖(1997)，《海洋政策：理論與實務研究》，台北：五南圖書出版公
　　司。

姜皇池(2004)，《國際海洋法》，台北：學林出版社。

周忠海、孫炳輝 （2004），〈國際漁業制度—與我國的漁業管理與法
　　律〉，《國際海洋法論文集》（一），北京：海洋出版社。

俞寬賜(1990)，〈釣魚臺主權爭端之經緯與法理〉，載於《中國國際法與
　　國際事務年報》（第五卷）。

范戴克、布魯克，〈無人居住的小島：它們對海洋資源所有權的影響〉，
　　載於《海洋發展與國際法》，第十二卷。

施通池(2001)，〈從「南方金槍魚案」看國際漁業爭端的解決方式〉，載
　　《中國水產》，第4期，頁22- 23。

馬英九(1986)，〈1985 年國際法院對利比亞與馬爾他大陸礁層案判決〉，
　　載於《中國國際法與國際事務年報》（第一卷）。

馬英九(1986)，《從新海洋法論釣魚臺列嶼與東海劃界問題》，台北：正
　　中書局。

馬英九(2005)，〈釣魚台問題簡析〉，《中國國際法與國際事務年報》，
　　第17卷，台北：台灣商務印書館，頁15-26。

袁古潔(1998)，〈對大陸架劃界問題的思考〉，載《中外法學》，第5期(總
　　第59期)，頁68-73。

袁古潔(1999)，〈公平原則在海域劃界中的作用〉，《華南師範大學學
　　報》(社會科學版)，第1期，頁16-20。

袁古潔(2001)，《國際海洋劃界的理論與實踐》，北京：法律出版社。

袁斌(2005)，〈試論中日東海大陸架劃界問題〉，《大連海事大學學報》(
　　社會科學版)，第4卷，第2期，頁28-30。

高健軍(2004)，《中國與國際海洋法》，北京：海洋出版社。

高健軍(2004)，〈論沖繩海槽在中日東海大陸架劃界中的作用〉，《武大國際法評論》第2卷，頁94-111。

高健軍(2005)，《國際海洋劃界論－有關等距離/特殊情況規則的研究》，北京：北京大學出版社。

高健軍(2005年8月)，〈從新海洋法看中日東海劃界問題〉，《太平洋學報》，頁71-78。

連春城(1983)，〈大陸架劃界原則的問題〉，《中國國際法年刊》，頁182-207。

許森安(2001)，〈東海大陸架劃界問題之我見〉，《海洋開發與管理》，第1期，頁49-54。

曹世娟、黃碩琳、郭文路 (2003)，〈中日海域劃界方案的初步研究〉，《水產學報》，第27卷，第1期，頁83-89。

陳荔彤(1997)，〈國際漁業法律制度之研究〉，載國立台北大學《中興法學》第38期。收錄於陳荔彤（2002），《海洋法論》，台北：元照出版社，頁81- 221。

陳荔彤(2002)，〈專屬經濟海域及大陸礁層制度〉，收錄於《海洋法論》，台北：元照出版公司，頁271-290。

陳荔彤(2002)，〈海域劃界法則與實踐〉，收錄於《海洋法論》，台北：元照出版公司，頁291-322。

陳德恭(1987)，〈海洋法中的島嶼制度〉，載於《當代海洋法的理論與實踐》，趙理海主編，北京：法律出版社，頁235-253。

陳德恭(1988)，《現代國際海洋法》，北京：中國社會科學出版社。

陳德恭(2002)，《共同開發的國際法原則與國際實踐》，北京：清華大學出版社。

國家海洋局政策研究室(1989)，《國際海域劃界條約集》，北京：海洋出版社。

孫清(等譯) (1996)，E.M. 鮑斯基 (著)，《海洋管理與聯合國》，北京：海洋出版社。

郭文路、黃碩琳、曹世娟(2002年8月)，〈個體可轉讓配額制度在漁業管理中的運用分析〉，《海洋通報》，第21卷，第4期，頁72-78。

張新軍(2005)，〈日本國際法學界大陸架劃界問題的文獻和觀點初探〉，《中國海洋法學評論》，第2期，頁31￢-41。

張鴻增(1986)，〈評國際法院對兩個海洋劃界案的判決〉，載於《中國國際法年 刊》，中國對外翻譯出版公司。

張耀光、劉鍇(2005年11月)，〈東海油氣資源及中國、日本在東海大陸架劃界問題的研究〉，《資源科學》，第27卷，第6期，頁11-17。

黃異(1985)，《國際法上船舶國籍制度之研究》，臺北：文笙書局。

黃異(1990)，《國際海洋法論集》，台北輔大法學叢書。

黃異(2000)，《海洋秩序與國際法》，台北：學林出版社。

奧康奈爾(1984)，《國際海洋法》，第二卷。￢

傅崐成(1992)，《國際海洋法：衡平劃界論》，台北：三民書局。

傅崐成譯(2001)，〈國際海洋法法庭庭長門薩先生開幕典禮專題演講〉，《中國國際法與國際事務年報》，第12卷，台北：台灣商務印書館，頁17-22。

傅崐成(2003)，〈沿海國家大陸架外部界限的定義問題〉，收錄於《海洋法專題研究》，廈門：廈門大學出版社，頁278-304。

傅崐成(2004)，〈中國周邊大陸架的劃界方法與問題〉，《中國海洋大學學報》(社會科學版)，第3期，頁5-12。

傅崐成(2004)，《海洋法專題研究》，廈門：廈門大學出版社。

趙理海(1984)，《海洋法的新發展》，北京：北京大學出版社。

趙理海(1985)，〈島嶼與大陸礁層的劃界—希臘和土耳其之間有關愛琴海的大陸礁層爭端〉，載於趙理海主編《當代海洋法的理論與實踐》，北京：法律出版社。

趙理海(1993)，《當代國際法問題》，中國法制出版社。

趙理海(1996)，《海洋法問題研究》，北京：北京大學出版社。

趙理海(2000)，〈南方金槍魚案─國際海洋法法庭的首例漁業爭端〉，載《中外法學》，第1期。

農業部漁業局編（1997），《國際漁業法規彙編》。

廖文章(2006年1月)，〈島嶼在海洋劃界中效力的研究〉，大葉大學《研究與動態》，第13期，頁75-96。

廖文章(2006年2月)，〈從臺灣遭ICCAT制裁：論公海漁業法律制度的演變〉，國立臺灣師範大學政治學研究所《政治學學報》，第6期，頁161-182。

廖文章(2007)，〈海洋法上共同開發法律制度的形成和國家實踐〉，大葉大學《人文暨社會科學期刊》，第3卷，第2期，頁67-80。

廖文章(2008)，〈東海北部大陸架劃界問題研究(之一)〉，大葉大學《研究與動態》半年刊，第17期，頁85-108。

廖文章(2008)，〈東海北部大陸架劃界問題研究(之二)〉，大葉大學《通識教育學 報》創刊號，第1期。

慕永通(2004)，〈個別可轉讓配額理論的作用機理與制度優勢研究〉，《中國海洋大學學報》(社會科學版)，第2期。

慕永通(2004)，〈市場理性、產權與海洋生物資源管理─兼析美國北太平洋漁業私有化之邏輯〉，《中國海洋大學學報》(社會科學版)，第6期，頁98-111。

慕亞平、江穎(2005)，〈從「公海捕魚自由」原則的演變看海洋漁業管理制度的發展趨勢〉，載《中國海洋法學評論》，第1期。

慕永通(2006)，《漁業管理─以基於權利的管理為中心》，青島：中國海洋大學出版社。

蔡鵬鴻(1996)，〈波斯灣有爭議海域共同開發案例概述〉，《亞太論壇》10月增刊。

蔡鵬鴻(1998)，《爭議海域共同開發的管理模式：比較研究》，上海：上海社會科學出版社。

魏敏主編(1989)，《海洋法》，北京：法律出版社。

蕭建國(2006)，《國際海洋邊界石油的共同開發》，北京：海洋出版社。

二、外文書目

[日本]杉原 高嶺(1989)，〈リビア・マルタ(利比亞馬爾他)大陸棚事件〉，《国際法外交雜誌》，第88卷，1號，頁122-153。

[日本]高橋莊五郎(1979)，《尖閣列島紀事》，日本：青年出版社。

Ahnish, Faraj Abdullah (1993), *The International Law of Maritime Boundaries and Practice of States in the Mediterranean Sea*, Clarendon Press.

Allen, D. R. & P. H. Mitchell (1972), The Legal Status of the Continental Shelf of the East China Sea, *Oregon Law Review*, Vol.51, pp.789-812.

Antunes, Nuno Marques(2003), *Towards the conceptualization of maritime delimitation*, Martinus Nijhoff Publishers.

Arbitral Award 1985, in *U. N., R.I.A.A.*, Vol.19.

Arbitral Award 1977, in *U. N., R.I.A.A.*, Vol.15.

Balton, David A. (1996), Strengthening the Law of the Sea :The New Agreement on Straddling Fish Stocks and Highly Migratory Fish Stocks, *Ocean Development & International Law*,Vol.27, pp.125-151.

Barberis, Julio A. (1975), Los recursos minerales compartidos entre Estados y el derecho internacional, *Derecho de la Integracion*, Vol. 8, pp.45-58.

Bowett, Derek W. (1979), *The Legal Regime of Islands in International Law*, Ocean Publications, Inc, New York .

Burke, William T. (1994), *The New International Law of Fisheries*, Oxford : Clarendon Press.

Burmasher, H. (April 1982), The Torres Strait Treaty：Ocean Boundary Delimitation by Agreement, *AJIL*,pp.321-349.

Churchill, R. R. & A. V. Lowe (1999), *The Law of the Sea*, Manchester University Press.

Caflisch, L. (1985) , La Délimitation des espaces marins entre etats dont les cotes se font face ou sont adjacentes, In René-Jean Dupuy & Daniel Vignes ed., *Traité du Nouveau Droit de la MER*, Paris, Econornica ; Bruxelles, Bruylant, pp.375-440.

C.I.J. Rapports (1969), L'affaire du plateau continental de la Mer du Nord.

C.I.J. Rapports (1993), L'affaire de la délimitation maritime dans la région située entre le Groenland et Jan Mayen (Danemark c. Norvège).

Conf. Doc. NG7/ 2, 3, 15, 38.

Dupuy, René-Jean、Daniel Vignes (1985), *Traité du Nouveau Droit de la MER*, Paris,Econornica ； Bruxelles, Bruylant.

Ellis, Jaye (2001), The Straddling Stocks Agreement and the Precautionary Principle as Interpretive Device and Rule of Law, *Ocean Development & International Law*, Vol.32, pp.289-311.

First United Nations Conference on the Law of the Sea (UNCLOS), Official Records, Vol. II.

FOX, Hazel (ed.) (1989), *Joint Development of Offshore Oil and Gas*, British Institute of International and Comparative Law.

Gao, Zhiguo (1998), The Legal Concept and Aspects of Joint Development in International Law, Paper delivered at the Sino—Canadian delimitation Technical Training Workshop, Beijing, December 16-18.

Gault, T. (1988), Joint Development of offshore Mineral Resources-Prospects for the Future, *Natural Resources Forum*, Vol. 12.

Hanna, S.S. (1999), *Foreword to Fish, Markets, and Fishermen: The economics of Overfishing*, by Suzanne Iudicello, Michale Weber, and Robert Wieland.

Washington, D. C. : Center for Marine Conservation and Island Press

Hey, Ellen(1989), *The Regime for the Exploitation of Transboundary Marine Fisheries Resources*, London Martinus Nijhoff

Highet, Keith (1993), The Use of Geophysical Factors in the Delimitation of Maritime Boundaries, in 1 Jonathan I. Charney & Lewis M. Alexander(eds.),Inter national Maritime Boundaries, Martinus Nijhoff Publishers.

International Court of Justice (I.C.J.) Reports (2001).

ICJ Reports, North Sea Continental Shelf Case(1969)、Tunisia/Libya Continental Shelf Case(1982), Delimitation of the Maritime Boundary in the Gulf of Maine Area(1984), Libyan Arab Jamahiriya/Malta Continental Shelf Case(1985) , Greenland/Jan Mayen (Denmark v. Norway) Case (1993).

International Law Commission Yearbook (YBILC) (1949.1950.1951.1953).

International Legal Materials, Vol.7,13.

International Legal Materials-ILM(1979) vol.18, (1982) vol.21, (1990) vol.29.

Jayewardene, Hiran W. (1990), *The Regime of Islands In International Law*, Martinus Nijhoff Publishers.

Ji, Guoxing (1996), *Maritime Jurisdiction in the Three Chinese Seas: Options of Equitable Settlement ,in Dalchoong Kim(et al.),UN Convention on the Law of the Sea and East Asia*, Seoul Press.

Juda, Lawrence (2002), Rio Plus Ten :The Evolution of International Marine Fisheries Governance, *Ocean Development & International Law*,Vol.33, pp.109-144.

Kim,Chang Kyun (2004), *Issues and Disputes on the Delimitation of the Exclusive Economic Zone(EEZ) Between Korea and Japan, and Between Korea and China*, Master thesis of University of Washington.

Lagoni, Rainer (April 1979), Oil and Gas Deposits Across National Frontiers, *American Journal of International Law*, Vol. 73(2), pp.215-243.

Lagoni, Rainer (April 1984), Interim Measures Pending Maritime Delimitation Agreements, *AJIL*, Vol.78(2), pp.345-368.

Lauterpacht, H. (1956), *The Development of the International Law by the International Court*, London, Stevens & Sons.

Lee, Wei-chin (1987), Troubles under Water: Sino-Japanese Cnflict of Sovereignty on the Continental Shelf in the East China Sea, *Ocean Development and International Law*, Vol.18, p. 585.

Legault, L. H. & Blair Hankey(1985), From Sea to Seabed: The Single Maritime Boundary in the Gulf of Maine Case, *The Canadian Yearbook of International Law*, Vol. 79(4), pp.961-991.

McRac, D. M. (1977), Delimitation of the Continental Shelf between the United Kingdom and France : The Channel Arbitration, *The Canadian Yearbook of International Law*, Vol. 15, pp.173-197.

Meltzer, E . (1994), Global Overview of Straddling and Highly Migratory Fish Stocks :The Nonsustainable Nature of High Seas Fisheries, *Ocean Development & International Law*,Vol.25, pp.255-344.

Miyoshi, Masahiro (1988), The Basic Concept of Joint Development of Hydrocarbon Resources on the Continental Shelf, *International Journal of Estuarine and Coastal Law*, Vol. 3, pp.1-18.

Nordholt, H. Schulte (1985), Delimitation of the Continental Shelf in the East China Sea, *Netherlands International Law Review*, Vol.32, No.1, pp.123-160.

Okuhara, Toshio (1986), *The Territorial Sovereignty over the Senkaku Island and the Problems or Surrounding Continental Shelf*.

Onorato, William T. (1977), Apportionment of an International Common Petroleum Deposit, *International and Comparative Law Quarterly* (ICLQ), Vol. 26, pp.324-337.

Onorato, William T. (1981), Joint Development of Sea bed Hydrocarbon Resources:

an overview of precedents in the North Sea, *Energy*, Vol.6 , No.11.

Paik, Jin-Hyun (1995), East Asia and the Law of the Sea, In James Crawford and Donald R. Rothwell ed., *The Law of the Sea in the Asian Pacific Region*, Martinus Nijhoff Publishers.

Prescott , J. R. V. (1985), *The Maritime Political Boundaries of the World*.

Rear Admiral D. C. Kapoor I. N. (Retd.) & Captain Adam J. Kerr (1986), *A Guide to Maritime Boundary Delimitation*, Carswell.

Revue génerale de droit international public(1992), Décision du Tribunal du 10 juin1992, Affaire de la Délimitation des espaces maritimes entre le Canada et la France.

Roach, J. Ashley & Robert W. Smith (2000), Straight Baselines: The Need for a Universally Applied Norm, *Ocean Development & International Law*, Vol. 31, pp.47-80.

Sun, Pyo Kim (2001) ,Legal Relations between States with Opposite or Adjacent Coasts pending Ultimate Delimitation of the Exclusive Economic Zone/ Continental Shelf with particular Reference to North East Asia, Ph. D. diss. University of Edinburgh.

Sydnes, Are K. (2001), Regional Fishery Organizations: How and Why Organizational Diversity Matters, *Ocean Development & International Law*, Vol. 32, pp.349-372.

Tahindro, André (1997), Conservation and Management of Transboundary Fish Stocks: Comments in Light of the Adoption of the 1995 Agreement for the Conservation and Management of Straddling Fish Stocks and Highly Migratory Fish Stocks, *Ocean Development & International Law*, Vol.28, pp.1-58.

Third United Nations Conference on the Law of the Sea, Official Records, Vol. V. XII.

Third United Nations Conference on the Law of the Sea, Official Records , Vol. IV,

Informal Single Negotiation Text.

Taverne, Bernard (1994), *An introduction to the regulation of the petroleum industry*, Graham & Trotman.

UN Doc. ST/LEG/SER. B/ 15(1970), 16(1974), 18(1976), 19(1978).

United Nations Economic Commission for Asia and the Far East , Committee for Coordination Technical Bulletin,Vol.2 (1969).

U.S. Department of State , *Limits in the Sea*, No.9,12,63.

Utton, A. E. (1968), Institutional Arrangements for Developing North Sea Oil and Gas, *Virginia Journal of International Law*, Vol. 9, p. 66.

Valencia, Mark J. (1996), *A Maritime Regime for North-East Asia*, Oxford University Press.

Valencia, Mark J. , Jon M. Dyke, and Noel A. Ludwig (1997), *Sharing The Resources of The South China Sea*, London : Martinus Nijhoff Publishers.

Yacouba , Cissé & Donald McRae (2005), The Legal Regime Maritime Boundary Agreement, In David A. Colson & Robert W. Smith ed., *International Maritime Boundaries*, Vol.5, Martinus Nijhoff Pub., p.3281-3304.

Zou, Keyuan (2001), China's exclusive economic zone and continental shelf: developments, problems and prospects, *Marine Policy*, Vol.25 , pp.71-81.

國家圖書館出版品預行編目資料

國際海洋法論：海域劃界與公海漁業 / 廖文章
著. -- 初版. -- 臺北縣深坑鄉：揚智文化，
2008. 05
　　面；　公分
　參考書目：面
　ISBN　978-957-818-873-0（平裝）

　1.國際海洋法 2.專屬經濟海域 3.公海 4.漁
業權 5.論述分析

579.141　　　　　　　　　　　　97007554

國際海洋法論：海域劃界與公海漁業

作　　　者／廖文章
出 版 者／揚智文化事業股份有限公司
發 行 人／葉忠賢
總 編 輯／閻富萍
編　　　輯／胡琡珮
地　　　址／台北縣深坑鄉北深路三段 260 號 8 樓
電　　　話／(02)8662-6826　8662-6810
傳　　　真／(02)2664-7633
E-mail ／service@ycrc.com.tw
印　　　刷／鼎易印刷事業股份有限公司
I S B N ／978-957-818-873-0
初版一刷／2008 年 5 月
定　　　價／新台幣 400 元

＊本書如有缺頁、破損、裝訂錯誤，請寄回更換＊